当代金融法研究（2019年卷）

吴弘◎主编

中国法制出版社
CHINA LEGAL PUBLISHING HOUSE

目 录
Contents

绿色金融的法律促进

强化监管防范金融风险

金融扶贫的法制推进

金融服务实体经济的法制保障

金融扩大开放与金融法制

绿色金融的法律促进

从商业银行视角看绿色金融立法的改进

杨贵院[①]

一、绿色金融的目标及商业银行的实践

一般来说，绿色金融有两层含义：一是金融业促进环保和经济社会的可持续发展，二是指金融业自身可持续发展。前者指出“绿色金融”的作用主要是引导资金流向节约资源技术开发和生态环境保护产业，企业生产注重绿色环保，消费者形成绿色消费理念；后者则明确金融业要保持可持续发展，避免注重短期利益的过度投机行为。我们这里主要讨论的是第一重含义。

根据中国人民银行等七部委于 2016 年 8 月 31 日发布的《关于构建绿色金融体系的指导意见》，绿色金融的定义是：为支持环境改善、应对气候变化和资源节约高效利用的经济活动，即对环保、节能、清洁能源、绿色交通、绿色建筑等领域的项目投融资、项目运营、风险管理等所提供的金融服务。

结合各国在开展绿色金融方面的实践，我们认为，绿色金融主要有三大目标：

一是将环保要求纳入金融管理。即，金融机构把环境保护作为一项基本政策，在投融资决策中要考虑潜在的环境影响，把与环境条件相关潜在的回报、风险和成本都融入日常金融业务中，在金融经营活动中注重对生态环境的保护以及环境污染的治理。

二是借助金融手段实现对政府环保资源的投放与再分配。即，借助金融机构的专业手段，优化政府补贴、排污权等政府环保资源的投放与再分配，从而达到更合理配置政府资源的目的。

三是吸纳社会资金进入环保领域。即，以金融手段对社会经济资源进行引导，

---

① 杨贵院，上海农商银行总法律顾问。本文系在“中国银行法 40 人论坛”2019 年会议上的发言。

将民间资本引入环保领域，借助资本的力量推动环保事业进步，确保社会的可持续发展。

综合各方面情况来看，当前国家调控的重点主要还是集中在实现第一个目标和第三个目标。因而我们认为，在现阶段，研究绿色金融法制促进及保障的核心是：通过法律手段，在保障“绿色”开展金融业务的前提下，促进更多主体更深入地参与绿色金融活动。

商业银行是绿色金融的主要参与者。从当前的数据分析来看，绿色信贷依然是我国开展绿色金融的主要方式。2013 年以来，原银监会印发《关于报送绿色信贷统计表的通知》（银监办发〔2013〕185 号），以及《关于报送绿色信贷统计表的通知》（银监统通〔2014〕60 号），组织银行业金融机构和地方银监局开展绿色信贷统计工作。其中，21 家主要银行作为国内绿色信贷业务的主力军，向社会公众公布数据，它们分别是：国家开发银行、中国进出口银行、中国农业发展银行、中国工商银行、中国农业银行、中国银行、中国建设银行、交通银行、中信银行、中国光大银行、华夏银行、广东发展银行、平安银行、招商银行、浦东发展银行、兴业银行、民生银行、恒丰银行、浙商银行、渤海银行、中国邮政储蓄银行。2015—2017 年其绿色信贷发放余额分别为，2015 年 12 月 5.3 万亿元，2016 年 12 月 5.8 万亿元，2017 年 6 月 6.5 万亿元，呈逐年增加的态势。此外，上述银行还通过购买绿色债券，以投资绿色项目等其他方式积极参与绿色金融。

上海农商银行作为一家积极响应党中央号召，主动承担社会责任的地方性商业银行，在绿色信贷方面，截至 2018 年 12 月，共投资各类绿色金融债 42.6 亿元。其中，2016 年投资 5.2 亿元，2017 年投资 28.6 亿元，2018 年投资 8.8 亿元。从发行人来看，投资政策性银行发行的绿色金融债券为 23.2 亿元，商业银行发行的绿色金融债券为 19.4 亿元。在绿色债券方面，2017 年 11 月，该行作为八家主承销商之一全程参与中国农业发展银行在上海清算所招标发行 2017 年第一期 30 亿元“债券通”绿色金融债券的招标发行工作，圆满完成了主承销 4 亿元绿色金融债券发行商的各项工作，助力该期绿色金融债券发行成功。

但必须看到，我国绿色金融依然面临较大的资金缺口。举例来说：根据《第二次气候变化国家评估报告》估计，要实现我国提出的减排目标，2010—2020 年，我国总共需要新增投入大约 10 万亿元（约合 1.59 万亿美元）。据此计算，2015—2020 年，我国年均需要新增清洁能源投入 13940 亿元。作为绿色金融主要参与者的银行，后续仍需要进一步加大对绿色金融的投入，为填补缺口贡献力量。

考虑到银行是当前及未来绿色金融的一个主要参与者，如何利用法律手段，确保商业银行更好地为绿色金融提供服务，显然是研究绿色金融法制促进与保障的一个主要方面。

二、商业银行开展绿色金融业务的视角及面临的困境

实践中，银行作为商业机构参与绿色发展，除了因为主动承担社会责任外，一般基于以下三个视角：

首先，合规视角。《中华人民共和国民法总则》第九条明确规定：“民事主体从事民事活动，应当有利于节约资源、保护生态环境。”早在2007年《中国银监会办公厅关于防范和控制高耗能高污染行业贷款风险的通知》等文件中就已明确规定：对“两高”行业实行“黑名单”管理，严控贷款流向相关企业；而《中国银监会关于印发绿色信贷指引的通知》也对银行在信贷业务中风险管控、内控管理和信息披露提出了一定要求。商业银行必须自觉遵守这些规定，从而避免因违规所带来的处罚。

其次，风险视角。作为经营风险的机构，商业银行在参与绿色金融时，首先考虑的必然是如何避免风险。即，一方面，商业银行在正常开展信贷、资管业务中，需要避免因项目存在环保问题而产生的信用及声誉风险；另一方面，商业银行在开展绿色金融业务时，也需要对项目存在的各类风险进行综合判断。

最后，收益视角。作为金融机构，追求利益和社会责任并重一定是商业银行参与绿色金融的目的之一。因而，如何抓住国家大力发展绿色经济带来的机遇，通过参与一些节能环保等绿色项目来获取收益，是商业银行的经营本质所在。

从现有业务实践看，商业银行在开展绿色金融业务时，主要面临如下困境：

一是合规边界不清晰。一方面，现行制度中的一些规定难以落地。例如，《中国银监会关于印发绿色信贷指引的通知》中已规定银行业金融机构必须有效识别、计量、监测、控制信贷业务活动中的环境和社会风险，建立环境和社会风险管理体系，但对具体识别、计量、监测的标准和方法论却未作明确规定，因此难以确定行为是否合规。另一方面，诸如不同法律法规之间存在交叉和重复监管或冲突和矛盾、政府部门就某些问题的管辖权不明等问题也经常出现，进一步模糊了商业银行开展相关业务的合规边界。

二是风险识别难以开展。商业银行毕竟并非专业的环保机构，缺乏相应的评估方法论，在评估绿色金融项目，识别环境保护风险时存在天然的不足。此外，商业银行获取环保信息、数据等的手段也较少。例如，中国人民银行征信系统所涵盖的企业环保信息范围还很窄，且由于环保信息与企业获取贷款挂钩，企业存在隐瞒真实信息，或提供虚假信息的可能，这使银行难以获得充分的信息。在信息不对称的情况下，银行对相应绿色金融业务进行风险评估时，难免会遇到“难为无米之炊”的情形。

三是收益无法保证。绿色环保项目一般存在投资期限长、收入不确定等特点，对商业银行获取收益有较大影响。以能源行业为例，可再生能源资产单笔金额普遍较大，且期限通常都在8—10年，而其收益往往有相当一部分来自政府补贴。但中国光伏行业协会的数据显示，2018年我国可再生能源补贴缺口超过1400亿元，其

中光伏行业缺口超过600亿元。项目收益难以保障，将在一定程度上影响商业银行参与绿色金融项目的积极性。

三、绿色金融立法的理论分析

“绿色金融”既然名为“绿色 + 金融”，其立法本身就横跨环境法与金融法两大体系，兼具社会法和经济法的基本特征。综观各国的立法实践，要建立较为健全的绿色金融立法体系，需要处理好如下四个方面的关系：

第一，体系的逻辑性与政策调控之间的关系。环境法的形成与发展过程中原本就倚重各项行政政策，而在宏观调控大背景下，金融政策也成了金融法中不可忽视的一部分。作为这二者的耦合，政策当然是绿色金融法律体系中的一个重要组成部分。但必须看到的是，政策的制订往往具有一定的临时性和随意性，如果将绿色金融立法视为简单的政策堆砌，势必会使该立法成为一个逻辑上难以自洽的体系，从而对立法的权威性造成影响。

第二，立法针对主体单一性与责任主体多样性之间的关系。单一部门的立法，其调整对象通常是一类或某几类主体间的关系，一项义务所针对的责任主体较为单一。而在绿色金融立法中，某一项义务的责任主体可能横跨多个部门法，具有较强的多样性。如果仅按照部门立法的思路，则对责任主体的规定可能存在疏漏，不利于立法目的的实现。

第三，法律规范与技术规则之间的关系。考虑到环境法及金融法具有高度的专业性，在它们的发展进程中，除了制定法律规范外，还引入了大量环保、会计、科技等不同领域的技术规则。绿色金融立法作为环境法与金融法的交叉，正确制定、引用相应的技术规则来补充、充实其规范条文，并结合技术规则建立相应的配套机制，是确保相关法律执行力及可操作性的重要手段。

第四，行政管理与救济补偿之间的关系。考虑到绿色金融立法具有显著的政策特征，其规范的主要制订者常常也直接参与行政管理活动，故其立法往往从行政管理的角度出发。但应看到的是，绿色金融立法调整的社会关系并非只有管理和被管理的关系，涉及主体也并非只有行政主体和相对人两方，如一味按照行政管理的思路立法，则可能会侵害各相关主体的利益。此时，就需要通过一定的救济或补偿手段来平衡相关利益。

四、基于银行视角的绿色金融立法缺陷及其改进

（一）绿色金融立法主要缺陷

1. 立法缺乏顶层设计。

目前，针对绿色金融的法律法规，主要是《关于构建绿色金融体系的指导意

见》《中国银监会关于印发绿色信贷指引的通知》《绿色债券评估认证行为指引（暂行）》等金融领域的指引性文件，相关规范并未上升到行政法规乃至法律层面。而且，鉴于其层级较低，仅在金融领域有一定指导作用，在调和不同领域规范的冲突、协调相应的权责关系时，存在天然不足。

由于缺乏必要的顶层设计，导致我国在绿色金融立法方面缺乏必要的体系性，难以在政府、金融监管、环保监督等不同立法或准立法主体之间形成合力。这不利于充分调动环保监督机构、企业等与商业银行共同参与绿色金融活动，同时也不利于商业银行理解、厘清现行的法律、法规的脉络，进而影响其对业务合规性的判断。

2. 信息披露责任不明确。

在信息披露方面，当前的立法未能充分厘定各个披露主体间的责任。一方面，尽管《中国银监会关于印发绿色信贷指引的通知》第二十四条对商业银行在绿色信贷方面的信息披露责任进行了原则性规定，但该规定对于披露信息的口径较为模糊，导致银行在执行时标准不统一，披露的信息对他行的参考价值也较小。

另一方面，环保信息披露的主体不应只包含金融机构。实际上，各级政府、环保监督部门、评估机构及企业也是信息披露的主体。但目前，仅有《绿色债券评估认证行为指引（暂行）》《关于构建绿色金融体系的指导意见》《公开发行证券的公司信息披露内容与格式准则第 2 号》《公开发行证券的公司信息披露内容与格式准则第 3 号》对发行绿色债券企业及上市公司提出了一定披露要求，而其他主体的信息披露责任在立法上则存在一定空白，导致我国目前尚无法建立起较为全面的环境信息共享机制，从而影响商业银行对其业务开展环境风险识别的准确性。

3. 未确立风险识别、监测的具体规则。

针对《中国银监会关于印发绿色信贷指引的通知》中所提出的环境风险识别、监测要求，现有的法律法规未能明确其具体规则。目前，一些银行已将“赤道原则”引入贷款评估过程，将该原则作为其识别、监测环境风险的规则。但该原则并非强制性规范，且其附件 2 中虽然罗列了 19 条标准，但也仅仅是罗列，没从定量化角度建立统一的系统性的评估方法体系。

评估方法的缺失影响了银行环境风险识别、监测工作的开展，既不利于其评估绿色项目融资中的风险，也不利于规避一般贷款因潜在的污染事故等原因所带来的损失。

4. 缺少对政策变化风险的救济与对冲机制。

目前，对政府补贴未到位等政策风险的救济，主要还是依托各类行政手段，救济手段相对单一，而这种救济发起的主体通常也必须是被补贴人，未考虑金融机构作为相关方的利益。因此，如果被补贴人怠于行使权利，则银行的利益将很难得到保障。此外，当前的政策取向以限制性条款居多，相应的对冲机制较少，绿色信贷产品一旦发生风险则难以获得分担和补偿。对政策变化缺乏必要的制约和平衡，会使部分绿色金融项目的收益难以得到制度保障，进而影响商业银行对相关行业投放资金的积极性。

5. 后续立法陷入两难境地。

配套制度缺失，导致与商业银行相关的绿色金融立法面临进退维谷的局面。一方面，现有的约束机制刚性不强，政策以指引性、劝导性的软规范为主，缺少监督制约手段，在实施过程中主要依赖金融机构的自觉性和社会责任感。另一方面，如果进一步立法强调刚性约束，则会因为缺乏必要的配套制度，导致商业银行根本无法执行新规定，反而大大挫伤商业银行参与绿色金融的积极性。

（二）对绿色金融立法的改进意见

商业银行绿色金融服务的发展，需要政府、监管部门、评估机构及企业的配合与推动，需要金融、财政、环保等政策和相关法律法规的配套支持。而要走出当前商业银行绿色金融立法的困局，需要各层级通力合作，具体需要从以下几个方面进行完善：

1. 健全顶层设计，完善绿色金融法律体系。

一方面，应参考韩国、日本、德国等国家的经验，将绿色金融从政策、指引层面上升到法律、法规层面，针对绿色金融制定专门规范，自上而下地完成不同政策、法规间的协调、统合工作。

另一方面，应对商业银行法、证券法、保险法等相关法律进行修改，加入“绿色”元素。同时，要进一步完善环境保护的法律法规和实施细则，鼓励各省、市、自治区因地制宜地制定绿色金融发展的地方法规，持续优化绿色金融法律体系的逻辑性。

2. 完善信息披露，实现环保信息充分共享。

建议通过后续立法统一和完善商业银行绿色信贷信息披露的标准，对相关定义达成共识。对企业、政府等其他信息披露主体的责任，也应通过立法进一步明确。在各级政府、环境监督机构、环保评估机构方面，应明确其信息披露的具体频率、内容、标准，并对信息的采集、发布制定相应规范；在上市公司方面，应按《关于构建绿色金融体系的指导意见》的要求，推进《公开发行证券的公司信息披露内容与格式准则第 2 号》及《公开发行证券的公司信息披露内容与格式准则第 3 号》的修改，完善上市公司环境信息强制披露制度，提高上市公司信息披露的规范性、完整性，同时在制度中进一步加大对伪造环境信息的上市公司的惩罚力度，确保披露信息的准确性；在非上市公司方面，也建议研究制定对主要污染物达标排放情况、企业环保设施建设和运行情况以及重大环境事件的具体披露要求，明确所有企业均必须披露上述信息。最后，对各责任主体披露的信息，应纳入统一环保信息数据库，建立环境信息共享机制，为金融机构的贷款和投资决策提供依据。

3. 明确评估规则，落实环境风险识别监测。

建议在将“赤道原则”有关规定本土化的同时，综合各方力量，在现有信用评级基础上，综合考虑资源成本、污染治理成本、生态环境影响、社会环境影响等环境因素后，建立新的信用评级体系，并将之在相应政策中固化推广。通过系统化的评估标准和方法体系将资源成本、污染治理成本、生态和社会环境影响等要素定量化、货币化，最终实现对企业环境风险的识别、监测。

此外，考虑到相关工作的专业性，且根据监管相关规定，商业银行核心风控环节不得外包，故建议在后续立法中放开对此项工作的外包管理限制，鼓励银行借助第三方绿色评估机构的力量评估相应风险。同时，应在制度中明确评估机构的资质及业务开展要求，使环境风险的识别、监测更为专业、效率更高。

4. 保障项目收益，健全政策风险救济对冲机制。

一方面，健全救济机制。建议在行政救济之外，积极探索相应的司法救济手段，同时应在制度中明确，当发生政策风险时，绿色金融项目中的债权人也可以作为救济的发起主体，保证商业银行发起救济的权利。

另一方面，完善政策风险的对冲机制。通过完善贴息制度、担保制度和保险制度，化解、对冲相关风险，保证项目利益。在贴息方面，后续可通过政策立法，进一步扩大财政贴息资金规模，提高财政贴息率，放松对贴息期限的限制，逐步以贴息取代补贴；此外，还可借鉴德国的允许财政部门将绿色贷款的贴息管理权交给绿色银行或绿色金融事业部等做法，提升绿色贴息的审批效率。在担保方面，可积极探索设立绿色金融风险补偿基金作为绿色金融项目的增信措施，在政策变化风险发生时，由政府、金融机构和客户三方共同承担。在保险方面，可以考虑建立强制绿色责任保险制度，或将企业是否投保环境污染责任保险的情况作为获得绿色信贷等金融服务的重要参考指标，通过保险手段进一步保障项目收益。

5. 制订推进计划，持续推动立法工作完善落地。

我们认为，完善商业银行绿色金融立法必然是一个长期的过程。建议有权机关在原《关于构建绿色金融体系的指导意见》的基础上，制订详细的立法推进方案，引导相关部门不断完善配套机制，根据计划推进情况，适时推动商业银行绿色金融立法的进一步完善，逐步实现相关约束机制的落地实行。

我国要坚持环境友好，合作应对气候变化，保护好人类赖以生存的地球家园。商业银行作为经济金融发展的市场参与方，应当继续在绿色金融领域中起引领、推动作用，充分利用自身优势，牢固树立绿色发展理念，服务好绿色产业的不断创新和发展壮大。希望相应的配套立法能够尽快落地，引领和督促商业银行更好地为我国绿色金融发展添砖加瓦。

我国商业银行绿色信贷事业发展的法律路径选择

黄 韬[1]

一、引言：绿色信贷的三重实现路径

与直接导致环境污染后果的生产企业相比，历史上来讲，商业银行或者其他金融机构同环境与可持续发展问题的关联性并不那么密切。一方面，是由于银行业本身被认为是属于清洁产业（clean industry）的范畴；另一方面，人们也认为让银行去评估环境效益无异于干涉了客户的内部经营事务[2]。1990年的一份调查表明，当时金融市场上的资金出借方并没有什么兴趣去关注其商业合作伙伴在环保领域的具体行为[3]。

然而，近十几年以来，国际社会越来越认识到，通过给予企业贷款资金支持，银行不可避免地与那些有害于自然环境的商业活动联系在了一起[4]。也就是说，如果商业银行向那些未达到环保标准的项目提供贷款支持，那就等于助长了破坏环境的工业活动[5]。正是在这种背景下，基于环境责任的银行信贷业务在国际范围内得以兴起。通过将环境检测标准、污染治理效果以及生态保护等因素纳入授信决策的考量

---

① 黄韬，浙江大学光华法学院研究员、博士生导师。

② Marcel Jeucken, *Sustainable Finance and Banking: The Financial Sector and the Future of the Planet*, London: London Earthscan Publications Ltd, 2001, p.21.

③ Marcel Jeucken, *Sustainable Finance and Banking: The Financial Sector and the Future of the Planet*, London Earthscan Publications Ltd, 2001, p.88.

④ D. Sarokin & J. Schulkin, "Environmental concerns and the business of banking," *Journal of Commercial Bank Lending*, pp.6-19, 745 (1991).

⑤ Paul Thompson & Christopher J. Cowton, "Bringing the environment into bank lending: implications for environmental reporting," *British accounting review*, pp. 197-218, 36(2)(2004).

范围，商业银行在全球绿色金融[①]体系中占据了举足轻重的地位。也由此，商业银行的绿色信贷被认为在环境产业与金融机构之间架起了一座实实在在的桥梁[②]。

在我国，绿色信贷近年来在商业银行体系中的关注度也日益提升。2007年7月30日，在严峻的节能减排和环境污染治理形势之下，原国家环保总局、中国人民银行以及原银监会联合发布了《关于落实环保政策法规防范信贷风险的意见》。该文件虽未直接使用“绿色信贷”的表述，但它首次明确地将商业银行的授信行为与企业的环境表现联系在了一起，因此被认为是我国绿色信贷机制建设正式起步的一个标志性事件。2016年8月，中国人民银行、财政部、原银监会、环保部等七部委联合印发的《关于构建绿色金融体系的指导意见》中则明确提出了“构建支持绿色信贷的政策体系”。而根据原银监会于2018年2月公布的信息，截止到2017年6月，统计所覆盖的21家主要全国性银行的绿色信贷余额已达到了8.22万亿元[③]，占同期120.21万亿元规模的本外币贷款余额的比例约为6.84%[④]。由于我国的金融体系以间接融资为主，因此商业银行在发展绿色金融业务过程中自然会扮演最为重要的角色，而截止到2017年年末，我国的各类绿色融资余额中，绿色信贷占到了95.1%[⑤]。

环境污染是经济活动中典型的负外部性[⑥]问题。一种惯性的思维认为负外部性

---

① “绿色金融”（Green Finance）或者“环境金融”（Environmental Finance）、“可持续金融”（Sustainable Finance）并无权威的官方定义，但一般可以直观地认为绿色金融这个宽泛的名词所指的是“向可持续发展项目或计划、环保产品以及鼓励经济可持续发展政策投入的资金支持”，参见International Development Finance Club，“Idfc Green Finance Mapping For 2014，” See “International Development Finance Club，Idfc Green Finance Mapping For 2014”，accessed November，2015，http：//www.idfc.org/Downloads/Publications/01_green_finance_mappings/IDFC_Green_Finance_Mapping_Report_2015.pdf.

② J. E. Salazar，“Environmental Finance：Linking Two Worlds，” Paper presented at a workshop on Financial Innovations for Biodiversity，10th Global Biodiversity Forum，Bratislava，Slovakia，1-3 May 1998，p.15.

③ 参见《绿色信贷统计信息披露说明》，http：//www.cbrc.gov.cn/chinese/files/2018/8F21409B87D84147BE72C19C24C59DE9.pdf，最后访问日期：2019年10月10日。

④ 资料来源:《2017年上半年金融统计数据报告》，http：//www.gov.cn/xinwen/2017-07/12/content_5209908.htm，最后访问日期：2019年10月10日。

⑤ 参见兴业研究:《2017年中国绿色金融市场综览》，http：//greenfinance.xinhua08.com/a/20180108/1744086.shtml，最后访问日期：2019年10月10日。

⑥ 外部性（Externality）指的是个体的行为对社会或者其他个体造成了影响，却没有承担相对应的义务或者获得相对应的回报。而负外部性（negative externality）则是指个体行为对他人造成了不利的影响，而自己并不承担相应的成本。参见James M. Buchanan & Wm. Craig Stubblebine, “Externality,” *Economica*, New Series, 29, No. 116 (1962), pp. 371-384.

的克服必然要以政府的执法行为为前提，然而殊不知基于政府行政执法的环境污染末端治理机制未必就是理论上最有效的制度安排，政府部门本身运作的高昂成本再加上难以避免的“政府失灵”（government failure）[①]问题，这些都会弱化环境行政执法的实际社会效果；而金融市场则为外部性的内部化开辟了另外一条选择道路，绿色信贷机制即是其中之一。

更进一步地来观察，我们会发现，绿色信贷机制在不同的地区或不同的历史阶段会因其生成机制的差异而呈现迥异的内在属性与外在特征。具体来讲，绿色信贷体系的建构与发展有三种可能的实现路径：其一为自我规制（self-regulated）模式，或称为自愿实现机制（以“赤道原则”为典型代表）；其二为私法层面的环境民事侵权赔偿责任承担机制（以美国的《超级基金法》为典型代表）；其三为公法层面的行政权力推动机制（以我国现阶段绿色信贷政策体系为典型代表）。不过，上述三种实现机制并不是完全排他性的，在某些地区或某些历史发展阶段，不同的绿色信贷实现机制可能彼此结合，共同发挥作用。

本文将在对比国际金融市场绿色信贷体系发展历史经验的基础上，重点结合中国金融市场以及中国金融法律制度的时空特征，分析和探讨不同类型的绿色信贷实现路径在我国会遭遇的各种法律瓶颈问题，进而勾勒出我国发展绿色信贷体系的总体法治约束条件。需要说明的是，本文并非抽象地对上述三大绿色信贷实现机制的功能、价值和意义进行评价和比较，或者给出一个孰优孰劣的简单结论，而是强调结合特定时空之中的金融市场环境和法律制度环境来揭示不同的绿色金融实现机制得以发挥实际作用的约束条件。

二、商业银行绿色信贷的自愿实现机制

基于商业利益和社会责任的双重考量，国际大型商业银行已经创新性地开发了形形色色的绿色信贷产品。例如，美国富国银行特别针对“绿色”商业建筑（“green” commercial buildings）的开发商提供条件优惠的专项贷款[②]；美国银行则对于卡车运输公司以购买节油设备为目的的贷款申请给予快速审核、免除担保以及设定灵活条款等优待措施[③]；英国巴克莱银行于2007年发行了一款名为“呼吸信用卡”

---

① “政府失灵”有时也被称为“非市场失灵”（non-market failure），是一种因为政府干预市场的行为而带来的一系列非效率性资源分配的公共状态。参见 Barak Orbach，“What Is Government Failure，” *Yale Journal on Regulation Online*，pp. 44-56，Issue 30。

② See Unep Finance Initial，“Green Financial Products and Services：Current Trends and Future Opportunities in North America，” accessed August，2007，http：//www.unepfi.org/fileadmin/documents/greenprods_01.pdf.

③ Ibid..

（Breathe Credit Card）的金融产品，为持卡人的绿色消费提供优惠利率，并承诺将信用卡利润的50%用于资助全球的碳减排事业①。

此外，在一些国际组织、非政府组织以及大型金融机构的共同促成之下，国际社会出现了一系列推进商业银行绿色信贷业务的自愿性准则（voluntary codes）。其中包括"联合国环境规划署金融倡议"（United Nations Environment Programme - Finance Initiative，UNEP FI），于1995年发起的，开放给全球商业银行自愿签署的《联合国环境规划署关于可持续发展的金融机构承诺声明》[UNEP Statement of Commitment by Financial Institutions（FI）on Sustainable Development]②，以及2003年由百余家非政府组织共同签署的《关于金融机构可持续性的科勒维科什俄宣言》（The Collevecchio Declaration on Financial Institutions and Sustainability）③。

就影响力而言，目前，在世界范围内，绿色信贷的自愿实现机制生成与发展过程中最具代表性的制度化成果就是"赤道原则"（equator-principles，EPs）。"赤道原则"是由花旗银行、巴克莱银行、荷兰银行等国际知名商业银行在2003年基于国际金融公司的《环境和社会可持续性绩效标准》（IFC Performance Standards on Environmental and Social Sustainability）以及世界银行集团的《环境、健康和安全指南》（World Bank Group Environmental，Health and Safety Guidelines）而发起制定的一套自愿性金融行业准则，被金融机构用于在融资过程中确定、评估和管理项目所涉及的环境与社会风险，其目的在于为金融机构的尽职调查和监督活动提供最低的标准以支持其作出负责任的风险决策④。

"赤道原则"适用于四类金融产品，分别是项目融资咨询服务（project finance advisory services）、项目融资（project finance）、用于项目的公司款（project-related corporate loans）以及过桥贷款（bridge loans）⑤。目前所适用的第三版"赤道原则"的内容文本是自2013年6月起施行的，包含10项具体的可操作性原则⑥。其中，"原则1：审查和分类"要求采纳"赤道原则"的金融机构把一定金额以上的融资项目根据其环境和社会风险高低差异归类为A、B、C三类，从而分别适用于不同

---

① See http：//www.applycreditcard-online.com/credit-cards-uk/barclaycard-breathe-card/.

② 该声明的文本可参见 http：//www.unepfi.org/fileadmin/statements/UNEPFI_Statement.pdf。

③ 该声明的文本可参见 https：//www.banktrack.org/download/collevechio_declaration/030401_collevecchio_declaration_with_signatories.pdf。

④ See "The Equator Principles，" http：//equator-principles.com/about/.

⑤ Ibid..

⑥ 这10项原则具体是，审查和分类、社会和环境评估、适用的社会和环境标准、环境和社会管理系统以及"赤道原则"行动计划、利益相关者的参与、投诉机制、独立审查、承诺性条款、独立监测和报告以及报告透明度。

的信贷审核标准与程序[①]。此外，依据“赤道原则”的规定，金融机构应当要求贷款客户开发或维持一套环境和社会管理体系（Environmental and Social Management System，ESMS）[②]，并且在与客户的契约中加入有关合规的承诺性条款（covenants linked to compliance）[③]，并引入了独立的环境和社会专家（independent environmental and social consultant）参与项目审查的机制[④]。

截止到目前，已有来自37个国家的92家金融机构正式采纳了“赤道原则”，从而具有了所谓“赤道原则金融机构”（Equator Principles Financial Institutions，EPFIs）的身份[⑤]。其中，绝大多数金融机构来自发达经济体，而迄今为止，宣布接受“赤道原则”的中国商业银行仅有两家，分别是兴业银行（2008年10月）和江苏银行（2017年1月）[⑥]。

“赤道原则”为商业银行的授信行为设定了较为严格的实质判断和审核流程标准，而其之所以在相当范围内被全球商业银行所接受，并非基于有强制约束力的国际条约或者国内法律所设定的监管要求，而是各家商业银行出于内部和外部的各种激励与约束环境而自主作出的商业决策。

国际金融公司的一项统计调查表明，金融机构在行为决策时之所以会把环境与可持续发展问题作为一项考虑因素，排在前三位的原因分别是：在声誉方面获得更多的公信力、投资者的诉求以及为利益相关者创造价值增量[⑦]。另外一项针对英国金融机构的调查问卷显示，作为债权人的银行会担心因为与造成环境事故的借款人存

---

① 其中，A类项目属于对环境和社会有潜在重大不利并/或涉及多样的、不可逆的或前所未有的影响；B类项目为对环境和社会可能造成不利的程度有限和/或数量较少，而影响一般局限于特定地点，且大部分可逆并易于通过减缓措施加以解决；C类项目则对社会和环境影响轻微或无不利风险和/或影响。See “The Eouator Principles III,” http：//equator-principles.com/wp-content/uploads/2017/03/equator_principles_III.pdf，p.5.

② See “The Equator Principles III,” http：//equator-principles.com/wp-content/uploads/2017/03/equator_principles_III.pdf，p.7.

③ See “The Equator Principles III,” http：//equator-principles.com/wp-content/uploads/2017/03/equator_principles_III.pdf，p.9.

④ See “The Equator Principles III,” http：//equator-principles.com/wp-content/uploads/2017/03/equator_principles_III.pdf，p.8.

⑤ See http：//equator-principles.com/members-reporting/.

⑥ 另据报道，我国的湖州银行也已经提出成为EPFI的申请。参见《湖州银行申请采纳赤道原则》，载《中国经营报》2018年2月12日。

⑦ International Finance Corporation，“Banking on Sustainability：Financing Environmental and Social Opportunities in Emerging Markets-Publication，” http：//www.ifc.org/wps/wcm/connect/9486d980488658f8b7b2f76a6515bb18/Banking_on_Sustainablity_Launch.pdf?MOD=AJPERES.

在交易关系而损害自身的社会声誉①。由此可以推测的是，商业银行宣布接受“赤道原则”并据此行事，绝非纯粹出于道德感的驱使，而是一种十分理性的商业选择；甚至可以说，自愿性质的“赤道原则”非常完美地契合了商业银行的战略动机，而环境效益则成了商业银行风险管理过程中的一项主要“副产品”，这与公司治理中的“开明的股东理论”（enlightened shareholder theory）是相一致的②。

一个合理的推断是，对于商业银行来说，采纳“赤道原则”需要付出两个方面的成本：一是额外的尽职调查程序成本，二是放弃一些潜在收益更大但不利于环境可持续发展的融资项目③，由此会对商业银行的股东利益造成损害。不过，经济学家的实证研究曾经表明，股东对商业银行宣布采纳“赤道原则”的信息并没有负面反应。换言之，商业银行通过宣布采纳“赤道原则”来释放出负责任行为（responsible conduct）的信号是得到其股东认同的④。

除了商业银行股东群体的认可外，来自金融市场和国际社会的其他各种外部激励与约束机制也在不同程度地推动着绿色信贷机制的普及化。例如，法国政府在2015年12月和2016年1月先后推行了两套官方绿色金融产品认证机制⑤，这种“贴标签”（labelling）制度对于金融机构来说即构成了一种正向的外部激励，申请认证则可以看作一种“好人举手”的行为。此外，在全球金融市场越来越浓烈的强化“负责任投资”（Responsible Investment）⑥的氛围中，不少证券交易所和中介机构开发出了各类绿色股票指数，如始于1999年的道琼斯可持续发展指数（Dow Jones

---

① Paul Thompson & Christopher J. Cowton, “Bringing the environment into bank lending: implications for environmental reporting,” *British accounting review*, 36（2）(2004): 197-218.

② Richard Macve & Xiaoli Chen, “ The ‘ equator principles’ : ‘a success for voluntary codes?’, Accounting,” *Auditing & Accountability Journal*（2010）, Vol. 23 Issue: 7: 890-919.

③ 例如，根据《2011年花旗中国企业社会责任报告》所披露的信息，当年中国有两项贷款申请被归为高风险的A类，并且最终由于环境或社会原因而遭到否决，参见http: //www.citi.com.cn/html/cn/pdf/ CSR2011. pdf。

④ Bert Scholtens and Lammertjan Dam, “Banking on the Equator. Are Banks that Adopted the Equator Principles Different from Non-Adopters?,” *World Development*（2007）, 35（8）: 1307-1328.

⑤ See “SRI: The Frecch Government Creats Official Labels for Financial Products,” http: //www.novethic.com/responsible-investment-news/sri-the-french-government-creates-official-labels-for-financial-products.html.

⑥ 2005年，时任联合国秘书长安南邀请国际金融市场的大型机构投资者共同发起了“责任投资原则计划”（Principles for Responsible Investment, PRI），该计划于2006年4月在纽约证券交易所正式启动，其强调投资者在投资决策过程中需要考虑环境、社会和公司治理（environmental, social and governance）因素，目前已有超过1700家投资机构签署了PRI，参见https: //www.unpri.org/about, www.unpri.org/signatory-directory/。

Sustainability Index，DJSI）[①]、伦敦《金融时报》的 FTSE4Good 指数[②]以及明晟公司（MSCI）的 ESG 系列指数[③]等。资本市场的投资者在进行投资决策过程中对于环境问题的越发看重也构成影响商业银行行为选择的一个重要因素。

由此可见，在国际金融体系中，以“赤道原则”为代表的商业银行绿色信贷自愿性准则是一套典型的“软法”（soft law）规则，它的创制并非出于国际或国内立法者，也不主要依靠各国官方之间的协商与合作机制（因此有别于国际银行监管领域的《巴塞尔协议》），相反，却是一些私人银行在这过程中扮演了促进金融监管政策发展以消弭潜在环境恶果的“全球可持续性监管者”（global sustainability regulator）的重要角色[④]。

作为与“硬法”（hard law）相对应的一个概念，“软法”被认为是一种准法律工具（quasi-legal instrument），它并不具有法定的约束力，或者其约束力要弱于传统的法律规则[⑤]。但是，在一定条件的支持下，“软法”仍然可以成为能够产生实际效果的行为规则[⑥]，这一点可以从“赤道原则”的实际执行状况中得以佐证。“赤道原则”是一套“自我规制型”（self-regulated）的金融规则，其“合法性”来自市场而非主权国家[⑦]。因此也就可以说，软法的兴起还拓展了合法性内涵[⑧]，商业银行经营的合规要求也由此实现了外延上的扩充和丰富。

较之有国家强制力为支撑的硬法规范，人们自然会担心“软法”规范在实施过程中会面临监督机制缺失或者有效性不足的问题。从“赤道原则”的实践过程中，我们发现，国际性非政府组织的大量积极活动始终在推动该自愿性准则的发展，同时也扮演了检查“赤道原则”银行行为合规性的角色。例如，银行监察组织（Bank Track）在 2017 年发起了“赤道银行，行动起来！”（Equator Banks，ACT!）的运动，以推动“赤道原则”规则文本的改进与优化[⑨]。

---

① See http：//www.sustainability-indices.com/.

② See http：//www.ftse.com/products/indices/FTSE4 Good.

③ See https：//www.msci.com/documents/10199/242721/MSCI_ESG_Indexes.pdf/42ef2d23-c4ef-4672-8476-52bbb8c98cca.

④ John M. Conley Cynthia A. Williams，“Global Banks as Global Sustainability Regulators? The Equator Principles，” *Law & Policy*（2011），33（4）：542-575.

⑤ Bryan H. Druzin，“Why does Soft Law Have any Power Anyway?，” *Asian Journal of International Law*，（2016）：1-18.

⑥ Francis Snyder，“Soft Law and Institutional Practice in the European Community，” in S. Martin（ed.），*The Construction of Europe*（Kluwer Academic Publishers，1994）p.198.

⑦ 刘志云：《赤道原则的生成路径——国际金融软法产生的一种典型形式》，载《当代法学》2013 年第 1 期。

⑧ 参见罗豪才、周强：《软法研究的多维思考》，载《中国法学》2013 年第 5 期。

⑨ See “Banktrack Annual Report 2017，” https：//www.banktrack.org/download/banktrack_annual_report_2017/180313_annual_report_2017.pdf.

环境非政府组织（Non-Govemmental Organizations，NGO）经常在一些重大工程项目的融资过程中通过各种方式来监督商业银行对于“赤道原则”的遵守。例如，在俄罗斯萨哈林2号油气项目（Sakhalin II Oil and Gas Projects）建设过程中，当时为项目提供融资的欧洲复兴开发银行、瑞士信贷银行、摩根大通银行、瑞穗银行以及荷兰银行等6家接受“赤道原则”的银行在审核贷款申请的过程中事实上没有严格遵守“赤道原则”的实体和程序规则，因此在2004年遭到了15个国家的39个非政府组织的联合谴责，并被要求停止向该项目提供信贷支持①。

事实上，“赤道原则”也为NGO发挥监督作用提供了现实的制度可能性。根据“赤道原则”的要求，针对所有被归为A类和部分被归为B类的项目，申请贷款的客户应设立一套投诉机制（grievance mechanism），并作为社会和环境管理体系的一部分，以收集并促进解决对该项目的社会和环境绩效的关注与投诉②。一个著名的案例就是阿根廷的非营利机构——人权与环境中心（The Center for Human Rights and Environment，CHRE）在2005年借由这套机制成功地阻止了两家“赤道原则金融机构”向乌拉圭Orion纸浆厂项目提供融资的计划③。

我们再把视线转回到中国的商业银行体系。既然国际金融市场的实践为我们提供了一个在先的样板，即通过市场自发形成的自愿性准则来有效推动商业银行绿色信贷业务的开展，那么是否有可能通过引导中国的商业银行“接入”这一套既有的规则体系或者推动出台中国国内的绿色信贷自愿实施机制，进而实现发展中国绿色信贷市场的目标呢?

至少从现实来看，这一愿景尚难实现。正如前文所展示和分析的，作为一套软法规则，其本质不在于一份白纸黑字的文件，而是一系列立体的、有行动力的规则的有机组合，它的作用发挥很大程度上要依赖于外部环境的配合。但是，支持“赤道原则”发挥积极作用的国际金融市场和国际社会的诸多要素（比如“负责任的”投资者群体、金融中介服务机构、NGO等）在我国可以说基本上是缺失的；国内、国际金融市场的相对隔离也弱化了我国商业银行自愿接受“赤道原则”的积极性。

2013年11月4日，中国银行业协会在福州市召开“化解产能过剩暨践行绿色信贷”会议，会上29家银行业金融机构签署了《中国银行业绿色信贷共同承诺》

---

① See “Platform：Principal Objections：Analysis of Sakhalin II Gas & Oil Project’s Compliance Withthe Equator Principles,” accessed May，2004，http：//platformlondon.org/p-publications/principal-objections-sakhalin-ii-shell/.

② See The Equator Principles III，http：//equator-principles.com/wp-content/uploads/2017/03/equator_principles_III.pdf，p.8.

③ Vivian Lee，“Enforcing the Equator Principles：An NGO’s Principled Effort to Stop the Financing of a Paper Pulp Mill in Uruguay,” *Northwestern Journal of International Human Rights* 354（2008）.

（“福州承诺”），就加强产能过剩行业授信管理、积极推动绿色信贷业务的开展以及提升商业银行自身环境和社会表现等内容做出了公开承诺[①]。然而，相比较“赤道原则”，这份仅有五条内容的共同承诺并不具有实际的可操作价值，仍然停留在“道义宣言书”层面，无法付诸有效的法律实践。

我们看到，在国际金融市场上，商业银行之所以会认真对待其作出的公开承诺，很大程度上是因为存在来源于市场投资者、中介机构、NGO 以及媒体的监督。那么，我们是否可以利用硬法规则来解决市场约束和社会监督力量缺位的问题呢？换句话说，有没有可能通过既有的法律规则来推动商业银行绿色信贷自愿实施机制在我国的生成与发展，并监督其落实呢？

若我国商业银行并未实际履行其基于“赤道原则”或者其他国际、国内的自愿性绿色信贷准则而做出的公开承诺，那么公司股东或者利益相关方（stakeholder）可否基于《中华人民共和国公司法》第五条第一款“公司从事经营活动，必须遵守法律、行政法规，遵守社会公德、商业道德，诚实守信，接受政府和社会公众的监督，承担社会责任”的规定来要求商业银行承担相应的法律责任呢？从表面上看，《中华人民共和国公司法》第五条似乎为商业银行履行社会责任的义务奠定了立法基础，但是这一高度抽象的法律条文在内容构造上恐怕并不具备可诉性[②]；有的学者认为，虽然在公司法修订后，公司承担社会责任已获得强行法上的依据，但公司社会责任承担的实际绩效在很大程度上取决于司法救济的有效性，然而当前公司社会责任的含义模糊不清，法官负担过于繁重使其对不确定的规则缺乏解释热情[③]。与之类似，《中华人民共和国商业银行法》第八条也规定了“商业银行开展业务，应当遵守法律、行政法规的有关规定，不得损害国家利益、社会公共利益”，但从条文内容构造上看也同样是一种“宣示性”的条款。

已上市的商业银行对社会公众所作出的绿色信贷承诺可视为其披露信息的一部分。那么，商业银行未践行其承诺的行为可否被视为“虚假陈述”而令其承担公法或者私法上的责任呢？事实上，这一假设很难成立。证券法上的强制性信息披露要求及其责任规则的设定是以投资者保护为导向的，而追究上市商业银行在绿色信贷承诺方面的“虚假陈述”显然是超越投资者保护的层面，而进入了“社会保护”的高度，这就使既有的证券市场法律规则在适用上陷入无法协调的困境[④]。

---

① 参见《29 家银行签署绿色信贷共同承诺》，http：//www.cs.com.cn/sylm/jsbd/201311/t20131104_4194118.html，最后访问日期：2019 年 10 月 1 日。

② 参见赵万一、张长健：《后立法时代的中国公司法可诉性》，载《北方法学》2014 年第 1 期。

③ 参见罗培新：《我国公司社会责任的司法裁判困境及若干解决思路》，载《法学》2007 年第 12 期。

④ 这个问题的详尽分析可以参见黄韬、乐清月：《我国上市公司环境信息披露规则研究——企业社会责任法律化的视角》，载《法律科学》2017 年第 2 期。

除此之外，我们是否可以把商业银行的公开承诺行为视为设定了一种单方允诺之债[①]，当其违背承诺时，从而追究其债法上的民事责任呢？这里姑且不论商业银行违背其承诺是否必然会给特定相对方造成实际损害的问题，商业银行事实上可以非常轻易地规避这一责任承担的可能性。以“赤道原则”为例，其规则文件本身即包含了下述“免责事由”：“赤道原则”是金融界中各机构各自发展其内部社会和环境政策、程序和惯例的基准和框架。“赤道原则”没有对任何法人、公众或个人设定任何权利或责任。金融机构是在没有依靠或求助于国际金融公司、世界银行集团、“赤道原则”协会或其他“赤道原则”金融机构的情况下，自愿、独立地采纳与实施“赤道原则”[②]。

从推动绿色信贷普及化的角度来讲，类似的免责条款恰恰是很有必要的，因为这样才可以让更多商业银行接受相关自愿性准则，而不必对未来可能的责任承担充满担忧。

总体来说，以“赤道原则”为代表的绿色信贷自愿实施机制在国际金融市场上所发挥的积极作用很大程度上归功于支持这套软法机制运行的外部制度环境与制度安排，这是制度与制度之间彼此“嵌入”而带来的效果，但这样的条件恐怕在我国国内金融体系中尚不具备；进一步来说，如果希望借助国家法律中的事后追责与司法救济机制来促成这样的自愿性机制“落地”，仍然会遇到无法克服的法律障碍。

三、商业银行绿色信贷的民事侵权责任机制

鉴于相当数量的导致环境污染的企业经营活动背后都有商业银行贷款的支持，因此近年来有不少官方或学界的意见主张，应当扩展民事侵权法律制度的适用空间，让商业银行在一定条件下承担环境侵权损害赔偿的连带责任，从而约束商业银行的授信行为，推进绿色信贷业务的发展。

例如，2016 年，中国人民银行、财政部、发展改革委等于《关于构建绿色金融体系的指导意见》中就提出了“研究明确贷款人环境法律责任”；并且“依据我国相关法律法规，借鉴环境法律责任相关国际经验，立足国情探索研究明确贷款人尽职免责要求和环境保护法律责任，适时提出相关立法建议”。而此前，中国人民银行研究局与联合国环境署可持续发展项目联合发起的绿色金融工作小组则提出，“修改《商业银行法》，以法律形式确立商业银行的环境法律责任”以及“赋予环保

① 债法上以允诺人承担给付义务为内容的单方法律行为，通常被称为单方允诺。参见徐涤宇、黄美玲:《单方允诺的效力根据》，载《中国社会科学》2013 年第 4 期。

② See “The Equator Principles III,” http：//equator-principles.com/wp-content/uploads/2017/03/equator_principles_III.pdf，p.11.

执法部门代表本辖区公众的环境权益起诉商业银行的权利”等建议[①]；也有的学者认为，应当在侵权责任法中详细规定商业银行的环境侵权责任[②]。

理论上来说，通过各种事前规制（ex ante regulation）工具来预防环境风险事故的发生固然是最为理想的治理状态，然而“百密难免一疏”，实际造成严重损害结果的环境污染事件并没有被完全遏制，这时候就体现出事后规制（ex post regulation）的重要价值：一方面，可以为受环境污染损害的一方提供司法救济的途径；另一方面，事后的惩戒也是加大排污成本的一种方式，可以有效阻吓污染者的不当行为。而更进一步地从理论上来推测，若将事后的民事侵权赔偿责任延伸至商业银行，则可以解决直接因污染者在公司法上的有限责任保护而带来的赔偿不足的问题，且有利于防止出现监管者被俘获而导致的环境规制法律失效的情形[③]。

在发生严重环境污染事故的背景下，美国国会于1980年通过了《综合环境反应、赔偿与责任法》（Comprehensive Environmental Response，Compensation and Liability Act，CERCLA）[④]，因这部法律要求设立一个超级基金（Superfund）来治理全美范围内闲置不用或废弃的危险废物处置场所，故而又被称为《超级基金法》（The Superfund Legislation）。综观上述提议将我国商业银行纳入环境侵权责任承担主体范围的建言，其实均隐含了对标并借鉴美国《超级基金法》的思路。

依照CERCLA的规定，四类潜在责任主体（potential responsible parties，PRP）需要承担因危险物质的泄漏而引发的清理与补偿费用。这四类责任主体包括：其一，危险物质处置设施现在或者过去的所有者与经营者；其二，危险物质泄漏时，过去或者现在的所有者与经营者；其三，危险物质处置的安排者；其四，危险物质的运输者[⑤]。同时，CERCLA采用了“严格的（strict）、共同连带的（joint and several）和有追溯力的（retroactive）”法律责任制度，由此无论是否实际参与污染或造成污染后果的发生，也无论污染行为发生时法律是否已经生效，潜在责任方都必须为污染事故负责[⑥]。

通常情况下，商业银行并不会因为放贷行为就直接被认定为承担连带责任的主体，但是商业银行为了确保信贷资产的安全，在实践操作中往往会采取一定的风险管理措施，例如接收借款企业的抵押资产，派驻管理人员参与借款企业的经营，抑

---

① 参见绿色金融工作小组：《构建中国绿色金融体系》，中国金融出版社2015年版，第68~69页。

② 例如，周杰普：《论我国绿色信贷法律制度的完善》，载《东方法学》2017年第2期。

③ Marcel Boyer & Donatella Porrini，“Modelling the Choice between Regulation and Liability in Terms of Social Welfare，” *Canadian Journal of Economics*（2004），Vol. 37，No. 3：590-612.

④ 42 U.S.C. § § 9601-9675（1980）（amended 1986）.

⑤ 42 U.S.C. § 9607（a）（1）-（4）.

⑥ Owen T. Smith，“The Expansive Scope of Liable Parties under CERCLA，” *St. John's Law Review*，Vol. 63，Issue. 4，2012，pp. 821-837.

或接管失去偿债能力的借款企业等。在 CERCLA 下，这些商业银行传统上的信贷风险管理措施都可能令其成为潜在的责任主体。尽管 CERCLA 的避风港规则可以让银行在特定情形下豁免责任的承担，但在 1986 年 United States v. Maryland Bank & Trust Co. 一案[①]中因行使终止抵押权利（foreclosure）来获得相关财产的商业银行被判定并不具有成为“非自愿获得财产主体”的资格，因此无法免除 CERCLA 下的赔偿责任。在 2007 年的一起争议中，纽约州政府认定汇丰银行无法享有“担保债权人豁免”（secured creditor exemption）[②]，这是因为汇丰银行已经冻结了借款企业的经营资金，这使该借款人不再具备遵守环保规则的财务能力[③]。

与同时期欧洲的金融机构不同的是，CERCLA 在 1980 年的出台让美国的商业银行需要对其客户导致环境恶化的行为在法律上和财务上进行负责，这就促使其开始将环境风险纳入整体的信贷风险管理政策中[④]。CERCLA 在客观上对商业银行的放贷行为造成了深远的影响。根据美国银行家协会（American Bankers Association）在 20 世纪 90 年代的一项统计，那时约 88% 的银行调整了其信贷政策以防止承担连带赔偿责任，63% 的银行拒绝了那些可能招致赔偿责任的贷款申请，有 17% 的银行放弃了对相关财产行使权利以规避环境赔偿责任[⑤]。

美国的立法和司法实践为其他国家的制度发展提供了想象空间。据不完全统计，英国、德国、葡萄牙、墨西哥、印度、南非、哥斯达黎加、巴拉圭等国都先后推行了针对资金出借人因违反可期待的注意义务而承担环境赔偿责任的法律制度[⑥]。

那么，当我们在中国的语境下讨论这一问题，首先要回答的就是，我国现有的法律规则是否为商业银行承担环境侵权损害赔偿责任留出了制度可能性或者法律解释的空间。我国侵权责任法[⑦]中确立环境侵权责任基本规则的是第六十五条“因污

---

① 632 F. Supp. 573，579（D. Md. 1986）.

② 42 U.S.C. § 9601（20）（A）.

③ New York v. HSBC USA，N.A.（S.D.N.Y. No. 07-3160，2007）.

④ Marcel Jeucken，Sustainability in Finance：Banking on the Planet，Eburon Publishers. 2004，pp.135-139.

⑤ J. Davis，“Bankers face new uncertainty over environmental liability”，Philadelphia Business Journal，3（1994），No.135.

⑥ UNEP，“Lenders and Investors Environmental Liability：How Much is too Much?，” April 2016，available at：http：//unepinquiry.org/wp-content/uploads/2016/04/Lenders_and_Investors_Environmental_Liability.pdf.

⑦ 因本书主要反映 2018 年下半年和 2019 年上半年国内外金融市场最新法治理论成果与建设成就，成文于 2019 年，因此本书中并未将《中华人民共和国侵权责任法》《中华人民共和国物权法》的规定替换为《中华人民共和国民法典》的相关规定。

染环境造成损害的，污染者应当承担侵权责任”。通常情况下商业银行不符合此处“污染者”的行为主体要件。《中华人民共和国侵权责任法》第九条第一款所规定的“教唆、帮助他人实施侵权行为的，应当与行为人承担连带责任”也基本上无法适用于商业银行，因为要把商业银行的贷款行为界定为“教唆”或者“帮助”，进而认定其为共同侵权人，这无异于对法律文意作了过分扩大的解释。即便请求人可以证明商业银行在当初对污染者作出授信决定时并未充分考虑贷款项目的环境风险，但鉴于《中华人民共和国侵权责任法》第九条是定位于基于共同过错的共同侵权类型①，而通常情形下，商业银行并不会因其贷款行为与造成污染后果的借款企业之间形成共同故意或者共同过失。

所以，这里进一步的问题就是：如上文所提及的，官方和学界在一定范围内提出了要在侵权责任法或者商业银行法中增加专门条款来为商业银行明确设定其信贷审核环节中关于环境风险的注意义务并辅以专门的责任规则，这样一种政策建议是否具有足够的合理性呢？

可以预见的是，如若这样的规定出台，商业银行对于信贷投放的环境效益定会有更大程度的考虑，这当然是积极的一面。但是，以制定强制性法律的方式来赋予商业银行更为宽泛的注意义务，并且扩张环境侵权责任制度对于商业银行的适用，这会带来非常不利的社会后果，因此这将是得不偿失的选择。

面对法律环境的变化，商业银行需要引入更为复杂的信贷审核流程，以对特定贷款项目的环境风险进行评估，这对于银行来说是一笔不小的额外费用支出。而在既定的资金市场供求关系条件下，商业银行为了“消化掉”这笔额外的费用，可能采取将成本分摊给融资企业的做法（例如，提高贷款利率、缩减贷款合同周期或者收取额外的服务费用），或者干脆“一刀切”地减少甚至停止对风险程度较高的某些行业的信贷支持。可资参考的是，有学者研究了美国 73 家化工企业在 CERCLA 的责任制度实施之后融资成本的变化情况，发现其中 23 家大型公司普遍受此影响，融资成本有显著的上升②。

另外，根据美国银行家协会的统计，CERCLA 实施之后，有 14% 的商业银行因为对财产行使担保权利而最终招致了支付清污费用的法律责任，有 46% 的银行则决定终止对化工、农业等环境极端敏感产业部门的贷款③。相对而言，CERCLA 的

---

① 叶金强：《解释论视野下的共同侵权》，载《交大法学》2014 年第 1 期。

② Steven Garber & James K. Hammitt，“Risk Premiums for nvironmental Liability：Does Superfund Increase the Cost of Capital?，” *Journal of Environmental Economics and Management*（1998），Volume 36，Issue3：267-294.

③ J. Davis，“Bankers face new uncertainty over environmental liability，” *Philadelphia Business Journal*，3（1994），No.135.

实施对于风险承受能力较弱的小型商业银行的冲击最为严重，甚至有些银行因无法承担由此带来的财务负担而最终走向了破产的结局[①]。CERCLA也使北美的商业地产市场受到冲击，原先被广泛用于向银行申请融资抵押的不动产在CERCLA实施之后陷入了迅速贬值的困境[②]。毫不奇怪的是，CERCLA还引来了更多的司法诉讼。而在这个过程中，司法程序所耗费的成本甚至要高于受污染土地的修复成本[③]。

面对这些法律实施之后所产生的负面效应，公共部门也力图采取某些“对冲措施”，以缓解商业银行因负担过重的赔偿责任而造成其市场行为扭曲。例如，美国环境保护署（Environmental Protection Agency，EPA）于1992年发布了《贷款人责任规则》（Lender Liability Rules）[④]，以给商业银行更大的法律责任豁免空间。尽管在1994年，该行政性法律文件被法院裁决为不具有司法拘束力[⑤]，但环境保护署和司法部在1995年的一份联合声明中确认，行政部门在执法过程中仍将遵循上述规则[⑥]。

而在欧洲，当各国政府在20世纪80年代中期希望仿效美国去推动类似的环境责任立法时，银行界提出了激烈的反对意见，部分原因就在于他们看到了美国CERCLA在实施过程中带来的不利社会后果，因此当时只有英国和荷兰引入了类似的环境责任法律制度[⑦]。

所以，当我们在中国讨论是否要通过民事侵权责任法律制度来强化商业银行绿色信贷机制实施的时候，不应当只看到域外立法和司法实践中积极的一面，也要意识到诸如美国CERCLA这样的法律规则给商业银行和金融体系运行带来的不利影响。更何况，在美国，CERCLA对于商业银行法律责任的适用是有严格的条件与范围限定的，针对的是银行取得担保品权利或者直接介入借款企业运营的情形，这和目前我国不少人士主张将潜在的环境侵权责任普遍适用于商业银行的所有贷款行为的提议内容是有着截然差异的。

---

① Stephan Schmidheiny, Federico J. L. Zorraquín & the WBCSD, *Financing Change: The Financial Community, Eco-Efficiency, and Sustainable Development* (MIT Press, 1996), p. 104.

② B. Christmas, A Lender's Perspective on "Brownfields" Financing in Ontario, presented to 11th Annual Environmental Management Compliance & Engineering Conference, May 15, 2003, Toronto.

③ Phil Case, *Environmental Risk Management and Corporate Lending: A Global Perspective* (Woodhead, 1999), p. 41.

④ C.F.R. § 300.1100 (1992).

⑤ Kelley v. EPA, 15 F.3d 1100 (D.C. Cir. 1994).

⑥ 60 Fed. Reg. 63, 517, 63, 518 (Dec. 11, 1995).

⑦ Marcel Jeucken, *Sustainability in Finance: Banking on the Planet* (Eburon Publishers, 2004), pp.137-138.

更进一步来说，若这样的侵权责任制度得以实施，一个极端的后果就是可能因为商业银行法律责任的加重而导致环境风险转化为金融风险。在国家的经济金融体系中，商业银行可谓是一个特殊的存在[①]，它们本身就是受法律特别保护的。这种特殊性通常表现在三个方面：其一，银行以存款的形式持有大量高流动性的债务，而存款人却可能随时要求兑现其债权；其二，银行所提供的金融服务对于一个经济体来说是最为基本的与核心的功能；其三，作为一个国家货币政策的“传输带”（Transmission Belt），银行扮演了货币政策与实体经济之间的纽带角色[②]。为此，各国通常会制定专门的商业银行方面的法律，以保证其在市场准入、日常经营以及市场退出环节都适用特别的监管规则，以避免其经营失败给经济和社会带来不可挽回的风险与损失。

严格来说，强化商业银行的环境侵权赔偿责任是与商业银行立法以及商业银行审慎监管的逻辑相悖的。实质上它在降低环境风险的同时会导致难以预见的金融风险的生成与累积，这恐怕未必是公共政策制定者希望看到的结果。

对于国际性的商业银行来说，自愿实施的绿色信贷准则固然也可能造成其经营成本的上升，但这类自愿性准则的遵从本身就是商业银行自我选择的结果，是商业银行根据其所能够负担的风险管理水平而做出的商业决定。更何况如上文所分析的，作为软法规则，这类准则不会给银行带来强行法上的责任后果，这就在本质上与商业银行的环境侵权赔偿责任区别开来。

退一步讲，如果通过立法普及了商业银行的环境侵权赔偿责任，那么接下来的问题自然就是：商业银行的贷款资金如被借款人用于其他非法活动并造成侵权损害的结果，那么商业银行是否也要依同样的逻辑来承担连带责任呢？又或者，商业银行之外的其他资金出借人（比如某个个人或者企业）是否也要对借款人的行为造成的环境侵权损害结果承担连带赔偿责任呢？与之类似，为上市公司提供资金的股票市场投资者是否也要为上市公司的环境侵权行为承担连带赔偿责任呢？如此一来，则可能导致整个侵权法理论体系需要进行重新解释和构建。

也许会有人说，环境侵权往往伴随着巨大金额的赔偿，而在有限责任制度的保护下，排污企业完全可能无法百分之百地履行赔偿义务，因此如果要求商业银行承担连带赔偿责任，可以最大限度保护受损失一方的利益。但这种说法其实并不能成立，除了上文分析的原因外，环境侵权行为的受害方完全可以通过强制性的环境责

---

① E. Gerald Corrigan, “Are Banks Special?,” in Federal Reserve Bank of Minneapolia Annual Report，1982，http：//www.minneapolisfed.org/pubs/ar/ar1982a.cfm.

② Carl-Johan Lindgern，Gillian Garcia & Matthew Saal，“Bank Soundness and Macroeconomic Policy,” International Monetary Fund 1996.

任保险来得到充分的利益保护[①]，而没有必要诉诸侵权法的扩张适用。否则，考虑到我国金融体系的现状，这项制度可能被异化为商业银行在公权力的胁迫之下充当政府的“钱袋子”而去承担环境事故的兜底赔偿责任，即把侵权法当成一项社会保险制度来适用。

总体来说，通过建构商业银行环境侵权责任制度来推动绿色信贷机制的发展，这实质上是令商业银行在一定程度上替代环境执法部门去承担环境污染的预防职能，也可以看作商业银行社会责任法律化（具体地说是“民法化”）的一种尝试。但这种尝试会与既有的侵权责任法律制度和商业银行监管法律制度产生难以调和的矛盾（无论是在法解释学还是在法社会学的层面），尤其会令不同的利益主体之间的关系失衡，而与之相关的修法建议则会因为规则的社会嵌入成本过高而无法达到设计者预期的目标。

四、商业银行绿色信贷的行政权力推动机制

如果说，在中国绿色信贷体系的发展过程中，上文所讨论的自愿实施机制和民事侵权责任机制是来自国际或者域外，且带有“先进制度”光环的借鉴与参考对象的话，那么下文所要分析的行政权力推动机制则是带有鲜明“中国特色”的绿色信贷实施机制。简言之，十余年来中国的绿色信贷发展最主要的推动力量就是来自行政部门设计并实施的绿色信贷政策体系。

目前，我国的绿色信贷政策体系主要由以下四个方面构成[②]：

一是关于绿色信贷制度的框架规则。包括《节能减排授信工作指导意见》（银监发〔2007〕83号）、《绿色信贷指引》（银监发〔2012〕4号）、《能效信贷指引》（银监发〔2015〕2号）等，这些规则对商业银行开展绿色信贷业务的政策界限、管理方式、考核政策等作出统括性规定，以引导信贷资金投向绿色、循环和低碳领域。

二是关于绿色信贷统计监测的政策规则。主要以《绿色信贷统计制度》（银监办发〔2013〕185号）为代表，其目标在于定期统计商业银行涉及落后产能、环

① 我国原环境保护部已于2017年6月9日公开征求《环境污染强制责任保险管理办法（征求意见稿）》的意见，该征求意见稿的内容可参见http：//www.zhb.gov.cn/gkml/hbb/bgth/201706/t20170609_415774.htm。而在2018年5月7日，生态环境部已经审议并原则通过《环境污染强制责任保险管理办法（草案）》，这意味着我国的环境污染强制责任保险制度即将正式推出。参见《生态环境部召开部务会议审议并原则通过〈环境污染强制责任保险管理办法（草案）〉》，http：//www.gov.cn/xinwen/2018-05/08/content_5289087.htm。

② 政策文件的分类参见王兆星：《大力发展绿色信贷 促进经济可持续发展》，载《中国银行业》2017年第1期。

境、安全等重大风险企业信贷情况，支持节能环保项目及服务贷款情况，绿色信贷资产质量情况，以及贷款支持的节能环保项目所形成的年节能减排能力情况等。

三是关于考核评价的政策规则。主要包括《绿色信贷实施情况关键评价指标》（银监办发〔2014〕186号）以及在《银行业金融机构绩效考评监管指引》（银监发〔2012〕34号）中所设置的社会责任类指标，目的在于组织国内主要商业银行开展绿色信贷自评价，督促全面对照标准自查绿色信贷工作中的缺陷并要求及时整改。

四是关于跨部门环境信息共享的政策规则。例如，《关于共享企业环保信息有关问题的通知》（银发〔2006〕450号）（已失效）、《关于规范向中国人民银行征信系统提供企业环境违法信息工作的通知》（环办〔2008〕33号）、《关于全面落实绿色信贷政策进一步完善信息共享工作的通知》（环办〔2009〕77号）、《加强信息共享促进产融合作行动方案》（工信部联财〔2016〕83号）等。在这一方面，原银监会与原环保部等相关领域的主管部门建立了信息共享机制，以及时收集并向各商业银行通报违反环境保护法律规定的企业名单。

实际上，目前各国政府都或多或少地利用行政权力和行政资源来推进商业银行绿色信贷的拓展，但相比较起来，我国十余年来的绿色信贷政策体系的生成和发展呈现以下几个方面的特殊表现。

从行政权力的行使方式来看，我国的商业银行绿色信贷政策基本上都可视为直接规制（direct regulation）类型的，即要求商业银行在进行信贷风险管理时达到或者符合某些外部标准，而较少有诸如税收减免或者补贴这种在发达国家更为常用的经济政策工具（economic policy instruments）使用[①]。一般来说，政府部门可以采取的最为直接的“激励”商业银行开展绿色信贷业务的措施就是财政贴息，即由公共资金来负担一部分或者全部银行额外成本。不过，财政贴息尚未成为目前我国发展绿色信贷的主要政策选择。据原银监会的统计，截至2016年6月末，我国21家主要商业银行的7.26万亿元绿色信贷余额中，没有一笔是国家贴息贷款[②]。不过，根据自2017年1月起施行的《中央预算内投资补助和贴息项目管理办法》（中华人民共和国国家发展和改革委员会令第45号），国家发展和改革委员会可对生态环境保护和修复项目予以贷款贴息支持，这就为我国将来拓展绿色信贷激励机制提供了制度可能性。

---

① Marcel Jeucken，*Sustainable Finance and Banking：The Financial Sector and the Future of the Planet*（London Earthscan Publications Ltd，2001），pp.2-3.

② 参见《21家主要银行绿色信贷余额超过7万亿 无一笔国家贴息贷款》，http：//www.chinanews.com/fortune/2016/09-02/7992347.shtml。

从绿色信贷政策法律文件发布的主体来看，绝大多数政策的出台都是由金融监管机构，而不是由环保执法部门牵头的，后者多是在环境信息提供等方面给予技术支持。例如，中国人民银行办公厅于2017年7月印发的《落实〈关于构建绿色金融体系的指导意见〉的分工方案》中把中国人民银行和原银监会明确为发展绿色信贷这一任务的主要责任部门。按说，绿色信贷涉及金融与环境两个方面的事务，环境保护行政部门自然有最大的积极性和最为便利的条件去推进相关工作的开展[①]，不过实际上我国商业银行绿色信贷业务主要是在金融监管当局的行政力量推动之下来开展的，这和我国特有的金融体系是密切相关的。我国的金融监管部门和金融机构并非单纯法律意义上的监管与被监管的关系，金融监管部门很大程度上还扮演了金融机构"主管部门"的角色，这一点对于大型商业银行来说尤为明显，并且由于"旋转门"现象[②]的存在，监管机构与市场机构之间形成"互为你我"的关系。在此制度背景下，我们就不难理解，在我国，对商业银行有更直接和重大影响力的是金融监管部门，而非来自另一"系统"的环保行政部门。

从我国绿色信贷政策法律文件的内容来看，其中存在十分明显的"产业导向"和"结果导向"特征。绿色信贷政策的终极目标自然是希望通过银行外部融资的约束来提升企业与社会的可持续发展能力，然而仔细观察我国主要的关于商业银行绿色信贷的政策文件，其中都会把配合国家产业政策设定为一个明确的政策执行中间目标，也就是说，会以商业银行的信贷投放是否符合国家产业政策来作为评估其信贷投放环境效益的一个重要客观指标。例如，《绿色信贷指引》第十条要求商业银行"应当根据国家环保法律法规、产业政策、行业准入政策等规定，建立并不断完善环境和社会风险管理的政策、制度和流程，明确绿色信贷的支持方向和重点领域，对国家重点调控的限制类以及有重大环境和社会风险的行业制定专门的授信指引，实行有差别、动态的授信政策，实施风险敞口管理制度"；以及《节能减排授信工作指导意见》第四条要求商业银行的"应依据国家产业政策，对列入国家产业政策限制和淘汰类的新建项目，不得提供授信支持；对属于限制类的现有生产能力，且国家允许企业在一定期限内采取措施升级的，可按信贷原则继续给予授信支持；对于淘汰类项目，原则上应停止各类形式的新增授信支持，并采取措施收回已

---

① 例如，美国环境保护署就在推动绿色建筑融资方面设计了一系列的政策工具。参见 United States Environmental Protection Agency，"Getting to Green：Paying for Green Infrastructure，" EPA 842-R-14-005 December 2014，https：//www.epa.gov/sites/production/files/2015-02/documents/gi_financing_options_12-2014_4.pdf.

② 我国商业银行体系中的"旋转门"主要表现为商业银行的高管职位与监管部门的高级别领导职位之间存在频繁的交叉任职现象。对于这一现象的批评可以参见欧阳洁：《拆除金融机构和监管人员相互跳槽的旋转门》，载《人民日报》2018年2月5日。

发放的授信”等。与以“赤道原则”为代表的各类自愿性准则相比较，我国的绿色信贷政策规则具有明显的“产业导向”“结果导向”“合规导向”的特征，而非“项目导向”“流程导向”“风险管理导向”。甚至在很多时候，制度实施者会把绿色信贷简单化地理解为将环境标准设定为企业获得商业银行授信的准入门槛，或者等同于把限制授信作为惩罚环境违法企业的一种行政工具。从这个层面来说，我国的商业银行绿色信贷政策也可以看作是让金融监管部门扮演了环境行政执法部门的部分“替身”的角色[①]，以弥补后者的常规性执法威慑力不足。在某种程度上说，这也是妨碍我国商业银行长期以来未能普遍、主动地建立起绿色信贷长效机制的原因之一。

从各项绿色金融政策文件的行政法属性来看，形式上多可归类为行政指导，即这些规范性法律文件基本上都不包含明确的法律责任规则，并多冠以“指引”或者“指导意见”之名。然而，如果我们就此认定这些出自行政监管部门的规范性文件属于“软法”性质的话，那可能脱离现实了。尽管从形式上看，这些政策文件并不一定具有严格意义上的法律拘束力，商业银行未依此行事的责任后果也是不明确的；然而，在监管实践过程中，我国的金融监管当局有充分的方法（例如，行政审批、工作业绩评价、人事任免的决定等）来约束商业银行及其管理人员的行为，由此使这些规范性文件取得了类似行政命令或行政强制的地位。虽然其中包含了大量原则性、宣示性或指引性的条款，但在监管实践中往往都有事实上的（Defacto）强制力。当然，这种“名实不副”也会带来法律上的疑惑。鉴于现有的法律规则并无授权银行业监管机构对商业银行违反绿色信贷政策而作出的授信行为进行行政处罚的明确规定，因此监管部门在实践中会“借用”其他授权依据来“刚性化”绿色信贷政策体系。例如，2017 年 3 月，原银监会南通监管分局认定监管对象江苏如东融兴村镇银行有限责任公司“贷前调查未反映借款人环评违法情况，未对环评差的客户审慎授信”，并据此处以 20 万元的行政处罚，而监管部门给出的法律依据是《中华人民共和国银行业监督管理法》第四十六条的“严重违反审慎经营规则”[②]。然而，如果要细究，传统意义上的审慎监管无法覆盖新兴的绿色信贷推进政策。毕竟这两者在目标上有显著的差异，前者要确保的是商业银行的偿付能力，避免发生系统性风险，而后者则以提升社会的可持续发展能力为出发点。

---

① 例如，2006 年 5 月，原山西省环保局会同中国人民银行太原中心支行联合发布通知，要求省内环保执法部门与金融机构联手执行停贷治污政策，商业银行对于未获得环保审批的项目一律不得贷款或者收回已发放的贷款，这被称为我国绿色信贷政策的“山西模式”。参见齐安甜、曹爱红:《环境金融》，中国经济出版社 2012 年版，第 130~131 页。

② 参见《南通银监分局行政处罚信息公开表（江苏如东融兴村镇银行有限责任公司）》，http://www.cbrc.gov.cn/jiangsu/docPcjgView/B7FD2D1209634F0C91B86E8D7DA61A3E/08.html。

总结而言，行政权力推动机制在当前我国绿色信贷发展过程中毫无疑问占据绝对主导位置，并且从趋势上说，随着建设绿色金融体系成为我国国家战略以及“美丽中国”被写入宪法，商业银行推进绿色信贷业务的政治激励也会越来越强。不过，我们也要清醒地认识到，行政权力推动机制在现阶段之所以可以发挥较大作用，是与我国现阶段金融体系整体上仍具有较强的国家主导色彩密不可分的。市场化程度有限导致了“金融抑制”的格局，再加上法治约束不足的客观条件，这就为行政权力的行使留出了相当大的空间[①]，因而也造就了我国以行政权力为主来推动绿色信贷发展的特殊现象。从长远来说，随着我国金融体系市场化程度的提升和整体法治约束程度的加强，国家与市场的群己边界会趋于明确，公权力行使的弹性和自由空间会被压缩，因此绿色信贷的行政权力推动机制原则上只能是一种阶段性模式，“立竿见影”的效果不可能长期持续。

结语：回归商业银行本源

本文对比分析了自愿实施机制、民事侵权责任机制以及行政权力推动机制这三种商业银行绿色信贷的发展路径，并结合中国金融市场和法律体系的特点来揭示这三种推进模式的法律瓶颈问题：现阶段要将以“软法”为核心特征的绿色信贷的自愿实施机制普遍引入中国的商业银行体系尚不具备成熟的内、外部条件；通过强制性的立法来确立商业银行的环境侵权责任，这固然有域外的实践为样板，但该项制度本身颇具争议，且将其引入我国将面临无法与既有的侵权责任法律制度和商业银行监管法律制度相契合的难题，以至于徒增社会成本；至于行政权力推动模式在我国的普遍运用，那是现阶段金融体系的法治约束不足使然，其长效性和稳定性无法得到保证。因此，在中国发展绿色信贷业务有必要跳出既有的思维框架，去寻找与自身制度环境相匹配的因应之策。

在国际金融市场上，绿色信贷业务的开展被视为商业银行承担社会责任的一种具体表现。然而在中国，我们需要考虑的一个问题是，商业银行的社会责任承担究竟是多了还是少了。其实，我国商业银行历来承担了过度的社会责任，其信贷资金的投放不完全是商业利益的驱使，而需要经常性地配合宏观经济政策（例如为 4 万亿元投资提供配套资金）、产业政策（例如扶持政府“看好”的某些产业增长领域）、社会政策（例如为扶贫项目提供资金支持）或者地方的公共投资计划（例如给予地方融资平台以信贷支持）等。因此，我国商业银行其实不是典型意义的“商业”银行，它本身就承担了诸多公共职能，环保与可持续发展自然也是其中之一。

绿色信贷业务的发展也许未必如预先假设的那般，是一种“牺牲小我、成就大

---

① 参见黄韬：《“金融抑制”的法律镜像及其变革——中国金融市场现实问题的制度思考》，载《财经科学》2013 年第 8 期。

我”的承担社会责任的行为。至少在我国，绿色信贷业务的开展对于商业银行来说本身可能是一种正确的商业选择。根据原银监会的统计，国内21家主要商业银行的节能环保项目和服务贷款不良率在2013年年末至2016年年末这四年期间分别为0.32%、0.20%、0.42%、0.49%；而2017年6月末，这一不良率的数据为0.37%。这表明我国商业银行绿色信贷的资产质量在整体上远远优于其他各项贷款的水平①。中外学者的实证研究也在很大程度上表明，商业银行增加绿色信贷规模能够有效限制不良贷款比例的增加，降低商业银行的经营风险并改善其经营效益②；也有研究认为，绿色信贷业务的开展虽然会降低我国商业银行的营业利润，但贷款规模总量的扩张能够抵销这个过程中的利润损失③。最新实证研究也证实，商业银行绿色信贷能够有效提高总资产收益率，而综合考虑不良贷款率、总资产等控制变量时，绿色信贷对商业银行竞争力相对提升效果更为明显④。

因此，绿色信贷机制的发展完全可能是一种激励兼容的制度结果。事实上，我国商业银行之所以以往有大量的信贷投入高污染、高能耗的领域，仍然会向那些环保不达标的企业或项目提供信贷支持，很大程度上并非出于获得商业利益的考量，而是受到了各种外部因素的影响，被迫负担起经济发展、保证就业、社会安定等本不属于自己的社会责任。

由此，一个合理的推断是，为了进一步推进我国绿色信贷事业的发展，最关键的一项工作其实在于“让商业银行更像商业银行，而不是更像政府”，即强调其经营活动对投资者负责、对市场负责，促进其公司治理机制和风险管理能力的提升。如果做到了这些，绿色信贷的发展自然水到渠成。从这个角度来说，发展我国绿色信贷法律机制的首要工作恰恰是健全我国的金融法律机制，让商业银行的运行回归市场规律的本源。

在这个过程中，我们需要特别考虑地方政府扮演的角色。我国的一个特殊性在

---

① 参见《绿色信贷统计信息披露说明》，http：//www.cbrc.gov.cn/chinese/files/2018/8F21409B87D84147BE72C19C24C59DE9.pdf，最后访问日期：2019年10月1日。

② 参见Marcel Jeucken，*Sustainable Finance and Banking*：*The Financial Sector and the Future of the Planet*（London Earthscan Publications Ltd，2001），pp. 118-148；W. Gary Simpson & Theodor Kohers，“The Link Between Corporate Social and Financial Performance：Evidence from the Banking Industry，” *Journal of Business Ethics*（2002），Volume 35，Issue 2：97-109；孙光林、王颖、李庆海：《绿色信贷对商业银行信贷风险的影响》，载《金融论坛》2017年第10期；李苏、贾妍妍、达潭枫：《绿色信贷对商业银行绩效与风险的影响——基于16家上市商业银行面板数据分析》，载《金融发展研究》2017年第9期。

③ 参见胡荣才、张文琼：《开展绿色信贷会影响商业银行盈利水平吗？》，载《金融监管研究》2016年第7期。

④ 参见何凌云、吴晨、钟章奇、祝婧然：《绿色信贷、内外部政策及商业银行竞争力——基于9家上市商业银行的实证研究》，载《金融经济学研究》2018年1月。

于中央与地方事实上的公共政策目标函数有很大的区别。这也就解释了为什么中央政府的环境治理目标经常会被地方政府消解，而商业银行的贷款行为又会强化这两者之间的分歧。一项实证研究表明，企业较好的环境表现有助于获得较多且较为长期的新增贷款，也就是说，绿色信贷政策的推行令金融机构更重视企业的环境可持续发展能力，但在当地面临经济较大压力、发展趋缓的条件下，企业环境表现在获取新增贷款中的重要性会明显下降，可见在绿色信贷政策执行过程中，仍然存在地方政府干预信贷资源投放的潜在冲动①。由此，调整地方政府及其官员的政策目标函数就变得十分重要。一方面，通过减少 GDP 的政治锦标赛②来弱化地方政府不顾（当地的或周边的）环境代价来要求商业银行支持本地经济发展的行为冲动；另一方面，则可以期待通过建立地方性的绿色金融改革创新试验区③来给地方政府的政策目标函数增加绿色信贷规模的自变量。

总体来说，尽管存在各种具有短期效应的外部激励因素，但我国商业银行绿色信贷业务的长期稳定发展归根结底还要依赖于商业银行体系自身的健全。未来法律制度改进的重点也应放在促进商业银行治理机制和风险管理能力提升以及绿色信贷创新产品的基础法律环境营造上④，进而让商业银行对商业利润的追求与社会可持续发展目标的实现彼此兼容，而不在于“头痛医头”式地在现有的各种法律条文中写入“绿色信贷”或者“环境责任”这几个字。

---

① 参见沈洪涛、马正彪：《地区经济发展压力、企业环境表现与债务融资》，载《金融研究》2014年第2期。

② 改革开放后，我国中央政府主要是实施以 GDP 增长率为核心指标的政绩考核机制。对于地方官员来说，这是一种“锦标赛”式的政治激励。参见周黎安：《晋升博弈中政府官员的激励与合作——兼论我国地方保护主义和重复建设问题长期存在的原因》，载《经济研究》2004年第6期；周黎安：《中国地方官员的晋升锦标赛模式研究》，载《经济研究》2007年第7期。

③ 目前，我国已经在浙江省、广东省、新疆维吾尔自治区、贵州省、江西省等五省区建立了绿色金融改革创新试验区。参见《5省份8个绿色金融改革创新试验区总体方案出台》，http://finance.ifeng.com/a/20170627/15491345_0.shtml，最后访问日期：2019年10月1日。

④ 这种创新的融资产品包括节能减排收益权质押融资、排污权质押融资、碳金融产品等（参见原上海银监局绿色信贷研究课题组：《绿色信贷支持金融创新与产业结构转型研究》，载《金融监管研究》2016年第5期），而这些产品的推出都有赖于基础性的担保物权法律制度的确认。

我国绿色信贷政策法律化的思考

赵园园[①]

绿色信贷制度是金融企业尤其是商业银行承担社会责任的方式之一，对绿色经济的发展具有至关重要的推动作用。虽然我国绿色信贷的政策框架初步形成，但绿色金融法治的建设刚刚开始，存在欠缺商业银行环境法律责任规定、缺乏明确的指导标准和具体实施细则等问题，需要从完善法律法规体系、加强金融绿色司法和建立绿色金融监管标准体系等方面进行完善。

一、我国绿色信贷的政策框架初步形成

（一）我国的绿色信贷现状

绿色信贷政策是指引导、促进产业结构、增长方式、消费模式向节约能源资源和保护生态方向发展的信贷政策，区别于传统信贷政策。我国商业银行均不同程度地开展了绿色金融业务，绿色信贷规模持续增长，但目前我国绿色信贷仍然以自愿性、引导性政策为主，缺乏更直接、更有力的扶持和鼓励措施；而且绿色信贷在各类信贷余额中的占比不高，始终徘徊在 8.5% 到 10% 之间。

笔者通过调研发现，很多商业银行发放绿色信贷的目标主要停留在对“两高一资”企业信贷投放的限制以及促进节能减排目标的实现，对绿色金融发展缺乏完整的政策配套和战略安排上。

有数据显示，绿色贷款资产规模从 2013 年的 5.2 万亿元扩大到 2017 年的 8.53 万亿元。就发放绿色贷款比例而言，兴业银行、中国国家开发银行和中国工商银行的比例最高。兴业银行、江苏银行和湖州银行采用了“赤道原则”（equator-principles），根据“赤道原则”采用风险管理框架确定、评估和管理各项目的环境和社会风险。

① 赵园园，上海政法学院副教授。

（二）绿色信贷的政策框架

2007年7月12日，原国家环保总局、中国人民银行和原银监会联合颁发《关于落实环保政策法规防范信贷风险的意见》，要求金融机构加强环保和信贷管理工作的协调配合，严格执行环保信贷并切实防范相关风险。该意见首次将绿色信贷作为保护环境与节能减排的重要市场手段，标志着绿色信贷政策正式启动。2012年1月29日，原银监会公布《绿色信贷指引》，进一步明确了银行业绿色信贷的标准和原则，对金融机构如何有效开展绿色信贷、推动传统行业绿色改造以及支持建立低碳循环发展产业体系提出了详细的可操作性指导意见。2015年1月13日，原银监会和国家发展和改革委员会又联合印发《能效信贷指引》，鼓励银行业金融机构为用能单位提高能效利用效率、降低能源消耗提供信贷资金，引导更多金融机构进入绿色信贷领域。2015年10月29日，《中共中央关于制定国民经济和社会发展第十三个五年规划的建议》公布，发展绿色金融成为供给侧结构性改革的一项重要任务。

2016年8月31日，中国人民银行、财政部和国家发展和改革委员会联合发布《关于构建绿色金融体系的指导意见》，强调大力发展绿色信贷是建立绿色金融体系的主要内容。2017年3月5日，李克强总理在政府工作报告中亦明确指出，"大力发展绿色金融"是深化金融体制改革的重要工作之一。党的十八届三中全会、党的十九大为中国绿色金融的发展搭建了层级更高、权威性更强的环境经济政策空间。党的十八届三中全会通过的《中共中央关于深化全面改革若干重大问题的决定》虽然没有直接对绿色金融作出规定，但几乎所有生态文明建设有关的改革任务都与绿色金融的发展密切相关。党的十九大报告中提出，绿色发展要以加快绿色生产和消费的法律制度和政策导向为基础。这些改革举措有助于理顺绿色金融发展的外部环境，扩展对绿色金融的有效市场需求，并提高金融机构开展绿色金融业务的内在动力。

（三）绿色银行与"赤道原则"

"赤道原则"诞生于2003年，是由世界主要金融机构根据世界银行和国际金融公司（IFC）的政策指南建立的旨在判断、评估和管理贷款项目中的环境与社会风险的黄金准则。十几年来，在全球项目融资市场中，"赤道原则"项目从最初不到三分之一的市场份额增长到超过50%，甚至占据了新兴市场项目融资70%以上的市场份额。

美国《超级基金法案》规定，环保署有权对污染企业及项目包括银行在内的所有关联人进行无限追责，除非银行能够证明存在不可抗力、战争或者自身为企业提供融资的行为与污染结果没有关联，否则就需对企业的污染行为承担连带责任。而"赤道原则"正是一套体系化、可操作、可嵌入现有信贷流程的先进的管理理念和工具。相比传统的环境评估与管理模式，"赤道原则"更强调过程化的项目全生命周期管理，其体系化的评估模式成为现行环境影响评估方式的有力补充。

而我国首家宣布采用“赤道原则”的兴业银行，利用采纳和实施“赤道原则”所产生的内生动力，并将其作为可持续发展的切入点和创造差异化优势的有力工具，推动完成了公司治理理念从股东利益至上到兼顾利益相关者，再到倡导可持续发展的三段式演进与飞跃。①

二、国外绿色信贷法律制度的借鉴

美国绿色信贷相关最重要的法律制度是规定贷款人的环境责任。所谓贷款人的环境责任，是指贷款人在特定情形下要对借款人的设施或者容器释放的危险废弃物造成环境污染承担责任，它是美国环境立法中一项非常重要的制度。贷款人与借款人之间的商业交易，缘何会导致贷款人承担环境责任，这与美国为应对严重的环境污染问题有关。在工业化的发展过程中缺乏环境保护意识，不注重环境保护，使美国污染问题严重，出现一些严重的污染事件，引起了全社会的关注和政府的高度重视。“拉夫运河事件”就是典型的例子，胡克化学公司非法倾倒大量化学品到废弃的拉夫运河中，将其填埋后将它以1美元的价格卖给当地建学校和操场，使其周边地区房屋和人口增加，人们遭受了有毒有害物质之苦：先天性缺陷、生活异常、癫痫病、溃疡和皮疹等。针对这种情况，1976年，美国通过了《资源维持和再生法》（Resource Conservation and Recovery Act，RCRA）；1980年，通过了《综合环境反应、赔偿与责任法》（Comprehensive Environmental Response，Compensation，and Liability Act，以下简称《超级基金法》），以期通过法律手段来治理日益严重的环境污染问题，贷款人环境责任也由此产生。

就绿色信贷政策而言，《超级基金法》对银行作为贷款人设置了相应的污染治理责任，即借款人未能按时还款而导致贷款人回收按揭财产而成为该不动产之所有人；银行在收回不动产前因介入借款人的运作和管理而承担《超级基金法》项下之法律责任。为避免潜在的责任风险，世界各国金融机构开始以更加审慎的态度对待环境保护和污染防治，并直接促成了“赤道原则”的产生。②

英国政府也积极推动绿色信贷，采取了相关促进绿色信贷的激励措施。2009年颁布的《贷款担保计划》，明确了针对中小企业融资的补贴和担保机制，鼓励中小企业将资金投向绿色创新环保产业，极大地促进了中小企业绿色生产的资金需求。英国政府还推动绿色金融机构的建设，于2012年10月投资成立了英国绿色投资银行，这是全球首家致力于绿色经济的投资银行，其投资重点是具有商业性的绿色基础设施，有效解决了市场失灵问题，起到了引导私人投资进入绿色产业的作

① 李岚：《兴业银行：我国第一家赤道银行的绿色守望》，载《金融时报》2018年11月10日。

② 程玉、马越：《美国超级基金法的产生与发展》，载《环境与可持续发展》2015年第6期。

用。[①] 欧盟以立法形式坚持"污染者付费"原则，还于2004年颁布并实施了《欧盟环境责任指令》。德国是欧洲最早实施绿色信贷政策的国家之一。在政府的鼓励下，"赤道原则"成为德国银行业普遍遵循的重要信贷准则，在项目授信审批时，严格按照"赤道原则"对项目进行社会和环境评估并提出解决方案。日本《商业银行法》指出，商业银行对贷款项目具有相应的审查义务，对项目产生的环境污染负有连带责任，而《绿色金融条例》则为符合环保标准的金融机构提供税收优惠政策。日本从宪法规定居民环境权利到中央政府对企业排污量的评价与建议，再到地方政府不同的环境法规，形成了一套完整的环境保护法律法规体系。正是因为这样一套完备的绿色法治体系，日本的经济发展才有了明确的绿色导向。

三、我国绿色信贷发展存在的困境

（一）典型案例

宜城市某农牧有限公司、福建省某环境友好中心水污染责任纠纷案如下：

襄大农牧（板桥东湾原种猪场建设项目）违反该项目环评报告和批复规定，从2013年4月3日环评批复下达至案发当日，没有建设农田灌溉设施，没有通过环保竣工验收，养殖废水经污水站后，经排污管道排入流经厂区的泉水，经南干渠流入莺河二库，最终流入汉江，污染汉江水质。为保护汉江和长江中下游流域水环境，福建省绿家园根据《中华人民共和国环境保护法》第四十五条、《中华人民共和国水污染防治法》第二十一条、《襄阳市汉江流域水环境保护条例》第十一条、《最高人民法院关于审理环境民事公益诉讼案件适用法律若干问题的解释》之规定，向十堰市中级人民法院起诉襄大农牧污染环境。

在襄大农牧生产期间，农行宜城市支行和宜城市农商银行共同向襄大农牧发放了流动资金贷款，支持其畜牧养殖生产。襄大农牧未建设农田灌溉设施，未通过环保竣工验收，其生产活动违反环境保护法的规定。农行宜城市支行、宜城市农商银行违反贷款人合规审查义务，向襄大农牧发放流动资金贷款，支持其违法生产，从其违法生产所得中获取贷款利息盈利，造成污染扩大、持续，存在过错，与襄大农牧构成共同侵权，依法应当承担连带责任。

依据《中华人民共和国民法总则》第八条、第九条，《中华人民共和国环境保护法》第六条、第四十一条，《建设项目环境保护管理条例》第十九条，《中华人民共和国侵权责任法》第八条、第六十五条，《流动资金贷款管理暂行办法》第十一条之规定，福建省绿家园向十堰市中级人民法院申请追加农行宜城市支行、宜城市农商银行作为共同被告参加诉讼，同时变更诉讼请求，请求判决三被告赔偿生态环境修复费用和生态环境受到损害至恢复原状期间服务功能损失，暂定3800万元。

---

① 安国俊、曹超：《绿色金融国际立法与借鉴》，载《中国金融》2017年第18期。

2018 年 7 月 16 日，十堰市中级人民法院询问了福建省绿家园，内容包括：被告襄大农牧的违法行为有哪些？公益诉讼赔偿金将如何使用，原告是否有修复方案？暂定的诉讼请求是如何计算的？是否应当追加两家农行宜城市支行、宜城市农商银行为共同被告？十堰市中级人民法院最后决定，先就是否追加银行为共同被告合议，并就此先行作出裁定。

（二）缺乏对商业银行环境法律责任的规定

前述案例是我国非常典型的一起环境公益诉讼，也是首次将银行所承担的环境责任提升到了法律层面。商业银行作为环境法律责任的主体是依法有据的，在环境污染对人类生存和发展造成威胁的当下，环境法律责任主体的扩大，已然成为趋势。企业因商业银行的融资行为导致侵害环境的能力扩大，是商业银行帮助企业实施了侵权行为，这种情况下，商业银行需要对环境侵权行为承担连带责任。

银行业的环境法律责任在 2007 年原环境保护总局等三部门印发的《关于落实环保政策法规防范信贷风险的意见》、2012 年原银监会《绿色信贷指引》中都有规定。《关于落实环保政策法规防范信贷风险的意见》要求，金融机构应依据国家建设项目环境保护管理规定和环保部门通报情况，严格贷款审批、发放和监督管理，对未通过环评审批或者环保设施验收的项目，不得新增任何形式的授信支持。《绿色信贷指引》以及 2014 年出台的《绿色信贷实施情况关键评价指标》，要求金融机构对拟授信客户进行严格的合规审查，针对不同行业的客户特点，制定环境和社会方面的合规文件清单和合规风险审查清单，确保客户提交的文件和相关手续的合规性、有效性和完整性。

但这些意见、通知均属于指导性文件，不属于立法法中规定的部门规章，效力层次低，没有强制执行力，也不能直接作为对银行进行行政处罚的依据。可见，银行业长期漠视环境法律责任的根本原因还是相关法律不健全。①

（三）金融机构层面缺乏明确的指导标准和具体实施细则

我国现有的绿色金融体系都是一些指导意见、工作方案和指引，内容多表现为原则性和综合性，缺乏明确的绿色金融实施细则和发展指导目录，在实践中缺乏可操作性，难以激发金融机构和企业参与绿色金融体系建设的积极性。比如，对于高污染、高耗能行业的界定模糊不清，不能很好地限制商业银行向污染企业或项目提供贷款，在实施过程中容易出现权责不清等现象。②

除了政府在绿色金融体系建设上缺乏明确的指导标准和实施细则外，银行等金融机构在绿色金融服务体系设计上同样存在内部实施细则缺失的情况，导致其在绿

---

① 鲁政委、钱立华、方琦：《银行第一次被要求承担环境法律责任，或催化中国版“超级基金法案”诞生》，http：//wemedia.ifeng.com/74311875/wemedia.shtml，最后访问日期：2019 年 5 月 15 日。

② 潘锡泉：《我国绿色金融体系建设：现实问题及应对机制》，载《金融教育研究》2018 年第 1 期。

色金融实践中缺乏可操作性。譬如，商业银行在绿色信贷投放对象上也存在一定的随意性，真正需要进行绿色项目投资和技术改造升级的企业往往得不到绿色信贷资金的支持。2018 年 6 月，平安银行股份有限公司贷前调查不到位，向环保未达标的企业提供融资；贷后管理失职，流动资金贷款被挪用。原天津市银监局对其罚款 50 万元。这一处罚决定体现了监管机构对绿色信贷的重视，预示着银行业金融机构需要提高对绿色金融的战略认知，将发展绿色金融提升到战略高度。

商业银行需要对绿色贷款项目实施差异化授信和考核机制，鼓励和引导经营机构发展绿色金融业务；根据绿色项目的特点以及贷款客户的信用状况和还款能力，确定合理的贷款额度和贷款利率，开发与之相匹配的金融产品。例如，2003 年 10 月成为亚洲第一个赤道银行的日本瑞穗银行，在采纳“赤道原则”之初成立了持续发展部，对项目融资和银团贷款制定符合“赤道原则”的工作流程和指标体系。另外，众多商业银行也建立了环境和社会风险评估系统，银行内部多个部门共同参与实施绿色金融举措。

（四）缺乏有效的信息共享机制

信息共享渠道不畅通是绿色金融体系建设的重要障碍，在全国范围内缺乏能够有效串联起环保、金融机构、市场主体以及市场监管和金融监管等各部门的信息共享协调机制。原国家环保总局和原银监会通过签署文件，将企业的环境绩效信息纳入征信系统，但该信息共享机制仍然在数据内容和共享方式上存在不足。

四、绿色信贷政策法律化的具体路径

（一）完善法律法规体系是绿色金融体系建设的基础性保障

绿色金融作为一种环境金融手段，在我国经过 20 多年的实施、修正与完善逐渐成熟，而成熟的政策应在适当的时机转化为法律。域外绿色信贷的法律历程也表明，完善的环境立法体系和丰富的立法内容是绿色信贷有效发展的客观需求。

从立法内容来看，绿色信贷主要是一些鼓励性、宣示性和原则性的内容，且从法律形式上大多是法律条款，极其分散，在实践中不易操作。从立法领域来看，我国绿色信贷法律规定涉及多个领域，如循环经济、能源资源利用、污染防治、信息公开和区域建设等。例如，《中华人民共和国节约能源法》第六十五条第一款规定，国家引导金融机构增加对节能项目的信贷支持，为符合条件的节能技术研究开发、节能产品生产以及节能技术改造等项目提供优惠贷款。

我国规定绿色信贷的法律最高层级是单行法，其在环境领域内的基本法和金融领域内的基本法中都没有出现；现有绿色信贷立法规范集中于地方性法规和地方政府规章层面，内容过于宽泛，绿色信贷的组织架构、流程管理、考核机制、信息公开等内容没有具体规定，且法律位阶低，无法在实践中得到落实，并缺乏银行金融机构环境责任的相关规定。因此，构建一套完整的关于绿色法治体系，为经济发展提供明确的绿色导向至关重要。

加强绿色信贷民事责任的法律规定。建议修改合同法，在总则中增加“节约资源、保护生态环境”的内容，在合同的履行部分中增加“当事人履行合同，因污染环境和破坏生态造成损害的，应当依照《中华人民共和国侵权责任法》的有关规定承担侵权责任”的内容。因为根据侵权责任法中规定的安全保障义务，商业银行在贷款行为中还应承担环境侵权损害赔偿责任。对此，相关法律法规并没有直接规定。

加强绿色信贷行政责任的内容。建议在商业银行法总则中增加“节约资源、保护生态环境”的内容，在贷款和其他业务的基本规则中增加“对环境和社会表现不合规的客户，应当不予贷款”的内容。同时，在商业银行法、银行业监督管理法法律责任中增加相应的行政责任，并在商业银行法中增加环境法律责任的规定，保障商业银行环境法律责任的履行，为绿色信贷下位法的制定提供原则指导。

将《绿色信贷指引》《节能减排授信工作指导意见》等政策性文件整合为金融促进法是强化商业银行环境责任的有效方式。促进型立法属于法律层级，具有更强的国家强制力保障。同时，加强立法也有利于梳理各类绿色信贷的法律文件之间的关系，统一各项政策及规范性文件的标准，形成可执行的制度体系。①

虽然软法在推动绿色发展中存在局限，硬法有比较优势，但软法在价值倡导、方向引领、灵活应对方面具有不可替代的作用，绿色金融的法治化，需要软硬规则兼具的综合治理。②

（二）加强绿色司法

由于绿色发展领域中的一些法律法规的“软法”属性较为突出，鼓励和提倡倾向较为明显，义务性规定和法律责任的创设不明确，责任追究往往难以实施。为了改变这种情况，不仅立法上要健全和完善法律责任体系，司法审判也必须依法实施、执行到位，实现有效的司法追责。

我国绿色司法、环境司法一度滞后，2014年新环保法出台后，我国环境司法审判有了明显的进步，各级环境资源审判庭相继建立，环境资源审判典型案例和司法解释出台。但在绿色金融、绿色信贷领域的发展还任重而道远。③

（三）建立绿色金融监管和标准体系

2015年4月23日，中国人民银行成立了绿色专业金融委员会，负责开展绿色金融业务、银行业环境压力测试，以及制订中国境外绿色投资的指导方针。2017

① 周杰普：《论我国绿色信贷法律制度的完善》，载《东方法学》2017年第2期。

② 杨解君：《当代中国发展道路及其推进方式的转变：绿色发展理念的法治化》，载《南京社会科学》2016年第10期。

③ 周珂：《以能动司法与环境正义理念推进绿色司法》，载《人民法治》2018年。

年 6 月，国务院在浙江省、江西省、广东省、贵州省和新疆维吾尔自治区建立了五个绿色金融试点区，探索不同的绿色金融改革、创新和体制，以推广绿色金融的实证样本。

2018 年 2 月 14 日发布的《中国货币政策执行报告》披露，人民银行已于 2017 年第三季度起，将绿色金融纳入宏观审慎评估。此外，还提出将优先接受符合标准的小微企业贷款、绿色贷款，将绿色信贷作为货币政策担保品。这预示着绿色信贷的实质性鼓励政策有望加快落地。

在此基础上，监管机构应制定具体的实施细则，以及一系列可以量化的具体指标，如环境绩效评估指标、风险评级标准等，完善金融机构和企业有效开展绿色金融实践的基础。同时，进一步完备审批程序、审批标准、激励和约束机制。另外，还需要金融机构和金融市场加大创新力度，通过发展新的金融工具和服务手段，解决绿色投融资所面临的期限错配、信息不对称、产品和分析工具缺失等问题。

我国绿色债券环境信息披露的完善路径分析

陈志峰[①]

2015年9月21日中共中央、国务院发布《生态文明体制改革总体方案》，明确了我国绿色金融体系的顶层设计；随后，2016年8月31日，中国人民银行等十部门联合发布了《关于构建绿色金融体系的指导意见》，我国的绿色金融体系正式“自上而下”地建立起来。绿色债券作为整个绿色金融体系的重要组成部分，对于绿色金融体系的发展与完善起着不可或缺的作用。事实上，我国的绿色债券早有实践。2014年5月，中广核风电公司发行国内首单碳债券，被视为我国绿色债券的雏形；而2016年1月，浦发银行在中国银行间市场发行了首单绿色金融债券，标志着绿色债券在国内发行正式开启。国家发展和改革委员会、中国人民银行、证监会及中国银行间市场交易商协会也先后出台了《绿色债券发行指引》《关于在银行间债券市场发行绿色金融债券有关事宜的公告》《关于支持绿色债券发展的指导意见》和《非金融企业绿色债务融资工具业务指引》等文件，对绿色债券的发行主体、投资项目和信息披露等内容作出了规定。在政策的大力支持下，2017年全年共有83个主体发行了115只绿色债券，发行金额超过2000亿元；与此同时，发行绿色债券的主体范围也从过去以金融债为主体，扩大到非金融企业直接参与绿色债券市场。在绿色债券发行的过程中，环境信息披露涉及绿色债券的环境利益内核，是确保绿色债券“绿色”本质的保障制度，具有极为重要的意义。目前，我国的绿色债券环境信息披露制度尚存在诸多缺陷，无法满足绿色债券进一步发展的要求，需要从多个方面加以完善。

一、绿色债券环境信息披露制度的理论逻辑

绿色债券，国际上有多种定义，国际资本市场协会（ICMA）制定的《绿色债

---

① 陈志峰，华东政法大学经济法学院博士生。

券准则》将绿色债券界定为，“一种债券工具，用以为具有环境可持续收益的项目筹集资金”；[①]世界银行则认为，绿色债券是“专门用来为气候或环境项目筹集资金的债务证券”[②]。不同国家绿色债券的范围也不同，中国金融协会绿色金融专业委员会编制的《绿色债券支持项目目录》将绿色债券的资金投向范围界定为节能、污染防治、资源节约与循环利用、清洁交通、清洁能源、生态保护和适应气候变化六类具有显著环境效益的项目。总之，绿色债券着眼于生态环境效益，其与其他债券的最大区别就在于其所筹集的资金必须投向产生环境效益的绿色项目，这些项目具备产生经济效益和环境效益双重效益的属性。

（一）绿色债券所投资项目环境利益的本质

绿色债券所筹集的资金投向以产生环境效益的绿色项目为主。就项目的环境利益而言，这种利益实际上属于对项目的环境正外部性标价的产物。由于过去资本市场的价格体系“无法反映绿色项目的正外部性”，这让如何吸引社会资金配置到绿色产业中，成为“政策的一大挑战”，[③]而绿色债券恰恰解决了这一问题。通过对项目环境正外部性标价，绿色债券实现了项目外部成本的内部化，从而使单个绿色项目的成本不再处于劣势，项目的低碳环保属性和提高企业社会声誉的优势得以凸显，从而吸引社会资金越来越多地向绿色产业靠拢。

对环境利益正外部性标价的依据主要是这种正外部性可以具体化为以环境容量为基础的新型财产权利益。随着我国环境资源形势日益严峻，代表某一环境所能够承受的最大污染量的环境容量[④]不断逼近极限，环境的自净能力已经开始逐渐丧失；这让原本被视为取之不尽、用之不竭的环境容量稀缺性不断增强，逐渐成为与劳动力、技术、资本等生产要素并列的新的生产要素。而从准物权理论出发，对于自然资源物权中一些不具备严格的支配性和特定性的物权，可以采用宽严相济的弹性标准，只要能够在特定的时间、空间内或者根据数量能够实现一定的特定化，并使物权人能够直接支配客体，就可以认为这一权利的客体实际上具备支配性和确定性。[⑤]环境容量恰恰与取水权等自然资源物权类型相似，随着技术的不断进步，尽管环境容量内部各生态系统与水环境系统一样密切联系、浑然一体，但是仍然可以将其划分为若干个独立的交易单元进而实现相对的可支配性。[⑥]而日本经济学家曾运用替

---

① International Capital Market Association，Green Bond Principles，2014.

② 赵峥、袁翔飞、于晓龙：《绿色发展与绿色金融——理论、政策与案例》，经济管理出版社2017年版，第68页。

③ 马骏：《构建绿色金融的理论框架》，载《金融市场研究》2016年第2期。

④ 邓海峰：《环境容量的准物权化及其权利构成》，载《中国法学》2005年第4期。

⑤ 崔建远：《准物权研究》，法律出版社2012年版，第45~46页。

⑥ 陈志峰：《我国可再生能源绿证交易基础权利探析》，载《郑州大学学报》（哲学社会科学版）2018年第3期。

代方法成功对森林的生态功能进行量化计算，[①] 环境容量与其功能相似。因此，通过限定一定的时间、空间范围，运用技术手段同样可以对环境容量实现相对精确的量化计算，使环境容量具备相对的确定性。这样，环境容量也就具备了物权化的基础，可以作为一项财产权利来评估其价值；事实上，我国目前已经存在具体化的以环境容量为内涵的财产权利，例如排污权、碳排放权等。

总之，绿色债券所投资项目的环境效益是通过对环境正外部性进行标价来衡量的，而其实际上是作为一项财产权的环境容量的价值体现。

（二）绿色债券信息披露是绿色债券的关键保障

由于绿色债券信息既体现了环境效益，又体现了经济效益，因此在信息披露时需要同时披露这两个方面的相关内容。这就让绿色债券在进行披露时除了一般信息披露所披露的内容外，还需要披露环境信息的相关内容，这也是建立绿色债券环境信息披露制度的必要性所在。只有充分进行环境信息披露，绿色债券才能真正是“绿色”而非“漂绿”；无论是对于发债主体、投资者还是监管部门，环境信息披露都是绿色债券不可或缺的保障。

1. 环境信息披露是发债主体促进融资、提升竞争力的需要。

一方面，发债主体只有通过环境信息披露，才能真正将所投资项目的环境成本内部化。这主要是基于相对量化的环境信息披露可以使倾向于绿色投资的投资者对项目的环境效益具备最直观的判断，进而据此作出投资决策；这就使优质的发债主体可以被市场识别和筛选出来，得到资金支持、拓宽融资渠道、降低融资成本。[②] 另一方面，发债主体积极进行环境信息披露可以规避环境信息披露的法律规定收紧的风险，同时通过向社会传递所投资项目的环境绩效信息、营造良好声誉，从而提升自身在绿色产业投资领域的竞争力。

2. 环境信息披露是投资者消除信息不对称、平衡风险的必要手段。

是否能够有效解决投资者和发债主体双方之间的信息不对称问题，合理分配风险和成本，实现双方的互信并建立市场共识，是绿色债券机制运行的关键点。[③] 由于发债主体掌握融资项目的具体信息，因此投资者在投资绿色债券支持项目融资和运行过程中在信息方面往往处于弱势地位，这种信息不对称使投资者被迫承担更高的项目风险，也导致投资者不敢放开手脚进行投资。而环境信息披露通过披露绿色债券投资项目的类型与进展、资金使用情况、环境效益等内容，可以使投资者不再处于信息上的劣势，并根据项目情况及时规避投资风险，从而在投融资双方之间建

① 吕忠梅：《论环境物权》，载《人大法律评论》2001 年第 1 期。

② 桂荷发、郭苑：《绿色金融信息披露存在的问题与对策研究》，载《金融与经济》2018 年第 6 期。

③ 洪艳蓉：《绿色债券运作机制的国际规则与启示》，载《法学》2017 年第 2 期。

立起沟通的桥梁，增强双方的互信。

3. 环境信息披露是监管机构维护绿色债券市场秩序的重要抓手。

绿色债券的环境效益是绿色债券区分其他债券的主要特征，因此监管机构对于绿色债券的监管重点就在于对绿色债券支持项目是否能够持续产生环境效益的监督，也是市场机制监督绿色产业的核心所在。为了确定绿色债券是否真正“绿色”，以及属于“深绿”抑或“浅绿”，监管机构需要详细地了解绿色债券的资金运用和具体环境效益指标等信息，才能够对绿色债券市场进行有效的管理。绿色债券信息披露恰恰能够解决监管机构面临的“信息黑箱问题”，从而使监管机构能够以披露信息为依据维护好绿色债券市场的秩序。

（三）绿色债券环境信息披露制度的理论要求

1. 强制性环境信息披露是应有之义。

证券领域的信息披露制度设立主要是基于反映证券价值的需要。由于证券本身的价值难以从外部预测，因此通常通过发行人的一系列财务指标和法律指标来加以综合判断，而投资者对证券价值的了解主要来自发行人公布的相关指标；公开原则是证券市场首要原则，信息披露制度就是公开原则法律规则化的产物。[①] 基于此，证券领域的信息披露内容主要应以与证券相关的财务指标及法律指标为主。作为证券的特殊类型，绿色债券同样也应当披露相关指标，但由于绿色债券支持项目兼有环境效益和经济效益的特征，这就意味着环境效益的相关指标——主要是环境容量财产权的价值对于绿色债券的价值估算不可或缺，强制性的披露环境信息也就成为全面完整的绿色债券信息披露的应有之义。

2. 环境效益量化披露是核心内容。

绿色债券所投资项目的环境效益既关系到投资者的投资决策，也关系到发债主体的市场竞争力，也是绿色债券的本质体现，因此尽可能通过量化模式来披露环境效益是环境信息披露理论最核心的要求。只有依据明确的绿色债券环境效益评估标准对绿色债券的环境效益进行定量描述，才能真正准确地对绿色债券的价值加以判断，才能保证投资者的利益和监管者的责任落到实处。国际上主要的绿色债券环境信息披露标准——GBP 标准就建议在披露环境效益时使用定性指标的描述，并在条件可行时，对项目预期的可持续性影响指标也做出定量描述。[②]

3. 最低披露内容要求是重要保证。

要保证有效的环境信息披露，制定披露内容的最低要求颇为重要。因为环境信息的披露需要使投资者和监管层都做到心中有数，片面或者粗略的绿色债券环境

① 王从容、李宁：《法学视角下的证券市场信息披露制度若干问题的分析》，载《金融研究》2009年第3期。

② 陈新畅、陈晓倩：《基于国际经验的中国绿色债券发展现状研究》，载《时代金融》2017年第2期。

信息披露都不能有效揭示所投资项目的环境效益；要真正使环境信息披露发挥作用，要求发债主体提供最低限度的、可以全面体现项目环境效益的信息就成为必然选择。

二、我国绿色债券环境信息披露的现状

从绿色债券环境信息披露制度的理论基础来看，尽管过去几年间我国绿色债券行业获得了蓬勃发展，但环境信息披露制度却始终未能得到整合与完善，暴露了包括信息披露标准、信息披露指标和方式等方面的诸多问题。

（一）“多龙治水”导致环境信息披露标准不统一

目前最主要的国际绿色债券环境信息披露规则标准包含在绿色债券原则执行委员会（GBP Initial Executive Committee）和国际资本市场协会共同合作推出的“绿色债券原则”（The Green Bond Principles），即前文所述的GBP标准中，这一标准对于信息披露提出了专门的要求。然而在我国，多个部门针对不同领域的绿色债券作出了各自的规定，形成了所谓“多龙治水”的格局，反映了绿色产业、环境监管和金融监管各部门之间、政府与金融机构之间缺乏有效的信息联通机制的现实。[①]关于绿色债券的环境信息披露，国家发展和改革委员会颁布的《绿色债券发行指引》并未作出规定，而中国人民银行、证监会及中国银行间市场交易商协会发布的绿色债券发行指引类文件虽然均规定了环境信息披露标准，但相互之间却并不统一。其中，中国人民银行颁布的《关于在银行间债券市场发行绿色金融债券有关事宜的公告》（以下简称《公告》）与GBP标准保持了高度一致，[②]规定绿色金融债券应使用年度报告和专项审计报告的形式披露项目资金使用情况，并鼓励发行人披露独立的评估认证机构对绿色金融债券支持产业的项目发展及其环境效益影响等实施持续跟踪评估的认证报告；证监会《关于支持绿色债券发展的指导意见》（以下简称《意见》）则分别就绿色公司债券募集说明书中和债券存续期间的环境信息披露要求作了规定。前者要求披露项目类别、认定依据或标准、资金使用计划与管理制度等，后者要求披露资金使用情况、项目进展情况和环境效益等内容；而中国银行间市场交易商协会的《非金融企业绿色债务融资工具业务指引》（以下简称《绿债指引》）对非金融企业绿色债券的环境信息披露的要求则包括注册文件中披露项目的基本情况、项目符合相关标准的说明、项目带来的节能减排等环境效益目标，并鼓励第三方认证机构对企业发行的绿色债务融资工具进行评估，出具评估意见并披露相关信息。由于这些规则的适用范围互相重合，给

① 国务院发展研究中心“绿化中国金融体系”课题组:《发展中国绿色金融的逻辑与框架》，载《金融论坛》2016年第2期。

② 王遥、徐楠:《中国绿色债券发展及中外标准比较研究》，载《金融论坛》2016年第2期。

绿色债券环境信息披露造成了混乱。

（二）强制性环境信息披露尚未成为普遍要求

按照信息披露制度的严格性，环境信息披露可以分为强制性披露、半强制性披露与自愿披露，欧美发达国家大都采用信息强制性披露与半强制性披露制度。[①]总结我国各监管部门所发布的绿色债券环境信息披露规则可以看出，目前我国的绿色债券环境信息披露仍然以自愿披露为主，特别是涉及环境效益的披露时，《公告》和《绿债指引》这两份文件均采用“鼓励”的表述，不强制要求发债主体必须以评估报告的方式对环境效益进行披露。基于环境效益在绿色债券产生的诸效益中的核心地位，采取自愿披露标准将使投资者无法准确获知绿色债券所带来的具体收益，影响投资者的积极性，也无益于投资者的保护；而监管机构也将由于自愿披露规则而难以采取有力的市场秩序维护活动，不利于绿色债券市场“绿色”本质的维护，不利于绿色产业的健康发展。

（三）环境效益评估指标和技术标准尚未量化

绿色债券环境信息披露的核心在于环境效益的披露，但是目前发债主体的环境效益披露却普遍存在定性描述居多，定量分析较少的问题，导致环境效益难以量化，增加了企业的“漂绿”风险。[②]而归根结底，环境效益方面的信息披露程度之所以较低，且难以通过量化的环境效益来判断绿色债券的价值，目前绿色债券的发行和运作过程中缺乏环境效益评估指标和技术标准是一个重要原因。[③]由于量化环境效益的评估指标和技术标准缺失，环境效益的评估没有依据，因此自然也就无法精确地进行计算；即使可以交由第三方机构进行评估，由于缺乏统一的评估指标和技术标准，也难以产生横向对比效果，投资者依然无所适从，难以根据环境效益的信息披露作出投资决策或者对自己的投资行为进行调整。

（四）环境信息披露内容和形式存在不足

根据目前绿色债券市场的具体情况，总体上来看，环境信息披露无论是在内容还是在形式上都存在不足。一方面，在披露内容上，不仅环境效益实现情况受制于无强制要求以及缺乏量化评估指标而整体披露程度低，而且项目资金投向项目的信息也缺乏详细的描述，类似“项目资金按计划投放，用途未发生变更”等粗略表述居多，缺乏监控易导致绿色债券资金投放“名至而实不归”；而在资金使用和项目进展情况上，大部分绿色金融债券也只是对投资领域的大类别进行了披露，既无资金使用明细，也无使用计划的具体说明。[④]另一方面，在披露形式

---

① 詹小颖：《我国绿色金融发展的实践与制度创新》，载《宏观经济管理》2018 年第 1 期。

② 李永坤、朱晋：《我国绿色债券市场发展现状及对策研究》，载《现代管理科学》2017 年第 9 期。

③ 林梦瑶：《国内外绿色债券标准的比较研究》，载《金融与经济》2018 年第 4 期。

④ 俞春江、李睿：《我国绿色债券信息披露现状及建议》，载《债券》2017 年第 9 期。

上，由于各个部门发布的规则标准不一，因此当前绿色债券环境信息的披露形式比较多样。中国人民银行《公告》规定绿色债券环境信息以年度报告和专项审计报告的形式披露，并且可以披露第三方机构的环境效益认证和评估报告；中国银行间市场交易商协会《绿债指引》则规定绿色债券的环境信息应在注册文件中披露，同时也可以披露第三方认证和评估报告；证监会《意见》则规定，环境信息应当在募集说明书和其他通用文件中披露，并且绿色公司债券的受托管理人应在年度受托管理事务报告中披露环境信息。同时，由于这些文件的规定比较粗略，缺乏对披露文件格式的具体规定，因此同类型的绿色债券披露环境信息的形式也有所差异，规范性亟待提高。

（五）第三方认证机制与环境信息披露配合不足

在国际市场上，绿色债券的环境信息披露通常与第三方认证机制相互联动，密切配合。通过独立的第三方机构对绿色债券进行“绿色认证”，即“第二意见”，可以对债券募集资金的使用情况提供详细的说明，并对预期环境效益加以量化，随后根据认证等级高低来决定融资成本，对发债主体起到监督约束作用的同时也提高了绿色债券信息披露程度，增强了信息透明度，可以吸引更多的投资者。[①] 例如，《气候债券倡议》（Climate Bond Initiative，CBI）所开发的与 GBP 互补的 CBI 标准即规定，该机构与特定的认证机构进行合作对绿色债券进行认证，并对认证程序进行监督。[②] 但在我国，第三方认证机制却与环境信息披露缺乏必要的联动与配合。从环境信息披露角度看，在中国人民银行《公告》和中国银行间市场交易商协会《绿债指引》中虽然都提出了披露第三方机构出具的认证和评估报告的要求，但都属于“自愿性披露”的范畴，第三方认证并未与环境信息披露强制性挂钩，且披露内容本身也缺乏量化内容，这使绿色认证难以发挥提升绿色债券价值的作用；从第三方认证角度看，绿色债券要获得投资者认可需要提高信息透明度，但是环境信息披露的不足导致其不满足认证需要，这就造成大量“未贴标”但却“实质绿”的债券存在，不利于绿色债券市场的发展。

三、构建我国绿色债券环境信息披露机制的法律路径

（一）尽快确立绿色债券强制性信息披露要求

如果从整个证券领域来看，当前确实存在环境保护法强调社会利益而证券法强调对投资者的保护、公司法强调保护股东利益的问题。当环境信息以环境负外部性为主时，就会导致环境信息披露过程中投资者利益与社会公众利益、

① 詹小颖：《绿色债券发展的国际经验及我国的对策》，载《经济纵横》2016 年第 8 期。

② Climate Bond Initiative（CBI），“Bonds and Climate Change：The State of The Market in 2014，” http：//www.climatebonds.net/resources.

股东利益与其他利益相关者利益相互冲突，因而造成在证券法律制度、公司法律制度框架下采取强制性环境信息披露规则存在法律价值导向层面的制度兼容障碍[①]。

但是如果单就绿色债券而言，实施强制性环境信息披露其实并无问题。究其原因，在于就绿色债券环境信息的本质而言，绿色债券所投资项目主要以产生环境正外部性效应为主，实际上属于项目环境效益或者说环境容量财产权益的增长。在这种模式下，投资者的利益与社会公众的利益同步增长，两者呈正相关关系。当项目环境效益增长时，投资者可以从中获得更多收益，而社会公众则可以享受改善的环境带来的环境利益；而当项目环境效益下降时，项目资产缩水、投资者收益下降，社会公众也将受到来自环境恶化的不良影响。因此，绿色债券环境信息披露既有利于投资者作出决策，保护投资者利益，也在客观上起到保障社会公众参与环境治理的社会效果，实现发债企业经济利益与社会责任的统一。当前，在绿色债券领域，不但不应当停止环境信息的披露，相反还应当大力推动强制性环境信息披露规则的建立。

具体而言，为了构建绿色债券强制性环境信息披露的法律基础，可以在修改证券法的过程中明确绿色债券发债主体的强制性环境信息披露义务，并在环境信息披露的具体规范性文件中贯彻强制性环境信息披露的规定。同时，为了保障强制性环境信息披露落到实处，还应强化对环境信息披露的监管与执法活动。可以考虑建立环境部门和金融管理部门的联合监管机制，对违反环境信息披露要求的企业，可以先由证券交易所采用公开谴责等方式予以处罚，证监会和生态环境部门也应该考虑相应的处罚方式，以对这种行为形成约束。[②]

（二）统一现有绿色债券环境信息披露标准

当前，政出多门的绿色债券环境信息披露标准已经不能适应蓬勃发展的绿色债券市场的需要，唯有建立起各部门的信息沟通和联动机制，形成统一的环境信息披露标准，才能够适应绿色债券行业整合金融债与非金融债，以及各种类型企业债的发行与交易市场，进一步规范市场行为的发展趋势。具体而言，可以考虑在行政法规层面制定涵盖各类型债券的、包括环境信息披露规则在内的绿色债券统一制度规则和操作规范，并出台相应层面的绿色产业目录。这是因为，从实质上看，在全社会推进绿色发展，建设人与自然和谐、统一的命运共同体背景下，无论何种类型的发债主体只要以实现绿色发展为目的，其融资行为都应得到公平的对待，采取统一

① 黄韬、乐清月：《我国上市公司环境信息披露规则研究——企业社会责任法律化的视角》，载《法律科学》（西北政法大学学报）2017年第2期。

② 马骏：《完善环境信息披露制度》，载《中国金融》2016年第6期。

的环境信息披露标准。[①] 这既有利于节约立法与执法资源，实现对绿色债券市场的统一监管，也有利于通过更高位阶的法律法规来提升环境信息披露规则的公信力，以便获得投资者的信任。同时，统一的环境信息披露标准也有利于不同类型的绿色债券之间相互交易流通，实现资源的优化配置，激发绿色债券市场活力。

（三）制定可量化的绿色债券环境效益评估指标和技术标准

对于投资者和监管者来说，量化的环境效益是准确预估绿色债券环境效益的关键，现有的定性描述已经不能充分为投资者的投资决策和监管者的监管行为提供支持。诚然，发债主体自身很难具备定量计算环境效益的能力，但是正在蓬勃发展中的第三方认证机构可以解决这个问题。当务之急，应当让环境效益的定量化计算有据可循，因此应当尽快细化相关规则，明确绿色债券环境效益的评估指标和技术标准。具体而言，可以借鉴国际相关标准的经验，如 GBP 标准的相关内容，“鼓励有能力进行环境效益评估的发行人每年在定期报告中披露环境效益指标、定量分析方法”。鉴于我国绿色债券市场发展迅速，可以将评估指标和定量分析方法的披露要求由自愿披露改为强制性披露，以实现发行与交易的便捷化。

（四）细化绿色债券环境信息披露内容和形式的规定

为了使发债主体的环境信息披露真正能够体现所投资项目的环境效益，绿色债券的监管部门应当进一步完善现有的环境信息披露规则，在未来统一的绿色债券环境信息披露规则基础上再制定不同类型绿色债券环境信息披露的实施细则，同时从环境信息披露形式和内容两个方面对环境信息披露制度加以完善。

在披露形式方面，可以统一规定项目定期报告和临时报告中的环境信息披露形式要求，例如设立专门的环境信息披露章节等，将来也可以规定绿色债券的发债主体应披露专门的环境效益评估报告。在披露内容方面，一方面，可以对披露的环境信息规定最低的披露要求，包括绿色项目资金的使用情况概况、环境效益的评估指标和评估结果、项目潜在的环境和市场风险等。[②] 这样既可以为投资者消除信息不对称提供基本的保障，也方便监管层的监管活动，使监管层至少可以对绿色债券市场有基本的系统的把握。另一方面，则应注意在绿色债券发行与运作的各个环节贯彻环境信息披露，使得环境信息披露在绿色债券存续期间一直持续，并根据情况作出具体的披露内容要求，从而形成一个完整的环境信息披露闭环，以便监管机构可以持续监督绿色债券市场。

（五）建立绿色债券第三方绿色认证与环境信息披露的联动机制

基于当前大量的“实质绿”债券的存在，为了进一步完善我国的绿色债券市场，应当大力培养我国本土独立第三方认证机构。认证机构可以采取学术机构、审

① 洪艳蓉:《中国绿色公司债券的制度挑战与改进》，载《证券市场导报》2016 年第 9 期。

② 赵旭凯:《中国绿色债券发展实践及路径探析》，载《金融发展评论》2017 年第 5 期。

计机构、咨询机构等多种组织形式，并鼓励认证机构对绿色债券投资项目的资金使用和环境效益进行全面认证评估。[①] 在强制要求披露环境效益评估指标和技术标准的基础上，第三方认证机构的评估指标和标准应当尽量借鉴国际标准，实现与国际标准相统一；可以考虑建立自律协商机构，通过协商自律来提升绿色债券认证活动的规范化水平，确定绿色债券认证和绿色债券评级业务的基础认证和评级模板，作为认证和评级的核心内容要求。[②] 在完善绿色债券第三方认证的同时，还应注意建立起绿色债券第三方认证和环境信息披露之间的联动机制，可以考虑建立一个政府主导的、由金融和环境监管部门、金融机构、中介和评估机构等多方参与的核查体系及环境信息披露体系，将第三方认证机构的评估报告纳入“强制性披露”的范畴，提升第三方认证作为“第二意见”的权威，确立第三方认证机构提供的项目环境效益信息在绿色债券环境信息披露中的核心地位。通过环境信息披露增强项目的透明度，为第三方认证提供评估认证的信息基础，通过第三方认证强化绿色债券的“绿色”属性，从而实现两者的良性互动。

绿色债券是未来实现经济转型和绿色发展的关键领域，其蓬勃发展不应受到环境信息披露机制不健全问题的阻碍。在绿色债券发展的同时，着手对环境信息披露机制加以完善，实现发债方、投资方和监管层利益和风险的均衡是保障绿色债券健康发展的重要保障。我国应当借鉴国际经验，从我国绿色债券实践出发，完成相应的制度设计和完善工作。

---

① 商瑾:《2017 年中国绿色债券市场回顾与展望》，载《债券》2018 年第 3 期。

② 王遥、曹畅:《中国绿色债券第三方认证的现状与前景》，载《环境保护》2016 年第 19 期。

绿证交易与碳交易的制度边界及其法律衔接

张　栋[①]

一、正本清源：相关制度的背景

借鉴于发达国家成熟能源政策之一的“可交易绿色电力证书”（以下简称绿证）（Tradable Green Certificates，TGCs）是“可再生能源配额制”（以下简称配额制）（Renewable Portfolio Standard，RPS）必要的政策补充。配额制的实施是国家推动可再生能源开发利用这一能源战略转型的具体制度安排。在当下的制度逻辑中，配额制毫无疑问成为绿证交易制度绩效实现的参考对标。绿证交易制度的引入与铺开，不只是借鉴他国的成熟经验，即以“政策 + 市场”的方式激励并调动电企及投资人的积极性，其根本目的仍需落在保障配额制的有效实施上，尤其是要为当前日趋严峻的可再生能源补贴资金缺口进行政策对冲。具体实践中，陆上风、光发电企业在电力并网后可通过申请获得单位电量的绿色证书，在未来的配额强制义务推动下[②]，外加政府对可再生能源上网补贴价格的参照与支撑，供电企业及传统能源发电企业对于获取绿色电力配额的需求为绿证提供了一级市场上的交易价值[③]。正是绿证的可交易性与实际的交易价值，体现了由环境生态价值为其赋予的财产权属性。因而，

---

① 张栋，华东政法大学经济法学院博士研究生。

② 参见《国家发展和改革委员会、财政部、国家能源局关于试行可再生能源绿色电力证书核发及自愿认购交易制度的通知》（发改能源〔2017〕132 号）。

③ 关于配额制义务主体的范围仍存在争议。根据国外经验，配额义务主体通常包括发电商、电网运营商、电力供应商以及消费者。也有学者认为，配额义务主要应由电网企业（供电商）承担配额义务；在一定条件下，发电商也可以承担配额义务。参见李艳芳、张牧君:《论我国可再生能源配额制的建立——以落实我国可再生能源法的规定为视角》，载《政治与法律》2011 年第 11 期。

绿证能够在一级市场上有价流通，其原动力便来自因配额制而产生的相关市场主体对环境生态价值的有效需求，同时，这些市场主体所承担的配额也因符合限定完成的交易数量而完成义务的履行。绿证自愿认购交易系统已于 2017 年 7 月 1 日正式上线，交易平台的构建与完善、配额制强制义务的明确，将为非水可再生能源（目前仅限于陆上风能和光伏项目）行业在与传统能源企业的竞争中提供更多来自生产成本方面的优势。

目前，与绿证交易同步实施的并与之具有相似性的核定自愿减排量[①]交易（China Certified Emissions Reduction，CCER）同样具有通过为相关市场主体设定减排配额义务以实现特定环境价值目标的功能。CCER 从一级市场产生并在二级市场（碳排放配额交易市场）交易，相关控排企业购得定量额度用以抵销（offset）其等量的碳排放。引入 CCER 制度的主要目的是为碳交易市场覆盖范围之外的企业进行节能减排提供政策激励，从而扩大可提供碳排放额度的供给方企业数量，从宏观上鼓励更多市场主体与资金的进入。但是不同于绿证的内涵中具有的由产业政策附加于企业所必须承担的环境生态责任，CCER 的价值内涵凝结于污染排放企业自纠负外部性这一行为本身所具有的机会成本。无论是碳税还是通过购买 CCER 额度所付出的金钱对价，从本质上讲，完全属于排污企业在治理环境污染控制温室气体排放过程中必须承担的生产成本。因而从法律义务具有强制性这一角度看，CCER 与绿证在市场交易中同样具有稳定的刚性需求。从政策上看，CCER 全国交易体系的主管部门、项目管理机制、减排量签发、市场标的以及交易场所等内容的规定都已得到完善[②]；从实际情况看，风力、水力、光伏以及生物质等发电项目的 CCER 开发较为充分，约占总批准项目数量的73.6%[③]。因此，结合《国家发展和改革委员会关于〈温室气体自愿减排交易管理暂行办法〉的通知》（以下简称《暂行办法》）实施近五年的实践情况，不难发现，可再生能源发电项目是 CCER 的主要“活动范围”。随着全国统一碳交易市场逐渐完成构建，来自可再生项目的核定自愿减排量必然成为碳交易市场的主要交易产品，同时也必然成为 CCER 额度增量的主要来源。

---

① 该制度渊源于《京都议定书》中设定的“清洁发展机制”（Clean Development Mechanism，CDM），鼓励发展中经济体自愿减排，实现的减排量经核证后（即“核定减排量”，Certified Emissions Reduction，CER）可以向发达经济体的碳市场出售获利。

② 正是因为 2012 年《暂行办法》（发改气候〔2012〕1668 号）在实施中出现了“温室气体自愿减排交易量小、个别项目不够规范等问题”，发展和改革委员会下发公告 2017 年第 2 号宣布暂停并修改。

③ 截至 2016 年 8 月 23 日，国家发展和改革委员会批准的全部 CDM 项目 5074 项，其中新能源和可再生能源项目共 3733 项，远超节能和提高能效类、甲烷回收利用类、燃料替代类等项目。资料来源：国家信息中心 CDM 项目数据库系统：http：//cdm.ccchina.gov.cn/NewItemTable7.aspx，最后访问日期：2017 年 8 月 1 日。

二、问题引入：制度竞合从何而来

从国外借鉴并引入绿证交易与碳排放权交易的制度初衷交集于对我国日趋严峻环境问题的应对。对于这一点学界已有明晰的共识：解决环境问题的经济学根源，在于将人类生产生活等活动所产生的外部成本内部化。换句话说，就是要在具体应对策略上，明确造成环境修复等问题的成本的责任归属，并通过政策法规制定等手段对这种责任承担附加以法律所具有的国家强制力。可以说，碳交易制度在控制排放这一环境价值上的作用与意图相对于绿证来说更为直接、明显且突出。绿证交易最直接的目的是推动并完善我国能源供给结构走向更清洁化、低碳化的道路，在减少对传统化石能源过度依赖的同时，也减轻了全球能源地缘政治风险对我国实体经济带来的不稳定预期。同时，环境问题与能源问题紧密相关，肖国兴教授曾指出，“有关环境的问题与能源问题从来都是一体两面的，特别是环境问题大部分是因能源不合理开发利用而造成的”[①]。因而，可交易绿证制度对我国可再生能源行业的扶持，从宏观上看是为了从根源上改善目前相对不合理的能源开发利用格局，为实现环境友好型经济发展模式提供基础支持。

然而，我国对绿证和碳交易（尤其是 CCER）制度的探索与实施才刚刚起步，这一切“制度舶来品”都需要在参照我国实际情况的基础上进行再调整。笔者认为，从现有相关政策看，两个制度目前因不兼容性、互斥性产生“制度竞合”效应，主要原因在于二者制度边界不明、政策协调机制不完善，由此导致了实践中利益分配不公甚至是利益分配“无据可依”的尴尬情形。为更形象地展示上述观点，在不超出现有政策规定的范围内，试举两例：

例一：新建非水可再生能源发电项目，根据现有规定可以申请批准 CCER 额度并可将所获额度放在碳市场进行交易并从中获利；与此同时，该项目投产使用将电能并入电网后，又可以申请获得绿色电力证书并放在相应市场上通过交易获利。该案例的问题在于：若绿证与 CCER 在交易实现后都具有环境生态价值的转移效果，那么两次交易是否构成这种价值的双重计算，是不是某种程度上的双重补贴？若绿证与 CCER 在交易行为中具有完全不同且互不重合的价值内涵，那么两者分别具有的价值内涵是什么，现有政策法规对此是否有明确规定？

例二：传统化石资源发电企业根据现有政策规定需要承担控制碳排放与生产一定比例绿色电力的配额义务，企业可做两种选择：或购买 CCER 额度以抵消减排配额，同时购买绿证以抵销绿电配额；或投资建设非水可再生能源项目以实现两个配额义务的同时抵消。在不考虑两个方案绩效成本的对比而只针对具体制度逻辑看，问题在于：第一，若绿证所具有的价值内涵中已包含利用绿色电力（对应的绿电配

---

① 参见肖国兴：《能源法与中国能源法律制度结构》，载《中州学刊》2010 年第 6 期。

额义务）以及环境生态价值（对应的减碳义务）两个部分，在这种情况下，仅购买绿证就可以同时抵消两个义务，再购买 CCER 额度是不是一种重复而额外增加企业成本负担？第二，若通过新建非水可再生能源项目就可实现两个配额义务的同时抵消，在产能过剩的背景下，不通过对现有技术装备、生产手段的低碳化改良来缩减碳排放，新项目的建成并没有改善原碳排放总量，这种“治标不治本”的策略是否反映了先行相关政策的目的与手段之间的背离？

当然，上述两个案例所做的假设均属于较极端的情况。但若根据现有政策逻辑能够推演出如此情形，那么作为理性经济人的市场主体在机会主义的驱动下必然就会做出能够实现个体利益最大化的行动选择。这显然不利于社会总体福利最大化，也不是政策制定者的初衷。因此笔者认为，我们现在要解决的就是要通过对两个制度内涵（尤其是重复部分）的区分以实现边界厘定，在不排除适当妥协的基础上，尽最大可能缩减因边界不清产生的制度负外部性，使相关政策在其应有的范围内发挥其应有的作用。

三、边界厘定：对重合部分的切割与再整合

有目共睹的是，无论是绿证还是碳交易，两者在发达国家的实践中都取得了符合预期的制度成效，这也是我国积极学习并引进的动力之一。在探究两个制度在我国试点过程中出现的类似于上述假设案例中矛盾与重合的原因时，笔者认为市场机制、政府监管、法律法规等暂时的不健全并不是这一问题的主要矛盾；在初始阶段，因内涵混乱带来的制度结构性障碍直接导致了相关政策的职责分配、功能定位、价值目标的错位，这显然是当前最亟待解决的问题。

（一）对政策边界的再厘定

1. 政策意图不同。

推行绿证交易的直接目的在于推动可再生能源产业的发展。2017 年 1 月 18 日国家发展和改革委员会、财政部、国家能源局联合印发《关于试行可再生能源绿色电力证书核发及自愿认购交易制度的通知》（发改能源〔2017〕132 号），明确表示“推出绿证的目的，就是为了引导绿色消费，促进清洁能源消纳利用，进一步完善风电、光伏发电的补贴机制”。这里所谓的“引导绿色消费”，在实际中更突出表现为一种对世“公示效力”，即通过交易获取的绿证可作为电力消费者使用绿色电力的证明[①]。这种使用绿色电力的“公示效力”或输出的外部价值，就在于通过价值引导为绿色电力消费者树立更佳的社会形象，由此通过引导与鼓励使更多市场主体参与“促进清洁能源消纳利用”的行动。同时，通过类似资产证券化的手段推动绿证

① 上述通知指出，鼓励各级政府机关、企事业单位、社会机构和个人在全国绿色电力证书核发和认购平台上自愿认购绿色电力证书，作为消费绿色电力的证明。

的有偿交易，也起到了缓解可再生能源补贴压力的作用①，因而绿证交易在某种程度上具有财政激励的特征。

属于碳交易机制之一的核定自愿减排交易是为促进温室气体减排、减少二氧化碳排放所采用的市场机制。自愿减排的要义在于“自愿”，即在没有任何强制性义务的干扰下对财产权的自主处分行为，因而这种交易机制下的减排行为没有强制约束力的介入。同时我们还应当注意，在 CCER 交易机制下所核定的交易额度来自“减排”行为，即在现有单位区域内排放总量的基础上，通过技术进步或设备升级等资本投入，以实现碳排放总量的缩减而收获的“减量”。反过来看，若是通过投资新建可再生能源项目，能够实现的也只是单位发电量中碳排放所占比重的稀释，从根本上讲，这种所谓的“减排”非但没有实现单位区域内碳排放总量的减少，对本就产能过剩的行业进行重资本投入反倒会带来短期内更多温室气体的增量，这显然是掩耳盗铃的做法，不应当归入 CCER 范畴之内。所以，在区分并定性 CCER 政策意图时，把握“减排”的概念是关键。

2. 价值内涵不同。

绿证的基础价值源于可再生能源电力本身具有的绿色环保属性，而交易价值则溯源于可再生能源配额制的实施。在目前的政策语境下，与配额制相匹配的可再生能源上网补贴机制在绿证的市场交易中起到了价格锚定作用②。可再生能源电力包含两种属性，对应其两个不同的价值内涵：一是一般电力商品属性，即普通电力商品所具有的普遍性，其价值与现行市场条件下的电能价值完全相同，与电源种类、性质无关；二是绿色环保属性，所对应的是可再生能源电力的绿色环保低碳价值，是一种对可再生能源正外部性的补偿，这也是区别于传统电源的关键。可再生能源配额制本身无法直接实现可再生能源发电的绿色价值部分，绿证交易机制的引入为绿色价值部分的实现提供了市场化的解决方案和手段。另外，绿证作为政府对可再生能源电力补贴机制的补充，地位与功能上决定了其本身并不包含一般电力商品的基础价值，因此它的价格仅体现于可再生能源电能的环境效益与社会效益。

绿证的市场交易过程如下：（1）将基于配额形成的可再生能源发电量证券化，并借此构建基于市场的可再生能源电能供求机制和市场交易体系。（2）绿色证书在交易过程中的价格，是在不超过“补贴金额”的基础上，参照可再生能源电价高

---

① 截至 2016 年年底，我国可再生能源补贴缺口已超过 700 亿元。目前，可再生能源电站在正式并网后，拿到补贴资金至少需要 18 个月甚至更久。http：//www.cspplaza.com/article-9748-1.html，最后访问日期：2017 年 8 月 5 日。

② 上述通知指出，（绿证）认购价格按照不高于证书对应电量的可再生能源电价附加资金补贴金额由买卖双方自行协商或者通过竞价确定认购价格。因而，在当前的市场交易中，补贴金额正是绿证交易价格的对标与尺度。

于常规电价的“价差”以及市场供求状况的变化而上下波动。(3)可再生能源发电企业通过销售绿证获取基本电价外收益。值得注意的是，换取绿证所支付的对价在性质上仍属财政补贴，只是换了一种表现形式。随着技术进一步成熟，可以预见可再生能源电价未来能平价上网[①]，但平价上网的趋势意味着补贴机制也会随之退出市场，绿证价格同时也会随着补贴的逐步退出而趋近于零，绿证作为绿色电力的使用证明仍将承担着“名誉上”的绿色环保的环境生态价值而继续存在。

核证自愿减排的交易标的是经政府监管机构核准的碳排放减少量，即通过采取各种措施减少二氧化碳排放所富余的环境容量的使用权。同时，CCER仍以碳排放交易为基础，因而其价值内涵的挖掘需要以对碳排放权的法律权利构造的探究为前提。关于碳排放权的权利属性，法学界有两种学说：一是特殊用益物权说[②]。该学说遵从德国传统民法“物债二分”理论，对碳排放权的客体即环境资源容量进行传统物权理论嵌套，通过这种嵌套授予环境容量资源的“用益物权”或“准物权”外观。这一理论的确在环境容量资源的物权属性上完成了自圆其说，但仍然无法对碳排放权的权利属性进行完整描述，因此我们也就无法从这一理论中提取碳排放权的全部价值内涵。二是有强烈公权色彩的私权说[③]。在准物权理论的相关研究中，崔建远教授虽然并未直接探讨碳排放权甚至环境容量资源的权利属性，但其关于物权公私属性的探讨仍值得我们借鉴[④]。崔先生认为，在探讨某一种权利的内涵、权能之前，首先要分清其公权、私权的属性。因为，若一项物权为私权，则法律规则和制度的设计应偏重于意思自治和契约自由等取向；若一项物权为公权，则法律规则和制度的设计应偏重于国家控制、强行性规范为主的取向。碳排放权由公法规定而生，碳排放配额及其配套的惩罚措施体现了一定的公权属性；同时其客体环境容量兼具经济价值和环境价值，排污权制度设计的初衷在于以交易形式促进有限环境容量的有效利用，具有在市场上流通的交易价值，因而又具有私权属性。同时，因碳交易权只有在市场中完成交易时才能实现其根本价值，政府在这一过程中所参与的活动无非是监管者应尽的对市场秩序的维护。因而，碳交易权理应以促进合同缔结的私权属性为根本属性，同时兼顾了一定的公共利益与公共价值。

由此，碳交易制度，尤其是CCER制度的价值内涵在对其权利形态与性质的分析中逐渐明朗。CCER的价值分别由以下两个部分组成：一是以环境资源容量为主

---

① 国家能源局有关人士曾表示，可再生能源到2020年将实现用户侧的平价上网，到2025年实现发电侧的平价上网。http://www.solarzoom.com/article-91908-1.html，最后访问日期：2017年8月6日。

② 吕忠梅:《论环境使用权交易制度》，载《政法论坛》2000年第4期。

③ 邓海峰:《排污权——一种基于私法语境下的解读》，北京大学出版社2008年版，第84页。

④ 关于确定物权公权性或私权性的学说主要包括历史沿革说、法律性质说、作用对象性质说、折中说，详细论文参见崔建远:《准物权研究》，法律出版社2003年版，第41~64页。

要构成的环境公益价值，体现于企业自主减碳行为的外部性，包含减碳本身的环境生态价值及减碳行为的社会公共价值。二是抵销配额义务的减排额度机会成本。这一部分价值的存在基础与绿证相类似，都是配额义务所决定的市场需求；不同的是，这里的机会成本，指的是市场主体对自身减排成本以及购买配额成本之间的比较与核算，即当碳交易市场完全构建后，减排成本最低的企业会选择通过减排将多余的配额售出，从而以最低成本实现全社会的减排目标。

（二）政策再整合及法律衔接

总体来说，本文讨论的这两个政策工具是调解我国当前的生态问题与发展需求之间的矛盾的最优策略。但随着全国统一碳排放市场的形成、“新电改”的推动深化，就必然要对相关政策的可操作性、精确性以及政策效率提出更高的要求。当前，绿证自愿认购市场刚刚开放，并将与可再生能源制度相配合逐步深入，CCER也面临重新审视修订的契机①，这也是我们及时发现并解决问题的最佳时机。随着这一体系内政策数量的不断增加、覆盖范围的不断扩大，多政策主体、面向特定政策目标发布的政策文本数量越来越多，构成了共目标、多主体、多手段、多作用层次、交互作用复杂的政策体系。因而，为实现复杂策略体系下政策的协调推行与绩效实现，政府必须对相关政策的责任具体化、分工明确化。

绿证交易制度应当将其中的法律责任集中于对我国可再生能源开发利用的支持与激励的范围内，并且应随着各种新能源技术的成熟与市场化而逐渐放开绿证接纳的新能源种类范围。目前，我国可再生能源的“三弃”问题以及财政补贴缺口问题已然成为清洁能源利用的阻碍，通过市场手段将国家实施产业政策的部分政策成本以“企业或个人荣誉”为对价交由市场主体自愿认购是当前阶段绿证交易的主要运作机制，但单纯依靠认购绿证所获得的“企业或个人荣誉”这种不具有实际交换价值的支付对价从根本上无法保证绿证在未来的市场前景。未来推出的可再生能源强制配额制是目前国际实行的绿证配套政策。在强制配额的政策语境下，将企业认购绿证的行为由一种虚化的荣誉转化为可量化的法律责任，以法律及行政手段为可再生能源拓展市场。

同时，核定自主减排应当将政策作用范围集中于除新建可再生能源项目外且完成碳排放配额义务外的自主碳减排项目中。这虽然与现行政策有冲突，但符合碳交易制度的设计初衷与总量控制原则，维护了碳交易市场秩序，并能够避免CCER与绿证可能出现的“制度竞合”，提高政策绩效。碳交易制度的首要目的是缩减碳排放，交易只是实现这一目的的手段，目的与手段不可颠倒。碳排放交易实现的前提是温室气体的总量控制，将其分割成无数具体的各个企业的减排责任，这种责任的

---

① 2017年3月14日，国家发展和改革委员会发布公告，宣布即日起暂缓受理与备案新项目，待《暂行办法》修订完成并发布后，将依据新办法受理相关申请。

内涵就应当是在现有排放量的基础上进行技术更新、设备升级以达成缩减碳排放量的标准。若允许企业通过投资建设可再生能源项目就可获得 CCER 抵消碳排放额度的权利，一方面控排企业失去了削减自身排放量的外在压力，另一方面会吸引过多的由可再生能源项目带来的并不具有实际减排意义的 CCER 额度进入碳交易市场。这并不利于碳排放市场的有序运行，也无助于国家实现碳排放总量控制目标。由于现阶段的绿证的价值内涵中已包含绿色环保属性并通过绿证市场的交易实现了这部分价值的变现，在这种情况下，若同时赋予其 CCER 的可交易额度，无疑是对可再生能源一次性产生的绿色环保价值的“一物二卖”，也从另一个侧面体现了可再生能源项目 CCER 额度缺乏实际的交易价值。

绿证与碳排放交易在实现政策协同效力的道路上仍需要不断改良并引入更多配套辅助政策，但前提是这两个政策之间必须划定明晰的界限，为政策不断适应经济社会发展状况留下发展与改良的空间。从产业政策与法律衔接的角度看，首先，应当着重于对绿证、碳排放权在现有物权法中的解释或修订，为相关市场主体提供产权的法律界定与保护；其次，应当对绿证交易、碳排放权交易行为提供合同法的指引，为交易安全提供法律保障，促进绿证及碳排放交易在合法范围内的缔约自由；再次，应当在可再生能源法、电力法以及即将制定的能源法中体现并明确政府与市场主体在可再生能源电力上网、交易等环节的职责、权力与权利、义务范围，更新并完善相关市场监管原则；最后，对于规范碳排放权交易过程中的市场行为、明确政府监管范围的客观需求，应当及时推进相关行政法律的立法工作，为合法有效的监管提供制度安排。

强化监管防范金融风险

金融监管政策在金融审判中的协调与适用

——首届金融庭庭长论坛综述

吴子彦　刘雪倩①

由上海法学会金融法研究会及上海金融法院联合举办的“金融庭庭长论坛”于2018年年末在上海举行，来自长三角地区各级人民法院的金融庭庭长和法官与来自各地院校的专家学者集聚一堂，就金融审判保障金融市场改革开放的诸问题展开了深入讨论，特别是就金融监管政策在金融审判中的协调与适用问题各抒己见，热烈探讨，产生不少真知灼见。

一、新时代金融发展与金融审判改革背景

防范化解重大风险是需要抓好的决胜全面建成小康社会的三大攻坚战之一，其首要任务就是强化金融监管，防范金融风险，促进金融深化改革开放、创新发展。2017年8月4日最高人民法院印发《关于进一步加强金融审判工作的若干意见》（共三十条），指出金融安全是国家安全的重要组成部分，金融制度是经济社会发展中重要的基础性制度，要充分发挥人民法院金融审判职能，促进金融和经济的良好循环健康发展；明确审判任务目标就是要紧紧围绕服务实体经济，防范金融风险，深化金融改革的三项任务，积极稳妥地开展金融审判工作，切实维护国家的金融安全，促进经济和金融的良性循环、健康发展。

对于人民法院来说，如何做到与金融监管的有效衔接，既能发挥司法的能动作用，助力化解金融风险，又能保持司法的品质，维护裁判制度的稳定性，不仅是理论课题，更是实践当中的难题，是当前金融司法面临的前所未有的挑战。

① 吴子彦、刘雪倩，华东政法大学硕士研究生。

（一）金融审判直面多重宏观任务

（1）服务实体经济、防控金融风险的国家战略要求。2017 年国家召开了金融工作会议、经济工作会议，最高人民法院进一步加强金融审判的 30 条意见，把服务实体经济和防控金融风险放到了国家战略层面。

（2）上海国际金融中心建设的营商环境要求。2009 年国家提出上海国际金融中心建设目标，到 2017 年上海金融交易的总量达到 1428.4 万亿元，相比 2010 年的 386 万亿元增长了 2.7 倍，在沪金融机构总数达到 1537 家。目前的金融基础设施和金融的交易量也对司法提出更高要求。

（3）发挥人民法院金融商事审判职能的要求。金融审判要以服务实体经济为出发点和落脚点，引导和规范金融交易，有效防范化解金融风险，切实维护金融安全，依法服务和保障金融改革，建立适应金融审判工作需要的新机制，加强司法能力建设，不断提升金融审判的专业化水平，这是时代对金融司法工作者提出的要求。

（二）金融商事案件呈现新趋势

金融案件数量持续快速增长。2013 年到 2017 年上海市共受理金融案件 488822 件，其中商事案件 481210 件，占所有金融案件的 98.74%，占所有商事案件的 72%，案件数量是 2013 年的 5.79 倍。其中 2017 年，受理的金融案件共 17.91 万件，同比增长 39.92%，年均增长率约 51% ，标的金额从 2013 年的 447.5 亿元增加至 690.89 亿元。

新、难类型案件不断涌现。案件包括传统金融业务中发生的新类型法律纠纷和金融创新产品所引发的法律纠纷。既有银行“资金归集”新类型业务引发的储户资金、投资者买者自负及银行投资者适当性义务的案件；也有网约车的财产纠纷案件、保险人向有偿代驾人行使车辆损失代位求偿权的保险案件；还有证券跨市场衍生品内幕交易案件、企业债券预期违约后的债券交易案件等证券类案件；更有 P2P 网贷纠纷、第三方支付纠纷等互联网金融案件，类金融交易平台的相关案件等。此外，金融案件还有一个非常突出的特点，即涉众性案件不断增长（如证券虚假陈述，类期货交易平台、P2P 互联网金融、传统理财产品销售中的欺诈等），都涉及大量的金融消费者，对金融司法工作者提出了挑战。

汹涌而来的金融纠纷大潮与法律的不完备性及司法的被动性的矛盾突出。随着金融业的深化改革、扩大开放和不断发展，立法的短板迫切需要金融司法补齐，根据立法精神并结合监管政策，将是司法裁判依据的有效参考和补充。

（三）严监管给金融审判带来新的挑战

面对不断推陈出新的监管政策，金融司法也在不断学习、思考和协调适用。

（1）事实审查及行为定性方面。为了规避监管，当事人会采取多层嵌套、循环交易等复杂的交易模式，有的甚至在交易中进行虚伪意思表示，以合法形式掩盖非法目的，比如名为资管实为贷款类型的案件大量出现，这增加了法院查明事实以及准确认定行为性质的难度。因为监管讲究的是穿透，而司法非特殊情况，讲究的是法律关系的相对性，这对案件事实审查及行为定性方面增加了难度。

（2）法律适用及效力认定方面。金融监管的变动性使此前被认为并不违法的某些业务如通道、委托贷款等，在强监管的背景下可能面临违规的问题。再比如关于P2P网贷，监管缺失的时候，不少平台为借贷提供担保，之后《网络借贷信息中介机构业务活动管理暂行办法》规定平台不能向出借人提供担保。当然也明确，尽管监管规定对此做了禁止性规定，但禁止性规定实施之前平台已经提供担保的，不能否定其担保的效力。监管与司法的判定存在区别，因此人民法院在审理相关案件时难有统一、明确的依据。

（3）案件处理及社会维稳方面。经济下行的趋势和按期兑付的压力以及金融资本的流动性、传导性，金融领域中的个案往往会引发行业的系列案件和共同诉讼。涉众性是金融案件的一大特点，导致金融司法在社会维稳方面承受较大压力。

二、金融监管与金融司法协调及适用的应对路径

（一）正确认识金融监管与金融司法的关系

二者的联系如下：二者的终极价值目标一致，金融监管与金融司法的目标都是保障国家金融政策实现，保护金融交易当事人利益，维护金融秩序，防范金融风险，推进金融发展。二者在实践中往往相互依存、互为补充。

二者的区别如下：二者的行为性质不同，金融监管行为是行政执法，金融司法行为是司法。监管政策具有灵活多样性，但也存在不确定性，特别是目前的穿透性监管，强调对交易实质内容、效果、动机的审查，体现了非常强烈的国家干预色彩；金融司法则更多强调法律适用的稳定性，裁判的可预期性，特别是民商事审判处理的是平等主体之间的矛盾，不是国家和被管理者之间的关系。所以需要尊重合同自由，照顾信赖利益和交易安全，尊重交易习惯。

人民法院应该从法律适用角度出发，以连续的、稳定的、可预见的思路审理和裁判金融案件。司法审判与金融监管政策之间既要协调，也要保持金融审判的独立性、稳定性、专业性。

（二）监管与司法的有效衔接

一是司法理念上的衔接。

（1）服务金融大局的理念。紧紧围绕服务实体经济、防控金融风险、深化金融改革三项任务，积极稳妥开展金融审判工作。服务实体经济，即将服务实体经济作为金融审判的出发点和归宿，正确认定金融行为的性质和效力，规制国有企业的贷款通道业务，不予保护背离实体经济利润的资金利率，引导和规范金融行为回归本源。防范金融风险，将避免出现系统性金融风险作为金融审判的底线，强化金融机

构的风险防范主体责任，认真对待金融创新，规范互联网金融，明确场外配资、债券纠纷、委托理财案件的裁判标准等。

（2）遵守法律、遵循金融规律，尊重监管和交易规则的理念。司法审查应当从立法精神出发，跳出纯粹的金融监管的思维，综合保障金融稳定和金融安全。司法审查应当以合法性审查为原则，但也应当符合市场规律和常识。对否定金融交易效力的认定要审慎，包括严格把握否认合同效力的规范等级为法律法规；发挥外观主义原则的作用，注重显失公平、情势变更制度的认定和适用。对金融创新及扩大开放中遇到的新问题，尽量寻找成文法的现有规定，避免对监管政策采用简单的拿来主义。

（3）尊重金融交易意思自治。金融司法审判中应当尊重当事人的意思自治和市场选择，在尊重市场规律的基础上保持司法的稳定性和可预期性。应当树立优先保护金融消费者和中小投资者利益的理念，要处理好金融机构和金融投资者权益。应当树立多元解决金融纠纷的理念。推进金融司法裁判的价值引领，促进金融审判的适法统一。

二是纠纷解决机制上的衔接。

近年来，上海市各级人民法院积极探索并加快推进与金融监管部门、行业协会、专业调节组织的合作机制建设，建立联动机制，实现多方合力化解金融纠纷，取得了良好成效。目前，能够发挥政府监管、行业自律、社会调节和司法救济等各方优势，基本覆盖金融全行业的系统性纠纷的多元化的体系已经在上海初步形成，并且逐步在化解金融纠纷的工作体系中占据越来越重要的地位。

在模式衔接方面，纠纷双方在相关调解的组织下达成协议以后，到法院进行司法确认，或者法院在案件审理当中委派或者委托调解组织进行调解。另外也可以请专家陪审，请专家证人出庭。

实践中，探索示范性的判决，比如涉及群体性纠纷，涉及具有代表性的纠纷可以先对一个案件进行裁判，裁判以后一方面有利于其他案件的统一司法，另一方面对其他案件的调解和社会机构的调解也可以起到参考的作用。

三是司法职能延伸上的衔接。

金融审判具有能动作用，通过司法裁判，可以发挥对金融市场的规则导向和价值引领作用，有利于监管目标的实现。例如司法审判有助于引导金融创新，金融创新是推动金融市场不断发展的动力源泉，也是提高金融效率的重要途径，审慎处理金融创新产品引发的金融纠纷案件可以促进金融创新，把握客户体验与资金安全的平衡，避免金融创新片面追求快速便捷而忽视安全性。又如司法裁判有助于合理分配交易成本，依法审理涉及各类交易场所的民事赔偿案件时，平衡了市场主体双方利益关系，合理分配了交易成本，也提高了金融市场的活跃度。

金融审判沟通了与司法机关和金融监管机构之间的协同联动机制，共同防范金融风险。通过司法建议及金融审判白皮书，提示风险和促进金融行为规范。通过搭建司法信息平台，发布典型案例，调研成果及通报相关情况，开展金融消费者教育活动，为民众参与金融活动提供正确的指引，向监管部门、金融机构反馈金融审判中发现的问题，以便及时采取应对措施。

司法更好地发挥应有的作用，还可以推进立法，特别是对监管与司法中的一些共性问题。通过司法审判活动，赋予一些长期有效适用的监管规则稳定的法律效力。

三、监管规则对金融审判的影响

（一）监管规则对金融审判的影响边界

面对国家金融政策的新要求，以及金融环境的新形势，金融审判必须进行相应的调整与契合。金融审判的任务总体包括四个方面：解决金融纠纷，规范金融交易，维护金融安全，保障金融发展。

要完成上述任务，应当遵循两种选择原则：在法律关系的判断上遵循实质大于形式；在监管规则对合同效力的影响判断上，要进行是否涉及社会公共利益或者公序良俗的实质判断。明确审判理念发挥审判职能，促进金融服务实体经济，合理引导金融创新，依法保护金融消费者合法权益，才能保障国家金融决策的实现。

（二）监管规则对法律行为效力认定的影响

监管规则对法律行为效力认定的影响主要包括以下两个方面：

第一，监管规则对合同效力认定的影响。对监管规则应当进行实质性的判断，准确把握监管规则的性质和效力。在确认民事法律行为无效时，应当严格遵照《中华人民共和国合同法》第五十二条和《中华人民共和国民法总则》第一百五十三条的规定，只对违反法律、行政法规的强制性规定的民事法律行为确认无效。以前的审判工作中往往从意思自治和鼓励交易角度出发，原则上不轻易认定合同无效，只有发生违反法律、行政法规的效力性强制性规定或者损害社会公共利益的合同才会被认定为无效。

一个典型案例是福建天策实业有限公司与福建伟杰投资有限公司的保险股权代持案，本案一审判决是由福建省高级人民法院作出的。法院认为，系争信托持股协议是双方当事人真实的意思表示，且没有违反法律的禁止性规定，因此该协议有效。但在二审中，最高人民法院认为，代持保险公司的股权的行为违反了银保监会的禁止性规定，损害了社会公共利益，从而股权代持协议被依法认定为无效。

第二，在法律关系的定性上，不应局限于权利外观的规则，而应遵循实质大于形式的原则，结合交易目的穿透识别当事人真实的意思表示。

最高人民法院于 2017 年 8 月 14 日发布的《关于进一步加强金融审判工作的若干意见》规定，“对以金融创新为名掩盖金融风险、规避金融监管、进行制度套利的金融违规行为，要以其实际构成的法律关系确定其效力和各方的权利义务。对于以金融创新名义非法吸收公众存款或者集资诈骗，构成犯罪的，依法追究刑事责任”。“对名为融资租赁合同、保理合同，实为借款合同的，应当按照实际构成的借款合同关系确定各方的权利义务，防范当事人以预扣租金、保证金等方式变相抬高实体经济融资成本。”

以上规定反映了在融资难的现实困境下，融资方为了融资，不得不签订融资租赁合同、保理合同，并承担交付或者预付租金、保证金等相应的融资成本，却没有得到合同约定的资金以及融资过程中应有的权利。实践中也多有这样的案例发生。有两起案例，一起是商业保理案件①，由于当事人实际上未办理应收账款转让、通知债务人等手续，所以名义上的保理合同实质上是借贷关系，法院最终认定双方是借贷关系。这种情况审判实践中不少见，有的名义上是融资租赁实际上是借贷，有的名义上是买卖实际上也是借贷。对于以其他名义掩盖真实借贷关系的商事合同，只要是临时的、偶发的，法院将按照真实的借贷关系认定合同性质。如果是多发的、常发的，一旦查出该企业为规避金融监管，并因此违约的，法院则以合法形式掩盖非法目的为由认定合同无效。另一起是最高人民法院的一个判例②，民生银行跟几个当事人签订票据转让合同，实际上也是借贷，最后以实际借贷关系确认双方的权利义务。

四、小结

金融审判跟金融监管的关系，看似是老问题，但在新形势下不断有新问题显现。面对新事物，金融司法有时候应当效仿刑法，要显示一定的谦抑性，避免使司法底线变成前线、最后防线变成火线。监管在适当地容错、试错，司法也要适当地滞后一些。

政策的多变性在目前的状态下是无法克服的。虽然政策多变，但司法领域不宜跟着“运动式监管”走，应保持司法自身定力。在金融审判中处理好法律与监管政策的关系，本质上就是保持好“监管、安全价值观”与“自由、效率价值观”的平衡。

---

① 参见上海富友商业保理有限公司与郝小平民间借贷纠纷一审民事判决书，案号：(2017) 沪0115 民初 31958 号。

② 参见中国民生银行股份有限公司三亚分行与宁波银行股份有限公司北京分行合同纠纷二审民事判决书，案号:（2016）最高法民终 741 号。

我国金融监管制度与监管权的关系及实践

——以金融监管主体变迁为逻辑起点

乐宇歆[①]

在我国的市场经济发展过程中，市场的监管模式传统上是由国家行政机关或者政府特设机构进行实施的。随着社会的发展和变化，市场监管的主体虽然从具体机构的设置上有所整合和变化，但仍然以“机构监管”为基础，来适应市场发展。长期以来，学界及实务界对监管体制的形态和监管权的配置探讨很多，但是对监管权的来源、性质和内容，以及与监管体制的关系问题的追根溯源较少。然而，对根本性问题的研究，有助于厘清市场监管制度调整中的各种权力边界，对于确定监管结构有重要意义。本文拟从金融行业监管主体变迁入手，试图对以上问题进行初步探讨。

一、我国金融监管权的产生

（一）监管权源于国家的基本职能

国家的基本职能包括政治、社会和经济等职能。西方财政理论认为，政府具有资源配置、公平分配以及稳定经济的三大职能。我国也不例外，《中华人民共和国宪法》第十五条规定，国家实行社会主义市场经济。国家加强经济立法，完善宏观调控。国家依法禁止任何组织或者个人扰乱社会经济秩序。因此，国家对市场经济的调控，是出于其职能要求。在社会主义市场经济条件下，国家的经济职能主要是进行经济调节、市场监管、社会管理和公共服务。然而，监管权并不能完全等同于调控权，监管是宏观调控的一种手段、一种方式，监管权的实施是国家宏观调控的职能表现。

金融行业的监管权也不例外，在对金融市场的管理中，大量的制度设计体现了

---

① 乐宇歆，华东政法大学经济法学院博士生。

国家对经济管理的意志。比如，信息披露与公示机制，其目的是解决金融投资者与金融机构、金融产品等具体信息的不对称问题，防止某些金融机构形成垄断。正如张忠军学者所说："为从根本上限制金融机构对市场信息的垄断，最好的办法是强制要求其依法真实、准确、完整、及时披露与其经营状况、业务经营的风险等相关情况，保证客户在完全知情的前提下作出理性的决策。"[①] 由此，国家为了实施管理金融机构竞争发展环境、防止金融垄断的意志和职能，采取了相应的监管措施。

（二）监管权来自行政权力的不断扩大

我国的监管体制是政府主导型的监管体制。政府是行使国家职能的最基本单位，利用行政权力代表国家的意志对社会进行治理。哪怕世界范围内对于政府的定位一直存在"服务型政府"还是"管理型政府"的争议，我国政府基于宪法和法律的规定，是国家权力机关的执行机关，即代表国家执行经济管理的职能。而监管权来自行政权力在社会管理过程中的不断扩大。社会主义市场经济背景下，政府针对市场上的不同领域和行业，采用了不同的监管手段，合理配置监管权。

（三）金融监管权是金融市场发展阶段实际需求的反映

金融，是指货币资金的融通，是与货币流通、银行信用及其他信用有关的经济活动的总称，[②] 包括银行、证券、保险。金融监管，是指金融监管机构依法利用公权力对金融市场主体及其金融活动进行限制和约束的行为的总称。[③] 金融监管即包括对银行、证券、保险等金融市场的监管。本文认为，金融监管权是基于金融监管体制的确定而产生的职责，而这种职责体现了金融市场发展阶段的实际需求。

我国的金融监管结构在新中国成立以后，经历了数次调整和变化，从学者桂祥的论文《我国金融监管纵向变迁与地方金融监管创新研究》[④] 中，可以归纳出这些调整主要分为四个阶段。计划经济时期，金融体系呈现中央高度集中的特征；金融监督权尝试下放阶段；中央回收金融监管权，重新建立中央集中的金融监管体制阶段，初步建立"一行三会"的中央集中金融监管模式，金融监管权上移至中央；随着地方金融的蓬勃发展，出现监管力量供给与需求的失衡，因此中央给予地方政府部门一定的监管权，并出现了一些地方金融办来协助中央监管的机制。

国务院金融稳定发展委员会于 2017 年 7 月 14—15 日在北京召开的全国金融工

---

① 张忠军：《金融业务融合与监督制度创新》，北京大学出版社 2007 年版，第 324~326 页。

② 吴弘、胡伟：《市场监管法论——市场监管法的基础理论与基本制度》，北京大学出版社 2006 年版，第 160 页。

③ 吴弘、胡伟：《市场监管法论——市场监管法的基础理论与基本制度》，北京大学出版社 2006 年版，第 160~161 页。

④ 该论文系中国法学会"深入研究党的十八届四中全会精神"重点专项课题"分层式金融监管机制创新研究——以上海自贸区金融监管为视角"的部分成果。

作会议上宣布设立，旨在加强金融监管协调、补齐监管短板。2017 年 11 月，经党中央、国务院批准，国务院金融稳定发展委员会成立。2018 年 3 月，原银监会和原保监会正式合并，成立银保监会。此次机构改革文件通知，组建中国银行保险监督管理委员会。将中国银行业监督管理委员会和中国保险监督管理委员会的职责整合，组建中国银行保险监督管理委员会，作为国务院直属事业单位。将中国银行业监督管理委员会和中国保险监督管理委员会拟订银行业、保险业重要法律法规草案和审慎监管基本制度的职责划入中国人民银行。不再保留中国银行业监督管理委员会、中国保险监督管理委员会。

由此可以看出，这种历史的变迁，每一次的变化，都是对当时的金融形势以及金融发展实际需求的反映。

二、监管权的性质及与监管体制的关系

（一）监管权是一种综合性权力，兼有立法权、行政权、司法权的特征

在我国，金融监管权是一种综合性的集中权力，常常兼有立法、行政、司法的特征。对金融监管的立法权本来是立法机构或者被授予立法的权力机构，制定相关法律法规以确定对金融市场的监管标准与依据的立法之权。可以说，金融监管权是一种综合性的权力，应当以指导性为主，但是在监管实践中，这项权力时常被下放到具体实施监管行为的机构。比如，管理证券上市准入的行政部门，都知道有所谓的“窗口指导”，但是，这种所谓的“指导”，并非停留在指导层面，而是决定了金融市场主体准入标准问题，是强制性的规范。

因此不难理解，监管机构的实际行为，即监管权的行使，既有立法的性质，又兼有行政指导和司法的性质。简单来说，就是各监管机构制定的各种制度、通知、规范，都是准立法权；对各类被监管对象的处罚，则具有行政权和司法权的性质。

（二）监管权内容具体表现为市场的监管方式

市场监管的常用方式有许可、命令、处罚、援助、冷淡对待、谴责等。市场监管的具体内容包含制定和实施规章制度、市场准入与禁入、市场运营风险控制、关联交易监督、危机处理与市场退出以及交易场所和中介结构监管等方面。[①] 监管权，当然是包含以上市场监管内容的权力。

监管方式是监管权的具体表现。由于监管权的配置随着市场的变化而变化，监管方式也存在“柔性”监管的方式，比如持续性的信用监管。这些监管方式随着实践的检验，反过来促进监管权的改进和变更，因此监管权与监管方式互相交织、互为补充。

---

① 吴弘、胡伟:《市场监管法论——市场监管法的基础理论与基本制度》，北京大学出版社 2006 年版，第 83 页。

（三）监管权与监管体制密切相关

监管体制与监管权配置是一个问题的两个方面。监管体制的确定必然意味着监管权的分配，因为监管权需要由不同的主体实施，而监管体制则决定了监管权的具体实施主体是谁。同理，监管体制的变化则意味着监管权的再分配。

三、金融监管体制对监管权配置的影响及难点

（一）监管权本身的三个维度导致对监管体制的成效难以评估

如前所述，监管权本身兼有立法、行政、司法三个方面的特征，这三个特征下的监管权对金融市场的规制成效难以评估，也难以评价。监管权对市场的干预实践影响难以估计，不仅是性质方面难以评估，量上也难以评估。

金融监管并不能完全等同于市场干预，但是也应当认定为是市场干预的一种手段。金融监管是为了解决市场失灵，但是往往会有监管代替市场资源供给的现象发生。所以，这就使监管权对金融市场的影响更加难以评估。

（二）审慎监管与监管实践之间的悖论

审慎监管原则是市场监管法的宗旨和要求，即市场监管应该促进市场主体的稳健性和市场行为的合法性，从而保证市场体系的运行安全，防范市场风险。①审慎监管本身的目的是要控制风险，但是有一个前提：市场能解决的问题尽量交由市场机制解决；监管的作用在于尽可能地创造条件保障市场机制的顺畅运作。然而，在监管实践中，由于纵向监管和横向监管之间的沟通、配合不畅等机制问题，造成监管原则与实践一定程度上的脱节。

一是纵向行业监管存在大量空白，容易引起监管套利。从金融监管的主体角度来看，银保监会、证监会等监管机构的级别是平行的，随着新金融产业的出现，很多金融业务是跨金融领域和行业的，存在监管套利现象，如发生系统性风险存在时，监管机构在确定由哪家机构牵头、由哪家监管机构最后决定等方面存在现实困难，因此存在监管空白。比如，个体网络借贷（P2P）的出现，这种小额信贷中介机构，处于金融与准金融、正规金融与非正规金融之间，与传统金融的模式不一样，因此出现了监管空白。金融监管没有及时跟进，便引发了一系列的爆雷风波，引起一系列的市场动荡。这与纵向监管不力息息相关，监管本身就没有负起审慎监管的责任。二是横向交叉监管日趋严厉。这变异成严监管，互相交织、覆盖及多重处罚。

（三）金融行业的自律监管和行业内控的地位尚不明确

行业的自律监管在市场经济的环境中，毋庸置疑起到重要作用。但是由于我国

① 吴弘、胡伟:《市场监管法论——市场监管法的基础理论与基本制度》，北京大学出版社2006年版，第19页。

金融监管的机制体制还存在明显的政企不分、行政执法、行政监管的色彩，行业自律监管很难发挥其应有的作用。实践中，设立了很多同业公会、行业协会，但是其作用的发挥，其在监管权体系中所处的地位还需要立法给予确认。行业内部的管理责任，是否要纳入国家监管权体系，还需要实践给出答案。比如，证券交易所能否也担负起一部分对证券市场的监管责任？或者说，本来就存在的监督管理职责，能否成为金融监管权配置的其中之一？承认行业自律监管的法律地位，才能有其发挥作用的空间。

（四）对新金融业态的反应不足且监管容易走向市场对立面

随着社会和金融科技的不断创新发展，出现了大量的新生金融业态，跨界业务和交叉性金融产品不断涌现。比如，大数据、云计算、区块链、人工智能等最新科技在金融行业得到广泛应用，但是现有的金融监管体制，对新金融产品和业态都缺乏及时的反应。而且，在出现风险之后，监管措施容易走向简单粗暴的严格监管。比如，近年来，P2P 公司的发展经历了从野蛮生长到现在严厉整改的几个阶段。这种网贷形式刚开始出现时，政府正在鼓励创新，各地对这种业态纷纷采取支持的态度，而随着 P2P 的大量快速增长，问题也不断爆出，平台老板卷款跑路、失联，超高利息的“高利贷”“校园贷”及暴力催收等问题开始引起社会强烈关注。但是由于监管的惩罚措施大多采用追究平台刑事责任，并且政府兜底中小投资者利益的方式，实际上对金融市场的参与者不公平。如今，监管机构对此类业态的风险的认知仍比较浅显，比如资产证券化等新形式的金融模式，尚未引起监管机构足够的重视。

（五）运动式监管和对金融创新无边界忽视的并存

任何监管行为都必须在法治的规范下运行，但是现阶段我国金融监管时常出现运动式监管的现象，政策导向优先于法律规制。

2018 年 11 月 7 日，银保监会表示初步考虑对民营企业的贷款要实现“一二五”目标，即在新增的公司类贷款中，大型银行对民营企业的贷款不低于三分之一，中小型银行不低于三分之二，争取三年以后，银行业对民营企业的贷款占新增公司类贷款的比例不低于 50%。二级市场立马做出反应，二级市场的银行股一片大跌。同年 11 月 9 日，A 股再度受重挫，其中，银行股领跌，凸显市场对银行坏账增加的忧虑。这是市场对监管政策的一个典型反应。单靠确定几个指标就能解决问题的运动式监管，实际上对金融市场的影响非常大。宏观经济政策的制定、转向、摇摆或失误往往决定大批企业的生死存亡，继续搞大放水刺激经济，只会让经济结构更加扭曲。

另外，很多金融创新超出了常识性的边界，监管部门对此却完全忽视。比如，在某些地方的金融政策中，2018 年上半年曾出现过不用归还银行本金，便能获得银行继续贷款的金融现象。[①] 然而，这种加大杠杆、增加融资风险的创新，还被作为典型经验进行了宣传。

四、中国市场经济语境下金融监管权与监管制度之间应良性互动

（一）监管体制与监管权综合特征之间的调和

监管体制的设置，会带来一系列监管权的调整。2018 年的监管体制改革，借鉴了英国“双峰”模式和美国监管模式，形成“一委一行两会”的新监管体系，“超级央行”也借此而产生。监管理念更加现代化，未来将重点加强宏观审慎管理，建立监管协调机制。

庞德说：“法律的功能在于调和与调节各种错综复杂和冲突的利益……以便使各种利益中大部分或我们文化中最重要的利益得以满足，而使其他的利益最少地牺牲。”[②] 由此，金融市场监管法律体系也应当遵循最大限度地满足最重要的利益，同时减少其他利益的牺牲。在国家治理的层面上，最重要的利益显然是国民经济健康有序的发展，因而需要控制、抵御、降低市场风险，保障市场安全。监管权中立显然也是应有之义。“双峰理论”金融监管之目标不应限于防范系统性金融风险，还应包括保护投资者。监管体制与监管权的综合性之间还需要调和，以防止监管体制过多地利用监管权对金融市场行为进行监管，从而丧失中立性。

（二）监管权配置与监管体制之间的磨合

监管权配置有多种模式，包括集中监管模式与分业监管模式。通过对我国金融行业监管体制和监管权配置变迁的梳理，一直存在的争议是：选择集中监管模式还是分业监管模式，以及横向监管与纵向监管如何配合。

选择集中监管模式还是分业监管模式，在以往的争议中，坚持选择分业监管模式的学说很多。即在 2018 年之前，大多学说都赞同银行、保险、证券分业监管，并提出了各种理由。诸如，设立金融稳定委员会、充实人民银行职能、原银监会与原保监会合并，旨在加快完善符合现代金融特点和我国国情、统筹协调、有力高效的现代金融监管框架、监管规则和监管标准，实现宏观审慎管理和金融监管对金融机构、业务、活动及其风险的全覆盖，消除监管盲区，提高监管效能。在新的监管框架下，国务院金融稳定委员会强调，加强金融宏观审慎管理，增强金融监管协调性、权威性、有效性；人民银行主要强化宏观审慎管理和系统性风险防范职责，同时承担国务院金融稳定发展委员会办公室职责；各监管部门明确职责定位和分工，

---

① 吴小平：《这一次信贷超级创新，让我这个金融毕业生觉得白学了》，载《今日头条》2018 年 8 月 13 日。

② ［美］罗斯科·庞德：《通过法律的社会控制——法律的任务》，沈宗灵译，商务印书馆 1984 年版，第 41 页。

健全功能监管和综合监管，强化行为监管和消费者保护；地方监管职责也已明确。这是一个目标责任明确、全覆盖的金融监管体系。在日益复杂的经济环境下，新的金融监管体制弥补了原有体制的缺陷，顺应了国际监管趋势。

分业监管模式虽然可以促进监管机构的专业化监管，但难以避免的是监管机构在职责上的混乱与权力上的冲突；混业监管模式虽然可以做到监管职责与监管权力的一致，但有可能使监管机构无法履行其职责。但是无论如何，分业经营、混业监管的格局也越来越被实务界所接受。

监管权的划分关涉监管效率。从横向看，监管权力划分体现为按监管市场划分的监管当局之间的权力划分和配合，从纵向看，监管权配置是中央和地方监管权的划分以及监管机构内部的领导关系。从横向看，交叉监管和监管真空是我国监管体系中存在的问题。监管机构在细分监管对象时存在监管权的交叉，导致了监管交叉。监管真空则是监管机构的互相推诿和监管体系对创新的反应迟钝。监管真空意味着存在监管外的风险，这对市场构成巨大威胁。从纵向看，监管权的划分存在中央过于集权，地方积极性不够的问题。集中监管与分业监管相结合、横向与纵向相补充的原理也是一样的。在市场充分竞争的基础上，不论是“双峰”也好，分业也罢，都不能摆脱自身的优势与劣势，需要在实践中不断调整。

（三）监管权的内容与监管边界之间的整合

监管需要有边界。孟德斯鸠说，“一切有权力的人都容易滥用权力，这是万古不易的一种经验。有权力的人们使用权力一直到遇有界限的地方才休止”。[①] 如前所述，虽然金融监管不是宏观调控，但也是政府干预市场的一种手段，在一定程度上是一种资源配置方式，即政府采取的任何监管措施，其实都是对市场资源的重新分配。

由此，我国金融行业的监管机制和监管权之间的关系，最主要的问题不是如何监管，而是监管机构之间如何配合的问题。监管治理体制并没有一个统一的最优模式，符合金融产业发展规模和历史阶段的就是有效的监管模式。

五、经济法视野下完善金融监管体制及监管权关系的实施路径

经济法理论的产生与发展，为合理解释现代市场经济中政府和市场之间动态变化和互动之间的关系提供了依据，也为合理配置监管体制及监管权提供了出路和方法。事实上，国家是否需要监管金融市场已经不是问题，而是一种常识。金融风险与国家安全、社会稳定和世界经济发展密切相关，国家当然要对金融市场进行监管。但是在何种程度上监管金融市场，在何种边界中进行监管，才是问题。

① ［法］孟德斯鸠：《论法的精神》，张雁深译，商务印书馆1982年版，第156页。

（一）规范金融监管的法律依据

金融监管法是调整国家监管金融市场主体及其活动过程中形成的经济关系的法律规范的总称。金融监管法规范、制约、指导、保护金融机构，使其金融活动有了准则；同时，金融监管法也使金融监管机构的监管活动有了标准、方法和权威性。金融监管法的内容包括金融监管体制、对金融机构的监管、对投资人和融资人的监管、对金融市场活动和交易品种的监管，以及金融监管的国际合作等。[①]

世界各国的金融监管立法一般均包含在其中央银行法、银行法以及其他部门法中，我国目前也是如此，散见于各个行政法规、地方金融条例中。但是，很多国家也有不少专门的金融监管立法，比如美国的1966年《金融机构监管法》。

金融监管法是经济法的重要组成部分。监管法律体系也是监管制度的最核心的构成要素，它不仅对监管对象设置监管标准和行为底线，也规范监管者的权力种类、大小及运用程序。监管法律体系的建设水平基本上反映了整个监管体系的水平。

如前所述，金融监管权的分配随着金融监管体制的改变而改变。但是，金融行政法规和金融监管相关行政规章的大量存在，以及金融监管权的三个权力特征的不确定性，导致金融监管市场主体对很多金融监管法律不知道、不理解、不适应，因此，既然监管是必需的，为了调和金融监管权对金融实践的影响，金融监管法亟待进行规范。一方面，通过立法明确地方政府的金融监管权限，不仅包括准入环节的审批监管，还包括运行过程中的监管及机构退出时的监管，使地方政府能进行有效监管，避免监管空白，维护区域金融稳定。另一方面，金融监管立法应当尽量减少低层次的“窗口指导”，而应以规范、统一的法规来指导金融市场行为，不仅有利于保护金融投资者利益，也有利于监管机构对金融机构经营风险的管理。

（二）构建分层式金融监管体制

金融监管体制应当服务于国家经济发展水平。如前所述，目前金融监管体制对实践中出现的大量新型金融机构、金融业态以及区域性金融现象，有反应不及时、忽视等问题的存在，因此需要设置更适合金融市场发展形势的监管体制。

基于监管权的直接作用对象为不同层面上的金融机构，分层式金融监管体制显然更适合当前的金融市场形态。分层式金融监管体制要求对中央和地方的监管权限进行适当划分，进一步发挥地方积极性。[②]不会形成系统性风险的，可以下放到基层监管机构。给予地方监管机构一定的自主权，也是为了优化监管权的内容，对新

① 吴弘、胡伟：《市场监管法论——市场监管法的基础理论与基本制度》，北京大学出版社2006年版，第161页。

② 吴弘：《构建分层式金融监管体制的建议》，载《法制日报》2016年3月23日。

金融创新、新金融业态有更快反应和规制的必要之举。因为地方监管机构了解当地金融市场发展情况，信息获得更为便利，对新金融业态作出反应所需要的时间就更短。

（三）坚持监管中立的原则

金融监管权没有统一的明确的界限，但是可以有明确的目标，即监管权的介入需由目标监管向风险监管转变。具体监管权应当重点关注对金融市场系统性风险的预警，以及对潜在的风险进行处置，而不应当让金融市场过多地进行强制性干预。这样，才能做到把应由市场决定的留给市场，把应进行调控干预的留给国家。

具体来说，监管部门应指导管辖范围内的金融机构，建立全面风险管理架构，不断完善相应的风险防控制度、流程、政策和系统。比如，利用大数据建立风险评估系统，按照风险大小和级别来确定监管层级，这样比单纯地对金融行业的目标监管更容易实现统筹管理。

此外，监管权的配置需要合理设置与动态变化相适应的制度，金融市场的发展是动态的，监管权力的配置也应当动态发展。监管权不是一成不变的，不同时期对监管的要求也不一样。为了积极应对新金融业态的需求，可以根据金融市场发展阶段立法，在监管执法空间上预留空间。不能采取下狠药、猛药，运动式和摊派式的监管，还是要根据金融市场发展阶段的不同，采用柔性的监管措施，既保护金融机构，也保护投资者利益。

（四）发挥行业监管及自律监管的作用

监管不能代替一切，尤其是不能代替市场的发展方向。由于不可能存在有充分竞争的纯粹市场，因此存在市场失灵的现象，但是对之不能矫枉过正。本文认为，国家监管和行业自律是一个互为补充、协调监管的关系。比如，金融消费者组织、媒体舆论、行业工会等对金融行业也会起到监督作用，特别是对非法的金融活动可以进行预警监视。

（五）完善监管的法律责任

法律责任是行为人因违反法律上的义务或者侵犯法律上的权利而引起的法律上的不良后果。经济法框架内的行为，如果有违反经济法要求的行为或事实，行为人当然也需承担相应的法律责任。监管权的配置不能只重授权，不考虑监管责任，而需要权力和责任并重。一方面，要加强对监管者的监督；另一方面，要设置监管及机构的退出机制。比如，对于监管权的实施主体和职责要有明确的规则并保证透明和稳定，切忌朝令夕改、运动式执法。没有依据的监管造成社会经济利益受损的，应当承担相应的责任，并设立相关监管体制。监管需要民主与集中相结合。

从“穿透式”金融监管到“持法达变”金融审判

王　洋[①]

在金融开放逐渐深入、金融创新日新月异的环境下，无论是金融学学者还是法学学者，都相当关注金融监管中的“穿透式”监管。这一理念的扩散非常迅猛，从互联网金融领域到大资管领域，甚至是证券存管、外汇监管、金融科技监管等方面，这一概念以“看穿式监管”“穿透式监管”“监管穿透”“穿透核查”等多种不同的表述出现。特别是在 2018 年的相关行政处罚案例中，在行政处罚决定书（京银监罚决字〔2018〕3 号和 4 号）中明确运用“向上”“向下”穿透等话语。这一概念甚至延伸到了诸如户籍体系管理等非金融领域。当然，这些场景中的“穿透式”的含义未必都相同。其中，较为公认的概念，是指“刺破外观形式去发现金融关系的本质”，保持监管标准一致性。[②]

有关“穿透式”监管，目前的研究尚未找到国外金融监管的相应词源。学者一般认为，其在管理学上源于“穿透”理论，追求从上至下的有效管理，从问题入手，透过现象看本质；也源于强调刺破公司面纱，发现受益所有人而避免跨境企业使用非法手段进行避税；[③]最后其契合会计学中的“实质大于形式”原则（substance

---

① 王洋，华东政法大学经济法学院博士生。

② 叶林、吴烨：《金融市场的穿透式监管论纲》，载《法学》2017 年第 12 期。

③ 最早的讨论如袁达松、刘华春：《论穿透式金融监管》，载《证券法律评论（2017 年卷）》；王建平：《证券市场穿透式监管的创新：综合监管机制——以前海人寿的跨界监管穿透案例为视角》，载《证券法律评论（2017 年卷）》。

over form)。[①] 但是，“穿透式”理念毕竟仍是一个基于功能监管、行为监管的实务概念而非法律概念。如何将其以法学的话语，系统化地引入金融监管理论之中呢？

穿透式理念也在金融审判中得到了越来越多的重视。虽然还没有诸如“穿透式”司法、“穿透式”审判等概念的正式提出，在学界和实务界却对此有所讨论，如“持法达变”等金融审判理念也被提出。这一概念在司法中应当如何看待？

一、金融监管中的穿透式理念

（一）“穿透式”理念提出的背景

1. 金融体制改革的需要。

《中共中央关于全面深化改革若干重大问题的决定》中指出，要“落实金融监管改革措施和稳健标准，完善监管协调机制，界定中央和地方金融监管职责和风险处置责任”。而 2017 年的全国金融工作会议，也同样强调了“统一性”“穿透式”监管的必要性。[②]

近年来，金融监管体制改革的一个主题，就是在混业经营背景下，原有的“一行三会”的分业监管格局下的以规避监管为目的的金融创新也会创造诸多混业的金融产品。混业经营尤其是监管套利的混业金融产品是酿成金融风险的最重要的因素之一。特别是近年来，以互联网金融为代表的新金融的高速发展、金融科技的应用，以及以大资管为代表的跨产品市场的金融产品使监管面临很大的挑战。而在

---

① 根据学者的研究，税收的 look through 即透视原则指向了税法。例如，National Law University 的印度学者 Anindita Jaiswal 在 Taxation of Foreign Institutional Investors in India：The Hanging Fire 区分了“look at”方法和“look through”方法，前者是基于表面（prima facie）的交易来确定，后者则是要确定具体的受益人。又如，Joseph J. Czajkowski（1989）在 TOWARDS A REVISED OECD-MODEL TAX TREATY 分析了 1986 年的税收改革法案中，通过“look through”规则，适用于外国公司通过其美国的股东收取分红、利息、租金等的情况。Hein Vermeulen（2011）在 Suggested Treaty Benefits Approaches for Collective Investment Vehicles（CIVs）and Its Investors under the OECD MTC 2010 update 一文中也指出，对 OECD MTC 的评论中，对于 CIV（集合投资工具）存在 in its own right approach（以其自身权利看待）以及 look through approach（穿透审查）两种方式，而在后者中，CIV 并不能根据条约主张其自身权利，而只能主张代表其投资者主张权利。可见，在这一范畴中的“look through”即穿透原则，在税法上有广泛的应用。

② 其中强调，金融“首要的是回归本源，服务经济社会发展。另一项要坚持的原则是强化监管，提高防范化解金融风险能力。要以强化金融监管为重点，以防范系统性金融风险为底线，加快相关法律法规建设，完善金融机构法人治理结构，加强宏观审慎管理制度建设，加强功能监管，更加重视行为监管。具体来说，提出了要坚持从我国国情出发推进金融监管体制改革，增强金融监管协调的权威性、有效性，强化金融监管的专业性、统一性、穿透性，所有金融业务都要纳入监管，及时有效识别和化解风险”。

2017年7月的金融工作会议上，金融稳定发展委员会所确定关注的领域正是影子银行、互联网金融、大资产管理、金控公司。大资产管理中反映的最大问题就是对原有监管的规避而产生的种种嵌套及监管套利，由此既引起了系统性风险，对原有的金融市场发展不利，也给金融消费者保护等方面带来诸多问题。原有的机构监管思路在向功能监管、行为监管转变，原有的机构分工和协调机制也需要革新。

市场经济即法治经济，因而研究我国金融法律制度，离不开对金融监管改革的研究；而对金融监管改革的研究，离不开对近年来以"穿透式"监管为代表的金融监管理念转变的研究。所谓的长效机制，也就是从法制化的角度，来将"穿透式"监管理念通过相应法律及监管规则，纳入市场运行机制。

2. 政府职能转变下监管职能的确立。

《中共中央关于全面深化改革若干重大问题的决定》将"完善和发展中国特色社会主义制度，推进国家治理体系和治理能力现代化"作为全面深化改革的总目标，这被视为中国的"第五个现代化"。目前，在国家治理能力现代化的进程中，政府职能转变的一个重大方面就是政府权力清单及相关准入负面清单的设立。

在此基础上，金融监管更需要明确监管的边界，明确监管机构被授予的权力止于何处，应对哪些范围进行相应监管，这些机构有哪些权限。须知，金融监管不能无限扩张，过度的"父爱主义"监管往往使金融市场变得低效率，而忽视法治的金融监管则会使市场无序发展。

在这一点上，国务院办公厅于2015年12月28日印发《国务院部门权力和责任清单编制试点方案》（以下简称《方案》），确定将在国家发展和改革委员会、民政部、证监会等七个国务院部委内开展权力和责任清单编制试点工作。其中值得注意的是，证监会已经将其权力和责任清单编制完成，正在征求社会意见。而在国务院的相关网站上，也出现了政府权责清单，按照各部门划分成了各部门行政许可事项汇总清单和中央制定地方实施的行政许可汇总清单。

关注此问题，在于"穿透式"监管一词有被滥用的趋势。明确金融监管的权力边界，很重要的一个问题在于"穿透式"监管的法律依据是什么，是哪一部法律授权"穿透式"监管，而这正是明确政府权责的一个重要问题，也是金融监管走向法制化的一个重要进程。①

（二）"穿透式"监管所针对的金融创新及风险

"穿透式"监管主要针对两个方面：一是以大资管为代表的传统金融混业经营的挑战，二是以金融科技为代表的新金融业态的发展。

---

① 最重要的批评来自北京大学法学院邓峰教授，参见邓峰：《审慎对待"穿透式监管"》，载《财经》杂志年刊《2018预测与战略》。

1. 大资管时代的混业经营的挑战。

对“穿透式”监管的呼吁，最早源于2015年“股灾”。彼时，股市异常波动期间场外配资横行。在2015年股市异常波动中，杠杆资金特别是场外配资直接助推了股市暴涨、暴跌。场外配资来源复杂，既来自银行、证券、保险和信托的结构化产品，也来自P2P等互联网金融渠道，且经过多个通道和多层嵌套，各管一段的监管机构无一能“穿透”场外配资的全过程，无法掌握资金规模、杠杆率等核心监管指标。

金融机构的资管业务发展迅速，涉及银行、信托、基金、债券、期货、保险等机构的多种产品类型，规模不断上升。但目前资管行业存在一些突出问题：一是理财产品市场上标准差距太大、套利机会太多、投机性过强等；二是监管之间缺乏协调，对市场总体观察和风险把握还不够好；三是一些资产管理产品嵌套运行，来回在金融系统里转。也就是说，资产管理行业法规不统一，存在监管套利。各类金融机构在资产管理的框架下从事同样的业务，但所适用的法律关系、监管标准、投资范围和投资约束却各不相同，其结果是造成不公平竞争，进而助长监管套利。

资管产品作为“影子银行”中的极大风险种类，由于目前采取以分业监管的应对措施，造成了监管套利、空转套利和管理套利的后果。急需相关的监管协调与改进。目前，不同的金融机构所进行的资管业务，根据不同监管部门的规范标准可划分为不同类型或赋予不同的名称，但究其本质都体现为信托法律关系或类信托法律关系。在我国分业经营、分业监管的大背景下，很多行业开展资产管理业务虽然具有典型的信托法律关系性质，但在实际业务过程中其并未纳入信托法的调整范畴，而是适用委托代理关系，并主要适用该行业的法律。这使相关资产管理业务的法律关系在业内一直存在争议，投资者的合法权益缺乏制度性的保障。此外，这种监管的不一致也导致了各行业的资管产品发展不均衡。

2. 以金融科技为代表的新金融的挑战。

如今金融科技层出不穷，诸如区块链、智能投顾、大数据金融等领域，成了金融法关注的热点，也有若干新型关系需要金融法来重新定位。而此时就需要运用“穿透式”监管理念进行相关监管。例如，中国人民银行、中央网信办、工业和信息化部、工商总局、原银监会、证监会和原保监会七部门联合发布的《关于防范代币发行融资风险的公告》对ICO进行了规制。其中提到，代币发行融资是指融资主体通过代币的违规发售、流通，向投资者筹集比特币、以太币等所谓“虚拟货币”，本质上是一种未经批准非法公开融资的行为，涉嫌非法发售代币票券、非法发行证券以及非法集资、金融诈骗、传销等违法犯罪活动。这也是针对新金融时“穿透式”监管的一种应用，因为就金融科技而言该技术具有中立性，但是将其看作一个系统时，可以看出其非法集资的本质属性。

二、“穿透式”监管理念的具体实践

（一）相关法律法规中的“穿透式”监管理念

“穿透式”监管概括起来，一是在投资的市场准入方面，要穿透审查投资者是否属于合格投资者。同时，在各种产品的资金来源、资金运用、投资方向，尤其是基础资产方面进行穿透核查，并且要检验投资方向是否符合国家政策。最严厉的是，原银监会将是否进行“穿透式”监管管理作为判断是否存在不当创新、不当交易、不当激励、不当收费的标准。

二是对股东资质进行“穿透式”监管审查。虽然表述不同，但本质上基本是对实际控制人、最终受益所有权人的穿透识别，并审查其资质，也对代持、关联持股、一致行动人等进行审查，强化对股东的背景、资质和关联关系的审查。这种审查往往指向公司治理方面，并针对关联交易，也有一部分是针对信息披露的穿透。

“穿透式”监管最初着眼于复杂结构产品的重新定性，以统一监管权力划分。而其由原先的“向下”狭义的业务本质判断，扩张到了诸如会计核算、具体交易、权益持有、资质认定、信息披露等，也对资金来源去向等进行审核。后来，发展出了“向上”（股东和投资者，包括关联方和一致行动人等），从私募投资基金中的合格投资者（保护投资者）穿透到了市场准入方面。有学者指出，这是一个主体—行为—客体三个层面上的监管扩张。

1. 监管部门相关文件。

证监会的“穿透式”监管主要针对的是对投资人的适当性的穿透审查。2017年5月3日公布的《区域性股权市场监督管理试行办法》中提出，对理财、合伙等穿透核查投资者是否为合格投资者，合并计算投资者人数；其修订了有关IPO信息披露的相关重大资产重组规则，提出重组交易对手需要披露主体的各种信息，合伙企业披露到最终出资人等。

在银行监管层面，如《中国金融业信息技术“十三五”发展规划》中提到，建立覆盖全市场、穿透式信息的交易报告制度；探索基于大数据、人工智能等技术的“穿透式”监管方法；《关于切实弥补监管短板提升监管效能的通知》中也指出，强化风险源头遏制，穿透识别实际控制人、最终受益所有权人，并审查其资质；在《关于开展银行业“监管套利、空转套利、关联套利”专项治理工作的通知》中规定，按照穿透原则认定关联方和关联交易；《关于提升银行业服务实体经济质效的指导意见》中提出，对银行“穿透检测资金流向”；等等。

在保险监管层面，其最初提出是因为以2016年“宝万之争”为代表的一系列问题暴露了保险市场在大资管时代下的种种问题。其中，最明显的问题就是对险资举牌缺乏“穿透式”监管，险资举牌上市公司运用了多渠道的资金，而这些资金在目前分业监管的背景下很难摸清具体流向。原保监会相应地提出了“穿透式”监管的要求，从公司治理的源头出发，更多针对的是公司治理结构及关联交易方面。例如，《保险公司章程指引》的核心是强化股东穿透监管，重点加强了对保险公司真实股权结构和最终实际控制人的“穿透式”监管。具体来说，其要求保险公司的公司章程编制“发起人表”及“股份结构表”，但这不是两个简单的表格，而是包含了更多细节，以反映保险公司的真实股权架构及股东详情。而《原保监会关于进一步加强保险公司关联交易管理有关事项的通知》针对关联交易管理中存在的关联关系难以识别、交易结构复杂多变、关键环节审核责任不清晰等乱象，作出进一步明确规定，按“穿透式”监管原则监测保险资金流向和基础资产的状况。原保监会可以采取对险企的关联交易发质询函、责令修改交易结构、责令停止或撤销关联交易等措施。此外，典型的如《原保监会关于进一步加强保险业风险防控工作的通知》中提出，对信用保证保险开展“穿透式”监管;《原保监会关于强化保险监管、打击违法违规行为、整治市场乱象的通知》《原保监会关于弥补监管短板构建严密有效保险监管体系的通知》中强调了对关联交易的穿透性审查;《原保监会关于保险业支持实体经济发展的指导意见》中提出，按照基础资产实施“穿透式”监管;《原保监会关于开展保险资金运用风险排查专项整治活动的通知》中提出穿透性检查；等等。可以看出，保险监管中提及相关“穿透式”监管方法是金融监管中最频繁的。

2. 针对具体市场的规制。

（1）互联网金融市场。这也是“穿透式”监管最初被正式提出的领域。2015年7月14日，中国人民银行、工业和信息化部、公安部等公布《关于促进互联网金融健康发展的指导意见》。其中提到，“依法监管、适度监管、分类监管、协同监管、创新监管”。在此基础上，2016年4月12日公布的《国务院办公厅关于印发互联网金融风险专项整治工作实施方案的通知》中，正式也是首次在文件中提到采取“穿透式”监管方法，根据业务实质明确责任。针对“通过互联网开展资产管理及跨界从事金融业务”，该通知明确，在开展金融业务时，互联网企业和传统金融企业平等竞争，行为规则和监管要求保持一致；采取“穿透式”监管方法，根据业务实质认定业务属性。同时，在私募发行的多类金融产品的销售中，以及依托互联网、通过资管产品嵌套开展资管业务时，均需采取“穿透式”监管方法，透过表面根据业务实质认定业务属性、监管职责和监管要求。此处即具有浓厚的功能监管的意味。

（2）资产管理业务。大资管时代下的资产管理业务是“穿透式”监管的集中体现。落实到法规层面，最新的也最为典型的是中国人民银行、中国银行保险监督管理委员会、中国证券监督管理委员会、国家外汇管理局于2018年4月27日公布的《关于规范金融机构资产管理业务的指导意见》。其主要针对的是资产管理业务中的多层嵌套、杠杆不清、套利严重、投机频繁等问题，设定统一的标准规制。具体来说，该意见规定了功能监管与机构监管相结合的理念，按照产品类型而不是机构类型进行功能监管，同一类型的资产管理产品适用同一监管标准；而为了实现这种功能监管，自然就需要“穿透式”监管，穿透多层嵌套，对于已经发行的多层嵌套资产管理产品，向上识别产品的最终投资者，向下识别产品的底层资产（公募证券投资基金除外）。

（3）跨境业务。沪港通、深港通的互联互通北向“穿透式”监管方案落地。香港证监会宣布，将为沪股通和深股通引入投资者识别码制度。另外，据港交所发布的信息，这个新制度将在与市场各方沟通、系统变更以及演习之后，于2018年第三季度正式推出。这也意味着，内地和香港地区的同步看穿式监管迈出坚实的一步。这是因为，就内地市场而言，监管机构可以直接看到投资者交易及持股情况，即实施“穿透式”监管。而在香港地区的两级市场监管制度下，作为会员制的交易所，即交易所—会员（券商）—投资者的结构使监管可能无法完全深入每个投资者的交易情况，投资者可能通过沪股通、深股通隐匿身份交易内地股票，给监管带来挑战。因而，港交所市场参与者将按标准格式为每名北向交易客户编派一个券商客户编码，并向香港交易所提供客户识别信息，包括客户名称、身份证明文件的签发国家、类别及号码等，香港交易所会将有关信息交与内地交易所。而提交北向交易买卖盘时，需提交相应编码，从而达到穿透的目的。

（4）其他。例如，2017年4月，最高人民法院、最高人民检察院、教育部、工信部、公安部、住房和城乡建设部、农业部、中国人民银行、原银监会、证监会、原保监会等14部门，召开处置非法集资部际联席会议。对此，14部门应联合对非法集资进行全链条、“穿透式”的综合治理，消除监管真空。

2017年9月，中国人民银行、中央网信办、工业和信息化部、原工商总局、原银监会、证监会和原保监会七部门联合发布《关于防范代币发行融资风险的公告》，认为这符合“穿透式”监管的原则。

在互金领域的自律规范中，《中国互联网金融协会信息披露自律规范》第十四条规定：“从业机构应当‘实质重于形式’，按照穿透式披露的原则，依照相应标准进行信息披露，在开展多项业务时，应同时遵照多个标准进行信息披露。”

所以，“穿透式”监管，是行为监管、功能监管的延伸，还是和上述监管模式无涉，仅仅是一种监管的辅助形式？实际上，在不同情况下，“穿透式”理念有截然不同的含义。比如，在证监会所强调的“穿透式”监管中，实际上是对证券存管的一个“透明化”，居于上层的监管者从而能直接看到相关证券的情况（而不是只知道作为中间层的情况），这种层面上的“穿透”是一种方法。而互联网金融治理中的“穿透”，虽然带有“运动式”监管的色彩，但其看到了原有分业监管应对混业的不足之处，属于功能监管的一种尝试。

至于资管新规的“穿透式”，“向上”并不稀奇，实践中应对的往往是投资者合格性等，下文的处罚案例中将对此做进一步说明。但“向下”识别底层资产，显然是为了应对此前所说的多层嵌套、监管套利、利用机构监管的监管空白等问题。所以，也可以认为其带有某种功能监管的属性。

（二）“穿透式”监管在监管中的具体实践——以京银监罚决字〔2018〕3号和4号为例

在“资管新规”之前，“穿透式”监管更多的是一个概念性的理念。2018 年之前，“穿透式”监管的处罚更多集中在内部业务未进行“穿透管理”上，这里的穿透更多的是指内部“穿透”管理风险。典型的如原厦门银监局对兴业银行厦门分行的厦银监罚决字〔2017〕17 号处罚决定书中，认定其主要违法违规事实为“同业投资业务未严格进行投向合规性审查和穿透管理，理财投资业务风险管理不到位”。但是此类的行政处罚中，更多使用“穿透管理”等词汇。

但在 2018 年之后，特别是“资管新规”颁布后，金融市场中的“穿透监管”显现了不同的针对目标。也就是说，“穿透式”监管不再只是针对同业投资业务的穿透风险管理，而更多指向了“资管新规”第二十七条第二款中所指向的多层嵌套资产管理产品，即“向上识别产品的最终投资者，向下识别产品的底层资产”。而从监管部门的行政处罚来看，针对这两者的处罚也已出炉。典型的如上文提到的京银监罚决字〔2018〕3 号和 4 号。其中，国投泰安信托有限公司、中国金谷国际信托有限公司因未遵守“穿透”原则而严重违反审慎经营规则，因此违反了《中华人民共和国银行业监督管理法》第四十六条之规定。不同之处在于，在“主要违法违规事由”中，金谷国际信托有限公司是未按“穿透”原则向上识别最终投资者严重违反审慎经营规则；国投泰安信托有限公司是未按“穿透”原则向下识别底层资产合规性。

就前者“向上”的违规而言，该案例实际上是非常普遍的银行理财投资单一信托的业务。该理财产品设置了 100 万元以上起售门槛、针对合格投资者募集资金，但是投资金额在 300 万元以下的自然人人数超出了 50 人（一般银行理财人数必然大幅度超过 200 人）。其显然是违反了原银监会令 2009 年第 1 号《信托公司集合资金信托计划管理办法》中对于非合格投资者人数的限制。合格投资者此处是“单笔委托金额在 300 万元以上的自然人投资者和合格的机构投资者”，数量是不受限制的。这就是“向上”的作用，避免相关持有者的风险和承担风险的能力不一致。原有的做法往往是以银行为主体不穿透识别人数及合格投资者要求，这是原有“通道业务”得以存在的基础，但现在的监管要求更为严格。

就后者“向下”的违规而言，看似是对“资管新规”中“实行‘穿透式’监管，对于多层嵌套资产管理产品，向上识别产品的最终投资者，向下识别产品的底层资产（公募证券投资基金除外）”的应用，实则由于该业务是该新规颁布前产生的，仍应当适用《中国银监会办公厅关于进一步加强信托公司风险监管工作的意见》的相关规定。

从这两个案例的效果来看，无疑是对于“向上”“向下”严格按照穿透原则来适用的一个实践。其中，一大争议点无疑在于这种做法是否属于“多层嵌套”，因为“穿透式”监管是作用于多层嵌套的产品的。目前看来，监管机构对于商业银行理财委托给包括信托在内的持牌金融机构发行的私募资管计划，持需要穿透的态度。

不难看出，此处的“穿透式”监管并非只是针对监管者和被监管者的一个“猫捉老鼠”游戏。监管者并不只是为了捉住逃避监管的“老鼠”，单纯来维护监管纯洁性，而更多指向相应的审慎经营风险。以该案而言，在对资管适用“穿透式”监管之前，监管机构只能看到投资者购买银行理财及银行将相关资金委托给信托机构等行为，却无法将其与此后信托的资金流动相联系。于是，监管机构不只是因为被监管者没有披露，而对被监管者进行处罚，而是针对的本应由对应监管部门所应对的风险。

三、“持法达变”：司法中的“穿透式”理念

（一）金融司法实践与金融监管政策的配合协调

1. 最高人民法院的实践。

《最高人民法院关于进一步加强金融审判工作的若干意见》中，明确以服务实体经济作为出发点和落脚点，引导和规范金融交易；有效防范化解金融风险，切实维护金融安全；依法服务和保障金融改革，建立和完善适应金融审判工作需要的新机制；加强司法能力建设，不断提升金融审判的专业化水平。

在此基础上，金融审判需要和监管政策相协调。该意见第二十五条明确提到，“加强与金融监管机构的协调配合，推动完善金融法治体系。探索建立人民法院与金融监管机构之间的沟通机制，定期通报涉及金融风险防范与金融安全的重要案件情况，强化金融监管和金融审判的衔接配合，推动形成统一完善的金融法治体系”。这就为金融审判中运用“穿透式”监管原则提供了依据。

在具体规定上，该意见第一条中规定的“对于能够实际降低交易成本，实现普惠金融，合法合规的金融交易模式依法予以保护。对以金融创新为名掩盖金融风险、规避金融监管、进行制度套利的金融违规行为，要以其实际构成的法律关系确定其效力和各方的权利义务。对于以金融创新名义非法吸收公众存款或者集资诈骗，构成犯罪的，依法追究刑事责任”正是这种思路的体现。又如该意见第四条中规定：“对名为融资租赁合同、保理合同，实为借款合同的，应当按照实际构成的借款合同关系确定各方的权利义务。”

在“穿透式”监管最为关注的互联网金融和大资管方面，对于前者，该意见提出，“依法认定互联网金融所涉具体法律关系，据此确定各方当事人的权利义务。

准确界定网络借贷信息中介机构与网络借贷合同当事人之间的居间合同关系”。对于后者，更强调对新类型金融案件统一裁判尺度，涉及“私募股权投资、委托理财、资产管理等新类型金融交易的案件”，以合同法、公司法、合伙企业法、信托法等确定各方当事人的权利义务。

2. 上海市各级人民法院的实践。

《上海市高级人民法院关于落实金融风险防范工作的实施意见》率先指出，“对不符合金融监管规定和监管精神的金融创新交易模式，或以金融创新为名掩盖金融风险、规避金融监管、进行制度套利的金融违规行为，及时否定其法律效力，并以其实际构成的法律关系确定其效力和各方的权利义务。对于以金融创新名义非法吸收公众存款或者集资诈骗，构成犯罪的，依法移送公安机关处理”。此外，该意见再次强调了监管和司法的协作：“构建信息沟通交流平台，通过互访、专题交流会等方式，及时掌握金融行业监管前沿动态，通报法院金融审判情况和典型案例，实现法院裁判结果与金融监管政策导向的有机衔接。”

对此更为详细精准的规定是上海市浦东新区人民法院发布的《加强金融审判与金融监管有效衔接的意见》。其第二条“依法支持金融监管”明确指出：“依法审理涉及金融监管机构履行行政许可和审批、作出行政处罚和处理、公开政府信息及履行法定职责等方面的各类行政案件，支持和促进金融监管机构依法行政，增强金融监管的权威性有效性。”进而要求，“准确认定金融交易实际构成的法律关系，对合法合规的金融交易模式依法予以保护，实现法院裁判结果与金融监管政策导向的有机衔接，避免以金融创新为名规避金融监管、掩盖金融风险”。另一个值得注意的则是，“正确适用法律规则”“遵循金融规律”等。

目前最新的实践无疑是 2018 年设立的金融法院。金融法院将进一步落实相关问题，发挥相应的能动性和专业性。

总体而言，这一系列文件均体现了监管对金融司法的作用。但是仍存在一系列问题。司法能动性和监管滞后性的矛盾依然存在；司法能动性和金融教育滞后性也存在矛盾，针对产品的性质，是坚持投资者保护，还是采用风险自负？司法能动性和如何“穿透”的专业性，这需要金融审判的专业性。

（二）金融监管作用于金融司法的关系及困境

从以上文件不难看出，金融监管目前作用于金融司法。金融监管与金融司法，此前一直被认为有天然的隔膜，对于金融司法和金融监管，此前法学学者的研究，更多集中在金融监管相关的行政诉讼方面，亦即“司法如何制约或制衡监管权力”上。但是亦有学者对金融司法本身的运作方式进行了研究。例如黄韬所著的《公共政策法院：中国金融法制变迁的司法政策》一书即从法律社会学出发，探讨了我国的法院是否承担公共政策职能以及如何承担这些公共政策导向。

这一作用无疑是巨大的。最典型的无疑是天策公司与伟杰公司的信托持股协议相关纠纷，其合同因违反了监管规定，而“损害了社会公共利益”，从而被认定为无效。当然，对于《中华人民共和国合同法》第五十二条第四款、第五款的规定应审慎适用。对于该案，因本文篇幅所限不再展开，但是可以看出，金融司法通过对“公共利益”进行宽泛解释来支持和鼓励金融监管政策。

简言之，学者们对于“私人诉讼”和“政府监管”的关系的关注是多层次的。由于私人诉讼存在“当事人主义”和“职权主义”的二元对立，因而诉讼究竟是为了实现纠纷解决，还是为了实现国家政策，被学者们广泛讨论。在出生于欧洲的美国法学家达马斯卡看来，司法究竟是纠纷解决型还是能动型，其实是描述性的而非反思性的。他认为，首先要探索权力的组织，这可以分为马克斯·韦伯所着力著述的“科层型”和“协作型理想型”，由此可能衍生出纠纷解决型和能动型的司法。对于纠纷解决型的司法而言，规则具有可变通性，决策者（法官）占有核心地位；而对于政策实施或者说能动型的司法而言，其规则严守其形式性，基本坚守文义主义解释。

总体而言，可以认为目前我国的金融审判是某种程度上的“能动型”的。这体现为黄韬所著的《公共政策法院：中国金融法制变迁的司法政策》一书中所讲的“受理争议案件的筛选机制”，从而导致法院通过司法解释间接成为“立法者”，“行政权扩张”与“司法权收缩”及相应的“司法失灵”等问题。此时，如果再使用许成刚、皮斯托的“法律不完备”理论来解释监管的扩张，某种程度上则会成为“自我实现的预言”。

换言之，金融审判中，法院存在一个困境：在很多问题上，立法仍不完备（如光大乌龙指案，有关内幕交易损害的因果关系的认定需要参照虚假陈述的相关司法解释），很多案件的裁判存在困难。于是，法院存在政策实施的考虑，进行了职能边界的扩张，产生了大量的司法解释、座谈会纪要等（某些座谈会纪要甚至难以查到），但这些略显非正式的规则往往是实用的。

另一个问题是法官“能动性”的水平。在金融审判水平较高的中心城市，相关法官普遍具有较高的法学甚至经济学、金融学的素养，因而能充分利用技艺理性，识别出个案间的不同，灵活地适用法律。但是在法官“能动性”水平稍低的地方，很难达到这一效果。例如，在信托案由的案件中，部分法官往往喜欢适用合同法，而未优先适用作为特殊法的信托法的相应规则。再加上需要与金融监管相协调，上述问题给金融审判带来很大的难题。因而，在复杂的金融审判实践中，我们需要引入相关理念，来应对错综复杂的金融审判形式。这就是“持法达变”的理念。

（三）“持法达变”观念的提出

“持法达变”一词来自《老子》的“持经达变”，即第十四章所说的“执古之道，以御今之有。能知古始，是谓道纪”。一般认为，“持经达变”是整本书的精髓，其中，“经”是一个固定的思想体系，“变”则同赫拉克利特所说的“变”，世间万物皆变。

上海市各级人民法院、法官较早提出了“持法达变”。例如，竺常赟法官在上海对外经贸大学主办的“上海金融司法审判与裁判规则”高峰的论坛上，提出了法官应当“持法达变”“有所变有所不变”的观点。即金融审判应当坚持“实质正义”裁判原则，来应对社会公共利益的需要和个案公平的要求。首先，有的金融政策之“变”不是“法律之变”，很多是可以在现行法规中找到依据的，这就需要正确判断法律关系、正确适用法律规则；其次，金融审判存在金融和法律两个逻辑，要尊重相关规律，以非正式法源的适当运用弥补正式法源的不足，同时相比一般商事审判，金融审判在功能实现上应更考虑宏观调控和社会整体利益；最后，可以允许法官在金融审判中，对于法律方法的运用有适当的灵活性，同时要求其恪守法律方法运用规则不可“乱变”，即遵守法教义学一般规则、最优规则和最低容忍规则。[①]也就是说，应当在社会公共利益和合同意思自治之间找到适当的平衡点。

此处的“变”自然是从霍姆斯、卡多佐一脉相承而来的，源于“法律的生命在于经验”的经验哲学。根据卡多佐的观点，法律并不是在固定的点之间界定一种关系，而是经常性地变动。当商业的变化致使此前相吻合的法律规则不再适用，反而偏离相应行为时，就需要通过司法过程来恢复它们之间的平衡。问题在于，是将每个案件当作一般类型，还是将其视作独一无二？卡多佐认为，应当采取折中主义。即“矛盾的调和、对立命题的吸收、相反意见的综合”。总体上应当尊重个体的财产权利，但不能将其置于危害多数人安全或福利的地步。[②]

当然，这一理念如何进行具体的操作并实现，仍需要进一步地讨论。本文只是将该问题抛出，但是总体而言，“执法达变”就是要在现有法律规则的供给下，正确对待错综复杂的金融创新和相关案件，透过形式看本质，而非被案件的形式所迷惑。另外，也需要保证社会利益和个人权利之间的有机平衡。

结语

在康奈尔大学法学院教授 Charles Whitehead 看来，资本市场存在“忒修斯之船”迷局（Theseus's Paradox）。例如，证券的所有者或卖出证券的人，被假定就拥有或转让了该证券的风险。但资本市场中的变化使这一假定不再成立，市场参与者往往可以通过新的交易工具来将金融产品销售给一个人，但将相关金融风险转移给

---

① 竺常赟法官在“上海金融司法审判与裁判规则”高峰论坛的讲话。参见 http：//www.cs.com.cn/sylm/jsbd/201806/t20180625_5828721.html?from=groupmessage，最后访问日期：2018 年 10 月 1 日。

② ［美］卡多佐：《法律科学的悖论》，劳东燕译，北京大学出版社 2016 年版，第 2~15 页。

另外一个人。问题的根源在于“识别”（identity）。[①] 忒休斯之船的每块木板都被逐渐换为新的木板，这艘船还是不是原来的船？同样地，在金融产品中，形式上运用某种产品架构，却通过“渐变”，达到了另一种金融产品的目的，因此监管和金融司法要重视的其实还是“实质”和“形式”这一亘古不变的难题。

总体上，在监管层面当然要更重视实质监管，但是也要坚持监管中的比例原则，在无须以公权力干预相应架构时，尊重种种“安排”的交易逻辑。但是，也应通过相应金融基础设施的建设、金融监管的推进、金融司法的调整等，实现“穿透式”理念的合理运用，在保证其不被滥用的情况下，服务于金融深化改革的过程中。

① 参见 https：//concurringopinions.com/archives/2013/04/theseus s-paradox--form-and-substance- in-an- evolving-capital-markets.html，最后访问日期：2018 年 10 月 1 日。

证券市场操纵的监管法治经验与展望

徐婉琤①

改革开放以来，统一的全国性证券市场为企业提供了直接融资支持，为投资者提供了丰富的交易工具和投资品种，在市场经济建设中发挥了重要的作用，但证券市场也容易滋生市场操纵违法违规行为。近年来，随着我国资本市场规模的不断扩大，证券市场操纵案件逐渐显示了新的特点：一是操纵领域新、操纵手法新；二是手段多样如虚假申报、拉抬打压、连续买卖、自买自卖等多重手段组合；三是手法隐蔽，市场操纵者通过更换账户、借道信托、资管等各类业务化整为零，隐藏身份。② 对此，我国对市场操纵行为的监管力度不断加大。2017 年，证监会立案调查 38 起市场操纵案件，并专门针对恶性操纵案件实施了专项执法行动。③ 监管机构对于市场操纵行为的监管已积累了一定的经验，但仍有进一步完善的空间。

一、我国证券市场操纵监管的缘起与流变

（一）市场操纵监管的立法变迁

我国证券法中对市场操纵行为的规定，最早可以追溯到股市建立之初的规定中。1993 年《股票发行与交易管理暂行条例》第七十四条第三款、第四款中，规定了操纵的形式，包括单位或者个人通过合谋或者集中资金操纵股票价格，或者以

---

① 徐婉琤，华东政法大学经济法学院博士生。

② 《证监会通报打击市场操纵行为专项执法行动案件部署情况》，http：//www.csrc.gov.cn/pub/newsite/zjhxwfb/xwdd/201611/t20161125_306637.html，最后访问日期：2018 年 11 月 7 日。

③ 《证监会新闻发言人高莉就防范市场风险、严厉打击操纵市场、维护市场秩序答记者问》，http：//www.csrc.gov.cn/pub/newsite/jcj/gzdt/201806/t20180607_339503.html，最后访问日期：2018 年 11 月 7 日。

散布谣言等手段影响股票发行、交易的，以及为制造股票的虚假价格与他人串通，不转移股票的所有权或者实际控制，虚买虚卖。早期的规定较为简单，而且行为较为混杂，例如“合谋”与“为制造股票的虚假价格与他人串通”等区别较小。1993年《禁止证券欺诈暂行办法》中，结合市场的具体情况，规定了六种操纵市场的行为。除上述几类行为外，还包括出售或者要约出售其并不持有的证券，扰乱证券市场秩序；以抬高或者压低证券交易价格为目的，连续交易某种证券；利用职务之便，人为地压低或者抬高证券价格等行为。其中，有些行为很难以操纵来界定，例如出售并不持有的证券。

为了有效制裁破坏市场公平原则和侵犯投资者利益的市场操纵行为，1997年《中华人民共和国刑法》第一百八十二条规定了市场操纵的入刑标准：（1）单独或者合谋，集中资金优势、持股优势或者利用信息优势联合或者连续买卖，操纵证券交易价格的；（2）与他人串通，以事先约定的时间、价格和方式互相进行证券交易或者互相买卖并不持有的证券，影响证券交易价格或者证券交易量的；（3）以自己为交易对象，进行不转移证券所有权的自买自卖，影响证券交易价格或者证券交易量的；（4）以其他方法操纵证券交易价格的。1997年刑法规定了包括连续交易、约定交易、自买自卖等在内的多种形式的市场操纵行为，基本上奠定了如今通常所认为的构成市场操纵行为的主要形式。

1998年《中华人民共和国证券法》第七十一条中规定，“禁止任何人以下列手段获取不正当利益或者转嫁风险”，确定了操纵证券的连续买卖、约定交易、自买自卖等四种情形，明确操纵市场的主观目的为“获取不正当利益或者转嫁风险”。2005年修订后的《中华人民共和国证券法》第七十七条则不再强调不正当利益或者转嫁风险的后果，仅指出禁止任何人以利用优势操纵证券价量、约定交易、自买自卖等手段“操纵证券市场”。

从以上立法变化的过程来看，对市场操纵行为监管的立法，经过了从简单化立法到精细化立法、从模糊不清到概念逐渐清晰的过程。近年来，伴随着科技的发展和公司的兴起，例如伪市值管理、网络黑嘴、程序化交易等新型交易模式，已经对传统市场操纵模型进行了突破，传统市场操纵型规则在面临日新月异的市场交易形态时，已经略显僵化、不足以覆盖各类新型市场操纵行为。

（二）市场操纵行为的本质

要开展对于市场操纵行为的讨论，前提是明确开展市场操纵监管的本质，也就是解答为何要对市场操纵行为进行监管。从市场操纵行为的违法性出发，进而才能考虑行为的构成要件、法律后果、损害赔偿、类型化研究等后续问题。

目前，我国对市场操纵的违规性的专门讨论较少，主要文献集中在刑法规制违法性的问题上。从理论角度来看，对于对市场操纵行为应开展监管的原因主要有以下观点：一是认为市场操纵行为打击了投资者信息，降低了市场效率。[①] 二是认为市场操纵行为的违法性在于欺诈。即认为，操纵者制造虚假的交易信息或者散布虚假的公司信息，以诱导他人参加交易。[②] 例如，美国 1934 年《证券交易法》第九条 a 款规定了有关禁止市场操纵的条款。有的学者认为，该条的核心在于，市场操纵行为中，操纵者是以引诱他人买卖该证券为目的。[③] 但是该款第六项也规定，违反证券交易委员会为维护公共利益或者保护投资者制定的必要或者适当的条例而实施的行为，也构成市场操纵。[④] 即关注了市场操纵行为对公共利益的强行法规定秩序的破坏。例如，有的学者认为，操纵本质理解为市场优势地位的滥用。[⑤] 有的学者进一步认为，操纵证券、期货市场行为的本质特征在于滥用优势对市场进行一定的控制。[⑥] 三是认为要从行为方式、主观故意和行为效果三个方面来考虑市场操纵的本质，即市场主体单独或合谋采取手段，故意干涉市场的自由供求关系。[⑦] 由此可见，对于市场操纵行为的本质，说法不一。从典型的操纵行为种类来看，单纯以滥用优势地位或者扰乱市场供求关系等单一维度来评价其违法性，似乎稍显不足，后续会对此问题进行进一步评价。

（三）市场操纵监管的法律规范构成

目前，我国对于市场操纵行为的监管，已经构建起多层次、多维度的规范层级。从法律规范构成上看，主要包括以下内容：

1. 法律层面的规定。

如前所述，法律层面的规定主要集中在刑法、证券法和公司法等规定中。在刑事责任方面，逐步发生了改变。1997 年《中华人民共和国刑法》第一百八十二条规定了操纵证券交易价格的四种情形。1999 年刑法修正案修改了上述规定，增加了操纵期货交易价格以及利用持仓优势实施市场操纵的情形。2006 年《刑法修正案（六）》再次修改了市场操纵的相关规定，不仅区分情节严重、情节特别严重等量刑情节，删除了获取不正当利益或者转嫁风险的要件，而且在该条第一项补充了

---

① 刘凤元：《证券价格操纵及监管研究》，北京大学出版社 2011 年版，第 6~7 页。

② 陈晨：《操纵证券市场犯罪要素认定的司法观察》，载《证券法苑（第二十一卷）》（2017）。

③ 张巍：《资本的规则》，中国法制出版社 2017 年版，第 335~337 页。

④ 中国证券监督管理委员会组织编译：《美国〈1934 年证券交易法〉及相关证券交易委员会规则与规章（第一册）》，法律出版社 2015 年版，第 175 页。

⑤ 赵希：《论证券、期货市场新型操纵行为的刑法规制路径》，载《证券法苑（第二十四卷）》（2018）。

⑥ 刘宪权、林雨佳：《操纵证券、期货市场犯罪的本质与认定》，载《国家检察官学院学报》2018 年第 4 期。

⑦ 刘沛佩：《市场操纵法律规制的监管难题与制度完善》，载《上海政法学院学报（法治论丛）》2017 年第 5 期。

利用资金、持股、持仓、信息等优势或联合买卖操纵交易量的情形，此外还优化了该条第三项的表述，将“以自己为交易对象，进行不转移证券所有权的自买自卖”的表述修改为“在自己实际控制的账户之间进行证券交易”。在此之后的近十年时间里，该条规定不论是量刑标准，还是认定情形，均没有变动。

2005 年的证券法中，删掉了获取不正当利益或者转嫁风险的要求，新增了利用资金、持股、信息优势或者连续买卖操纵证券交易量的情形，删除了互相买卖并不持有的证券，优化了在自己实际控制的账户之间进行证券交易的表述。之后此条文也并未改动过，相关认定情形也始终未修改。

2018 年《全国人民代表大会常务委员会在关于修改〈中华人民共和国公司法〉的决定》中，强调在上市公司回购制度修改过程中，要依法严格查处内幕交易、市场操纵等证券违法行为，防范市场风险。在上市公司回购中，明确了防范市场操纵。

2. 行政法规、部门规章和其他规范性文件。

《国务院办公厅关于进一步加强市场中小投资者合法权益保护工作的意见》《基本养老保险基金投资管理办法》等规定，对特定主体如上市公司、基本养老保险基金等，明确要求防范出现市场操纵行为。

《最高人民检察院、公安部关于公安机关管辖的刑事案件立案追诉标准的规定（二）》从连续交易数量、成交量占比等角度，细化了市场操纵的立案追诉标准。

在行政机关规章中，也提及了禁止市场主体利用做市交易、股票期权交易等参与市场操纵，但相关规定较为笼统。《全国中小企业股份转让系统有限责任公司管理暂行办法》《非上市公众公司收购管理办法》《股票期权交易试点办法》《证券期货经营机构参与股票期权交易试点指引》《证券公司参与股指期货、国债期货交易指引》等均禁止市场参与者实施市场操纵。此外，《证券投资基金管理公司公平交易制度指导意见》等规定，明确基金公司要防范不同基金组合之间通过同日反向交易在中小市值股票上实施市场操纵。

3. 自律管理组织规范。

上交所发布的《股票期权做市商业务指南》要求不得利用做市业务进行市场操纵等违法违规行为。《深圳证券交易所上市公司以集中竞价方式回购股份业务指引》中要求回购报告书中应当披露上市公司董监高是否存在操纵市场行为的说明等。

二、我国行政处罚中市场操纵行为监管现状

（一）证券市场操纵实施概况

市场操纵行为是我国长期存在的一个典型证券违法违规行为类型。近年来，随着对市场操纵行为的认识不断深入，我国逐渐加大了对市场操纵行为的打击力度。

下文以 2016 年至 2018 年 11 月 10 日公开的市场操纵行政处罚决定书为例，[①] 分析、总结现阶段我国市场操纵行为及其监管现状，存在如下特点：

一是近年来，市场操纵行为处罚总量越来越多，被处罚人数量攀升。从 2016 年至 2018 年 11 月 10 日通过公开渠道可得的行政处罚决定书的内容来看，市场操纵类行政处罚数量有所上升，分别为 20 件、17 件、27 件。近三年来，市场操纵处罚的人数逐渐攀升。2016 年、2017 年、2018 年（至 11 月 10 日），分别处罚了 35 人、35 人、56 人，处罚人数增长较快。

二是查处的市场操纵对象种类日渐丰富，平均操纵股价数量上升。2016 年，共有 20 个案件涉及操纵股票，占比 100%；2017 年共有 16 个案件操纵股票价格，占比 94%，另有 1 个为操纵期货价格；2018 年共有 22 个处罚决定涉及操纵股票价格，占比进一步下降为 81%，其余案件涉及操纵 ETF 和操纵国债。由此可见，随着对市场操纵行为的认识逐渐深入，在更多证券品种中发现了操纵行为。其中，在操纵股票价格处罚决定书中，被处罚人操纵个股的数量上升。2016 年，平均每个处罚决定书中被处罚人操纵的个股数量为 3.3 个，最多仅为 12 个；2017 年，操纵个股数量上升为 4.7 个，最多为 37 个；2018 年，平均操纵个股数量为 5 个，最高达到 39 个。

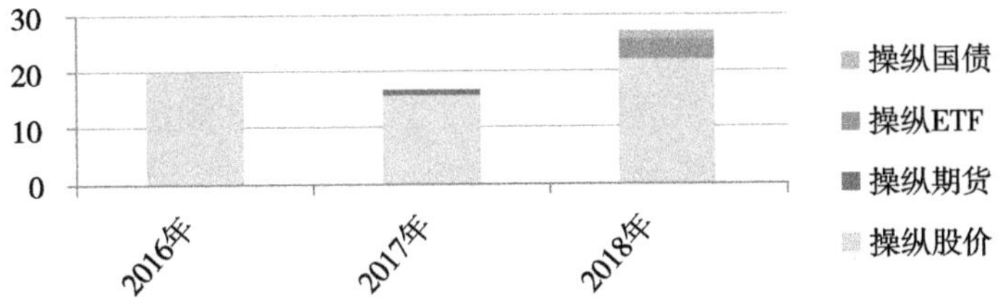

图1　2016—2018年11月10日市场操纵行政处罚操纵对象分类

三是从操纵手法上看，被处罚人利用多个账户隐藏身份实施操纵行为，所利用账户数量越来越多。以操纵股票价格的行政处罚决定为例，2016 年，每个处罚决定书中当事人平均利用 10.7 个账户实施操纵；2017 年，平均利用 14.8 个账户。到 2018 年，这一数据猛增到了 86.4 个账户，最多的一个案例利用了 461 个账户实施市场操纵行为。由此可见，行为人利用更多账户实施市场操纵行为。

① 资料来源：《中国证监会证券期货监督管理信息公开目录》，http：//www.csrc.gov.cn/pub/zjhpublic/index.htm?channel=3300/3313，最后访问日期：2018 年 11 月 10 日。

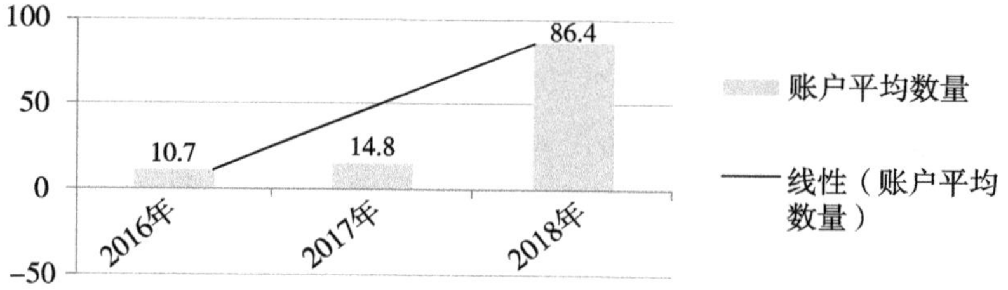

图2　2016—2018年市场操纵行政处罚账户平均数量趋势图

四是从罚没金额来看，近年来罚没金额的总额基本呈上升趋势，均值则略有下降。2016年，罚没总额达到11.38亿元，平均为3162万元；2017年，罚没总额为75.65亿元，平均24404万元；2018年11月10日，罚没总额达到75.93亿元，平均16156万元。从罚没倍数看，2016年暂无没一罚五的处罚，2017年、2018年均出现了没一罚五的情形。

（二）市场操纵监管的价值取向

前已述及，对于市场操纵监管的本质，存在降低效率说、欺诈说、滥用市场地位说等。目前，市场操纵监管主要还是对扰乱市场正常定价秩序和交易秩序行为给予处罚。其主要理由为，市场操纵行为阻碍自由市场机能和有效价格机制，抑制资本市场资源配置功能正常发挥，甚至引发系统性风险[①]。例如，2017年39号《行政处罚决定书（朱康军）》中处罚阐明，欺诈并不是证券法所规定的操纵证券市场行为的构成要件。判断是否构成市场操纵行为，以证券法的规定为依据。[②]由此可见，从现有的实践看，秩序仍是需要维护的价值观。

滥用优势地位理论，存在一定的局限性。滥用优势地位的理论可以解释在连续交易时采用拉抬等对价量产生影响的行为，也可以部分解释影响盘面信息的虚假申报等操纵手法，但是在以对倒、对敲为主的市场操纵行为中，并未涉及持股、信息、技术等方面的优势，例如国债对倒型操纵、ETF对倒型操纵中，较难用滥用优势地位理论予以解释。

而欺诈理论也较难完全解释市场操纵的全部情形。刑法或民法的欺诈，是要诱使交易对手方，基于对股价行情等的错误认识，作出非真实的意思表示。但是在证券市场上，以对倒、对敲为主的市场操纵手法中，交易对手方均为操纵者，难以说明其他投资者基于错误的认识作出了非真实的意思表示。同时，实践中，证明操纵者存在欺诈的主观故意较为困难，证明不特定的受害人投资者存在错误认识，也较

① 中国证监会:《证监会通报上半年查处操纵市场案件情况》，http：//www.csrc.gov.cn/pub/newsite/zjhxwfb/xwdd/201807/t20180706_340818.html，最后访问日期：2018年11月8日。

② 中国证监会:《中国证监会行政处罚决定书（朱康军）》（〔2017〕39号），http：//www.csrc.gov.cn/pub/zjhpublic/G00306212/201705/t20170502_316075.htm?keywords=，最后访问日期：2018年11月10日。

为困难。此外，如果构成欺诈，是否需要进一步规定赔偿责任，也是该理论仍需要解决的问题。

因此，从违规性质看，可以考虑并非僵化的单一维度切分是非黑白，而是采用更柔性、更包容的认定思路。从故意干涉市场自由交易的正常秩序的思路出发，似可以大体囊括市场操纵的本质价值追求。此种扰乱秩序，不仅包括对价量的影响，也包括违反相关法律法规、部门规章和规范性文件，甚至特殊情形下，也能够对破坏自由交易秩序的行为加以一定的解释。

（三）新型市场操纵行为类型化分析

1. 市值管理式市场操纵行为。

一方面，市值管理有利于提升公司股价，提升价值经营；但是另一方面，市值管理中也滋生以市场操纵为主的违法违规行为。近年来，越来越多"市值管理"式市场操纵行为出现。从主体特征看，不同于传统的交易型市场操纵中以二级市场交易者为主，在市值管理式市场操纵中，往往还出现了上市公司董监高、控股股东的身影。从操纵手法上看，上市公司董监高、控股股东控制信息披露节奏，同时利用信息优势采取连续买卖、在自己实际控制账户之间进行交易等方式，实现维持、提升上市公司股价，甚至是拉升股价后大股东高价减持的目的。

从公司的角度来看，市值管理中，如果大股东或董监高试图中饱私囊，则可能损害公司治理的效率。有的学者认为，大股东通过运用权力为自身牟利时，该利益超出了其应当从公司投资份额中应得的利益，对于其他中小投资者产生不公平的挤压，甚至会增加公司融资成本，损害公司融资效率。[①] 从行政处罚角度来看，有的学者认为，有足够证据证明存在名为市值管理，实为利用信息优势影响个股股价，无长期提升公司价值的行为，构成市场操纵。

2. 黑嘴荐股型市场操纵行为。

黑嘴荐股型市场操纵，是指利用影响力公开荐股造势，并在荐股前提前买入相关股票，在其他投资者根据荐股消息买入股票推高价格后，反向卖出的行为。近年来，随着计算机网络、通信方式的技术发展，通过网络、直播平台等各种媒体消息渠道发布荐股信息的行为层出不穷，其中就可能潜藏着黑嘴荐股型市场操纵行为。

对于黑嘴的认定，从行政处罚角度看，抢帽子行为构成市场操纵，主要是根据投资者现行建仓、公开荐股、反向卖出等一系列行为认定操纵行为，并非仅对公开

---

① ［英］保罗·戴维斯、沙拉·沃辛顿：《现代公司法原理》，罗培新等译，法律出版社2018年版，第665页。

荐股行为进行追责。[①] 从实践中看，对于其认定要件目前仍然存在争议，尤其对于主体范围、行为特征等有待于进一步完善。对于黑嘴行为与合法荐股之间的区分，仍然要根据行为人的交易行为予以判断。倘若荐股行为与交易行为由不同的主体作出，是否会存在认定上的困难，实践中也并未明确。

3. 库存股制度中的市场操纵行为。

2018 年 9 月，证监会推动向社会公开征求意见公司法修正案，拟对上市公司股票回购制度作出调整，并新增库存股制度。截止到 2018 年 9 月 14 日，根据媒体报道，2018 年以来，已有超过 700 家公司公告了回购股份的计划，预计累计回购金额或将超过784亿元，其中实施回购的资金达到248亿元[②]。面对如此庞大的回购需求，及时修订回购制度，确有必要。学理上认为，库存股特点为，不视为账面资产、持有数量有限、表决权和分工有特殊安排以及后续处置方面一般会采取再出售、作为员工持股计划、注销等措施。在库存股制度中，是否可能产生市场操纵行为？

考虑到上市公司买入库存股的行为可能导致股票价格上升，此时，如果动用资金量大，则可能对市场价格造成较大的影响，形成拉抬等行为。若上市公司并未按照公司估值低时回购、估值上升时卖出等逻辑操作，反而利用拉抬从中牟利，此时回购行为，可能构成市场操纵行为。又如，在上市公司回购股票作为库存股的过程中，如果回购了上市公司自行卖出的股票作为库存股，且数量较大，符合自买自卖型操纵等要件的，那么也应当认定可能存在市场操纵行为。

三、证券市场操纵制度完善建议

（一）明确市场操纵价值取向

有的学者认为，从法源角度看，法源分量要根据拘束力大小和法源谱系中的位置来定。实践中，表现为法官依据某实质理由偏离现行权威法规的难度。[③] 从前述情况看，尽管法律中规定了主要的市场操纵类型。但是证券市场日新月异，新的市场操纵类型层出不穷。对于新型市场操纵行为，原有法律法规往往存在不足以套用的问题。在此情形下，需要进一步探求市场操纵的违法性标准，才能更好地对新型市场操纵行为予以判断。

---

① 《中国证监会行政处罚决定书（廖英强）》（〔2018〕22 号），http：//www.csrc.gov.cn/pub/zjhpublic/G00306212/201804/t20180426_337343.htm，最后访问日期：2018 年 11 月 10 日。

② 《最大回购潮袭来：历史显示回购潮结束时是股市触底时》，https：//baijiahao.baidu.com/s?id=1612542364119510456&wfr=spider&for=pc，最后访问日期：2018 年 10 月 7 日。

③ 汪洋：《私法多源法源的观念、历史与中国实践——〈民法总则〉第十条的理论构造及司法适用》，载《人大复印报刊资料——民商法学》2018 年第 7 期。

因此，建议法律法规规范性文件进一步明确监管的价值取向，从而提升对于市场操纵行为的威慑性。正如前述，可以考虑将市场操纵破坏交易秩序作为认定市场操纵行为违法性的一个方面，而纳入相关规范性文件的修订之中。

（二）拓展违法违规的市值管理操纵类型

考虑到市值管理的天然属性在于提升上市公司质量从而根本提升股价价值，而非强行以操纵手法人为地提升股价，甚至控股股东中饱私囊，可以考虑对以市场操纵手法人为地扭曲市场价格、从中谋取私人利益的行为予以防范。从市值管理的角度看，按照市场操纵破坏交易违法性的角度看，如果上市公司市值管理的过程中，相关的资管机构采取了拉抬打压、虚假申报、对倒、对敲等手段，而且以影响价量为目的，此时，其行为因违反自由交易秩序，因此应当纳入市场操纵的范围。据此，可以考虑在市场操纵的具体认定范围上，纳入部分涉嫌违反证券市场自由交易秩序的市值管理行为。

（三）完善库存股防范市场操纵的制度

为了防范上市公司市场操纵行为，避免库存股制度沦为上市公司董事会谋取利益的工具，可以考虑从库存股制度本身及市场操作相关规定入手。一是细化交易方式、时间、价量等。可以考虑避免在开盘集合竞价和收盘集合竞价期间实施回购，以防止操纵开盘价和收盘价等。二是明确库存股的后续处置。2018 年公司法修正案中，仅对库存股作出了库存期限不超过三年的规定。建议后续明确库存股采取纳入员工持股计划、注销或者再次出售等措施。三是细化上市公司作为回购交易中市场操纵处罚对象的责任承担模式。对于实施操纵行为的上市公司董监高和控股股东之外的主要负责人，也可以考虑纳入相关的责任主体范围。

（四）细化黑嘴荐股型市场操纵行为的认定标准

为了提高黑嘴荐股型市场操纵行为的打击力度，一是建议进一步细化对于黑嘴行为的认定标准，明确其主体为实施了荐股、操纵行为并影响价量的一般主体。二是加强投资者教育，提醒广大中小投资者理性投资，不信谣传，提高投资者的防范意识。

金融扶贫的法制推进

法律视角下金融精准扶贫现状与完善

——基于实地调研的思考

曾 曾 库娅芳等①

随着精准扶贫政策的落地，我国贫困人口总数从2012年的9899万人减少到2018年的1660万人②，如何确保全部人口脱贫以及脱贫的可持续性成为当前扶贫的重大命题与重要任务。相较于财政扶贫，金融精准扶贫是通过信贷、保险等金融手段向贫困地区的贫困人群投放各种金融服务产品，以满足生产型金融产品需求，促进我国农村贫困地区“造血式”扶贫工作模式的持续、稳定发展，提高贫困人群自我脱贫的能力与意识，从根本上彻底扭转贫困地区落后经济面貌的新兴扶贫方式③。

但鉴于农村金融扶贫体系的庞杂和法律关系的错综复杂，目前对我国金融精准扶贫模式进行普遍性研究的文献有所欠缺，尤其针对金融扶贫法律体系中金融市场的构建和规制、扶贫金融风险控制、保障措施不完善等法律问题鲜有全面深入的研究，绝大多数研究集中于某一部分或某一省份的金融扶贫手段，欠缺对全国金融精准扶贫模式的系统性分析。因此，本文根据各省市的线上调研及湖南省、河南省实地调研的实证分析，梳理我国金融精准扶贫的现存问题，探讨相关法律构建的意义与基础，为我国金融精准扶贫法律制度的完善提供建议。

---

① 本文为上海市大学生挑战杯二等奖项目，项目组成员曾曾、库娅芳、陈沛、陈超俊、陈天旸均为华东政法大学经济法学硕士研究生，林泽昕为华东政法大学诉讼法学硕士研究生。

② 中国人大网：《全国人民代表大会常务委员会专题调研组关于脱贫攻坚工作情况的调研报告》，http：//finance.sina.com.cn/china/2019-02-27/doc-ihrfqzka9649111.shtml，最后访问日期：2019年3月23日。

③ 新华社：《中共中央、国务院关于打赢脱贫攻坚战三年行动的指导意见》，http：//www.gov.cn/zhengce/2018-08/19/content_5314959.htm，最后访问日期：2018年8月12日。

一、金融精准扶贫现状

2013 年 12 月，《〈关于创新机制扎实推进农村扶贫开发工作的意见〉的通知》（中办发〔2013〕25 号）首次将“精准扶贫”写入中央文件，提出建立六大工作机制助力贫困人口脱贫，其中包括改进贫困县考核机制、建立精准扶贫工作机制、健全干部驻村帮扶机制、改革财政专项扶贫资金管理机制、完善金融服务机制、创新社会参与机制等内容。同时，该文件还提出，在完善金融服务机制方面，应当着重关注基础设施建设、扶贫贴息贷款政策以及农业保险等方面。这是施行金融精准扶贫的第一份中央文件的依据。随后，《中共中央关于制定国民经济和社会发展第十三个五年规划的建议》、《第五次全国金融工作会议通稿》、党的十九大报告、《中共中央、国务院关于打赢脱贫攻坚战三年行动的指导意见》等文件对金融精准扶贫作了进一步的详细规定，如建设普惠金融体系，鼓励发展绿色金融；鼓励和引导商业性、政策性等各类金融机构加大对扶贫开发的金融支持；[①] 加强扶贫再贷款使用管理，优化运用扶贫再贷款发放贷款定价机制等。[②]

目前，多数省市已形成了具有当地特色的金融精准扶贫模式，各地模式的主要金融形式、主要参与者、基本运作结构以及各参与主体之间的基础关系之间存在一定共性。

（一）金融精准扶贫形式——以金融借贷为主

各省金融精准扶贫形式可分为直接金融形式的证券融资和间接金融形式的借贷、基金以及保险两类（图 1），主要投资领域为产业、基础设施建设、异地搬迁、教育、旅游等。其中，各地所推广的特色产业是各类金融产品最主要的投资领域。

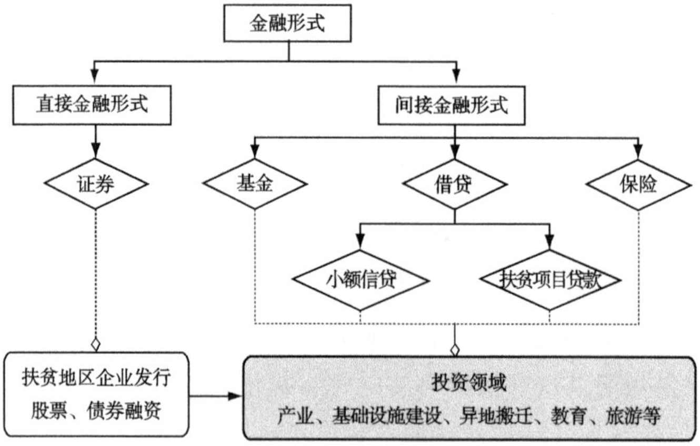

图1　金融扶贫主要形式与投向

---

① 参见《中共中央关于制定国民经济和社会发展第十三个五年规划的建议》。

② 新华社：《中共中央、国务院关于打赢脱贫攻坚战三年行动的指导意见》，http：//www.gov.cn/zhengce/2018-08/19/content_5314959.htm，最后访问日期：2018 年 8 月 12 日。

间接金融形式中扶贫金融借贷主要包括小额信贷和扶贫项目贷款。金融机构采用“免抵押免担保 + 财政贴息”的方式对建档立卡的贫困户发放小额贷款，并要求贫困户只能将贷款用于产业发展。有些省还设立了扶贫基金，包括产业扶贫基金和风险补偿基金，产业扶贫基金对各省贫困地区的产业发展进行投资①，风险补偿基金和保险对信用、产业以及贷款等的损失提供补偿。直接金融形式方面，自 2016 年 9 月证监会《关于发挥资本市场作用服务国家脱贫攻坚战略的意见》出台后，各省证券机构亦开始逐步利用多层次资本市场帮助贫困地区企业进行融资，主要通过 IPO 保荐、新三板股权融资、帮助企业发行债券以及提供财务顾问等方式，为贫困地区企业提供投融资服务②。

表1　各省金融精准扶贫主要形式

金融精准扶贫形式	内容	省市
扶贫小额信贷	为建档立卡贫困户获得发展资金而量身定制的扶贫贷款产品，主要是为贫困户提供 5 万元以下、3 年以内、免担保免抵押、基准利率放贷、财政贴息、县级建立风险补偿金的信用贷款。	河南省、广西壮族自治区、湖南省、黑龙江省、吉林省、贵州省、山西省、重庆市、安徽省、青海省
金融产业扶贫	通过引进龙头企业、组建专业合作社，提供融资支持，集中力量发展当地特色产业，通常采用“公司 + 合作社 + 农户”的方式，让贫困户参与其中，收获红利，最终脱贫致富。	河南省、广西壮族自治区、湖南省、黑龙江省、吉林省、贵州省、山西省、重庆市、安徽省、青海省
金融机构扶贫	主要是开发性和政策性金融机构，利用自身定位和优势，在协助开展扶贫小额信贷以及金融产业扶贫的同时，大力开展脱贫规划、基础设施建设、异地搬迁以及教育培训等扶贫工作，并指导各地方分行支持扶贫开发。	河南省、广西壮族自治区、湖南省、黑龙江省、吉林省、贵州省、山西省、重庆市、安徽省、青海省
互联网金融扶贫	将传统的金融精准扶贫项目与互联网相结合，利用互联网技术和信息通信技术实现资金融通、支付、投资和信息中介服务的新型金融业务模式。	湖南省、广西壮族自治区、河南省、吉林省、山西省、安徽省、青海省

（二）金融精准扶贫主要运作结构——以金融机构为核心

根据调研所获资料可见，在各级政府的支持促进下，银行等金融机构是金融精准扶贫的核心，扶贫企业、专业合作社等扶贫经济组织以及贫困户是金融扶贫的主

① 中国经济网:《切实发挥金融在产业扶贫中的作用》，http：//tuopin.ce.cn/zg/201808/02/t20180802_29919637.shtml，最后访问日期：2018 年 9 月 20 日。

② 《证监会：贫困地区企业两年融资超 1600 亿元》，http：//www.xinhuanet.com/finance/ 2018-10/19/c_129975178.htm，最后访问日期：2019 年 2 月 18 日。

要参与主体（图 2）。

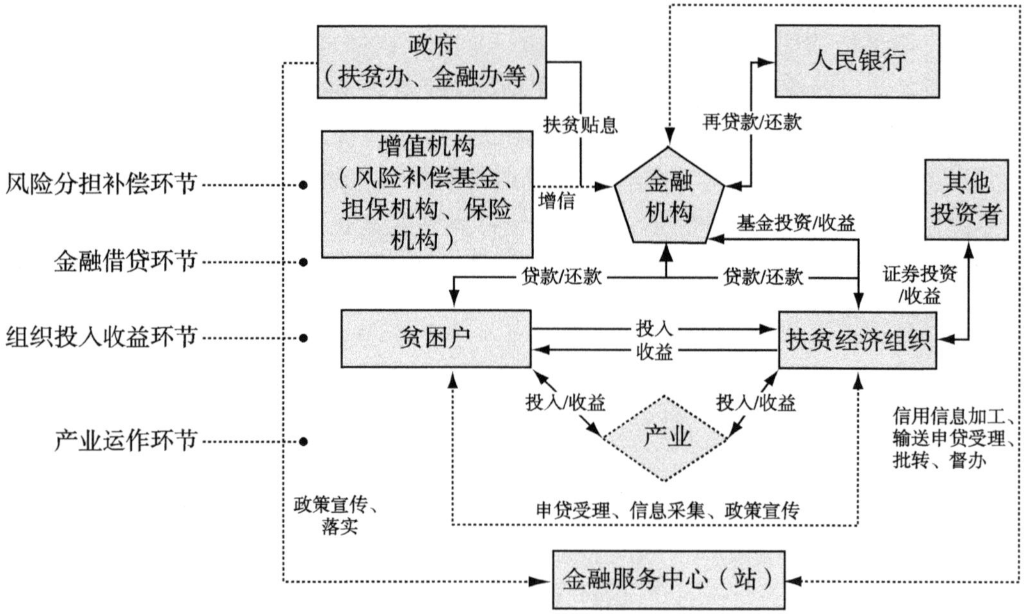

图2　金融精准扶贫参与主体与主要运作结构

政府是金融精准扶贫的引导、支持以及监管主体，各级政府在本行政区内统筹协调金融精准扶贫工作，识别核查贫困户和扶贫经济组织的资质，引导鼓励各类市场主体参与金融精准扶贫，并为金融精准扶贫贷款提供贴息。

表2　各级政府金融精准扶贫主要职责①

中央政府	制定与扶贫相关的政策、方针，在准入、监管、财政、税收等方面给予金融机构政策支持；负责各类扶贫资金的分配与管理；负责配合区域重大基础设施建设。
省级政府	落实国家扶贫工作的政策、方针；制定省级扶贫开发工作规划；协调本地扶贫资金的分配与管理；负责本地跨区域基础设施建设。
市县级政府	制定本级扶贫开发与规划，落实扶贫开发相关政策，落实辖区内基础设施建设和贫困乡村市政设施建设，支持辖区内特色主导产业的发展。

金融机构为贫困户和扶贫经济组织提供贷款发展产业，贫困户将贷款用于发展产业或投入扶贫经济组织发展产业，部分扶贫经济组织和扶贫产业还可通过基金、证券获得融资；中国人民银行亦为部分金融机构提供再贷款服务。

① 根据中国农村扶贫金融体系建设调研组《中国农村扶贫金融体系建设调研报告》资料整理，http：//www.financialnews.com.cn/zq/xw_92/201511/t20151130_87956.html，最后访问日期：2018年8月16日。

表3 金融机构扶贫支持领域①

机构类型	数量	角色
政策性银行	较多	重点支持基础金融设施建设、特色主导产业
国有大型银行	一般	重点支持特色主导产业中的大型龙头企业，为贫困户提供信贷服务
地方商业银行	一般	
农村商业银行 / 农村信用社	较多	重点支持特色主导产业中的中小型龙头企业，为贫困户提供信贷服务
保险公司	一般	为特色主导产业、贫困户提供保险服务
证券、证券投资基金、信托	少	支持贫困地区企业、农业龙头企业借绿色通道上市、发行企业债融资
小微金融机构	较少	为特色主导产业、贫困户提供小额信贷服务
互联网金融	较少	
NGO 组织	少	为贫困户提供小微型信贷服务，组织民间资本交易服务平台
民间金融	少	

各地建立的金融服务中心、服务站则是金融精准扶贫的中间服务主体，为贫困户与金融机构之间的沟通，提供信用评级、贷款还款、结算、数据采集等服务；保险、担保机构与政府建立的风险补偿基金是金融精准扶贫的风险分担补偿主体。

（三）金融精准扶贫得到各地政府的支持促进

1. 优惠激励措施。

各地均对金融精准扶贫采取了一定的优惠激励措施，如分别在小额信贷、产业扶贫、财政贴息等方面给予一定的税收优惠或奖励政策。具体包括扶贫小额信贷的免抵押、免担保、政府增信、扶贫再贷款；扶贫财政贴息、财政投入；对扶贫产业的政策支持。经实地调研发现，政府在金融精准扶贫中对金融机构实施激励约束的效果优于直接把扶贫资金补贴给贫困户，政府对金融机构实施激励约束政策能有效地解决金融机构参与金融精准扶贫的持续性差、动力不足等问题。

表4 各地金融扶贫激励措施

激励措施	主要内容	省市
抵押、担保优惠措施	对小额信贷提供抵押、担保方面的优惠，如山西省、重庆市提出免抵押、免担保的扶贫小额信贷	安徽省、广西壮族自治区、山西省、重庆市

① 根据中国农村扶贫金融体系建设调研组《中国农村扶贫金融体系建设调研报告》资料整理，http：//www.financialnews.com.cn/zq/xw_92/201511/t20151130_87956.html，最后访问日期：2018年8月16日。

续表

激励措施	主要内容	省市
财政贴息、财政投入	对扶贫项目贷款及小额信贷进行一定程度的财政贴息补助	广西壮族自治区、河南省、湖南省
政府增信、扶贫再贷款	采取政府增信模式，对有经营能力且有贷款意愿的贫困户，通过多户联保、包保干部担保等方式发放贷款；中国人民银行对扶贫贷款机构发放扶贫再贷款[①]	吉林省、湖南省
产业支持	支持贫困地区企业上市，带动招商引资，对产业扶贫主体重点支持，培育发展新型农业经营主体，对扶贫产业进行政策支持	安徽省、贵州省、河南省、湖南省、四川省

2. 服务保障体系建设。

（1）金融精准扶贫服务中间机构。一些地方出台制度规范提出建设“金融扶贫服务站”的指导性意见，具体工作内容则主要聚集在开展扶贫小额信贷、金融知识宣传等方面。部分地区在金融服务站工作方面有突出表现。

表5　金融扶贫服务站主要特色

省份	特征
贵州省	贵州省依托大数据技术，发展了具有特色的“助农脱贫流动服务站”。
湖南省	湖南省 2016 年年初出台《金融扶贫服务站建设工作方案》，在全省 8000 个贫困村全面开展金融精准扶贫服务站建设，每个服务站由一家银行为主联系对接。截至 2017 年 8 月，全省站点数达 6665 个。服务站主要开展扶贫小额贷款、贫困户信用等级评估、扶贫产业对接、建立金融精准扶贫信息库等综合性金融服务。[②]
河南省	河南省整合县乡村和金融机构的力量，“三级联动、政银融合”，着眼于弥补农村金融服务短板，成立县服务中心、乡服务站、村服务部的三级金融服务网络，明确了各司其职、衔接有序的制度和流程，着力解决了“谁来管贷款”的问题。

（2）风险补偿与分担。一些省市建立了风险共担缓释机制并设立了风险补偿基金。风险共担缓释机制，即对于建档立卡贫困户和带贫企业或农业经营主体的贷后风险，政府设立的风险补偿金与合作银行、农信担保、担保集团再担保按照相应的比例分担。风险补偿基金，即通过制定产业扶贫风险补偿基金管理使用办法，由各地县财政局财政专户直接拨付至省农信担保在合作银行开立的专用账户，用于对

① 参见《湖南省脱贫攻坚工作手册》。

② 参见刘新光、曹平苹：《金融精准扶贫的湖南轨迹》，http：//www.financialnews.com.cn/ncjr/jrfp/201712/t20171207_129180.html；雷丽娜：《湖南省出台〈金融精准扶贫规划（2016—2020）〉》，http：//www.gov.cn/xinwen/2016-08/11/ content_5098796. htm，最后访问日期：2018 年 8 月 18 日。

省农信担保开展担保业务的风险补偿，明确界定了启动风险补偿金的条件及分担比例，化解贷款损失。

（3）信用体系建设。各省在金融精准扶贫的过程中积极进行信用体系建设，开展各类农户征信、涉农主体信用信息采集和评级工作。例如，安徽省亳州市建立联合征信系统网络，将信用数据库直接应用于贫困户信贷审批，有效提升了贷款发放效率。广西壮族自治区依托“农金村办”平台，积极开展征信和金融知识宣传，推动信用户、信用村、信用乡、信用县的“四级联创工作”。河南省卢氏县按照“三好三强”（遵纪守法好、家庭和睦好、邻里团结好，责任意识强、信用观念强、履约保障强），“三有三无”（有劳动能力、有致富愿望、有致富项目，无赌博、吸毒等不良习气，无拖欠贷款本息被列入黑名单记录，无游手好闲好吃懒做行为）等144项定量指标，建立农户信用信息数据库，进行农户信用等级评价和纯信用贷款分级，并实行信用动态管理。各地扶贫信用体系的构建，为金融精准扶贫取得实效和风险防范打下了良好的基础。

二、金融精准扶贫的现存问题

金融精准扶贫在取得一系列成就的同时也存在一定不足，如金融精准扶贫的模式容易受到自然环境、贫困户意愿、经济组织能力等条件制约；金融机构内部程序繁复不一、各地支持协调政策有异，导致金融扶贫发展极不平衡；特别是金融扶贫除有一般金融业务的风险外还有些特有风险，在金融扶贫风险面前各主体的权利义务责任尚未明确；保障各方主体权益不受损害的相应制度缺乏，政府的监管机制尚不健全等。

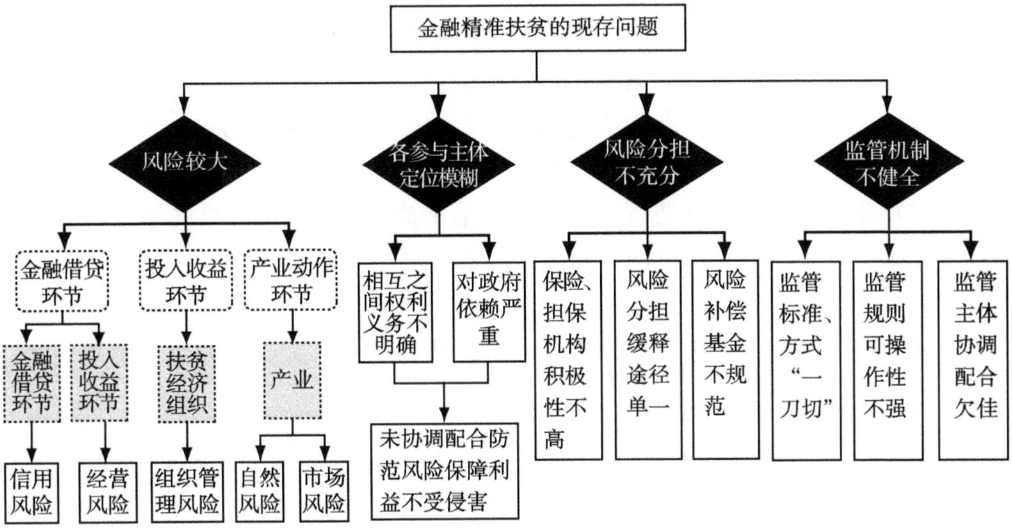

图3 金融精准扶贫的现存问题

（一）金融精准扶贫的风险

1. 金融借贷环节的信用、经营风险。

目前，农民信用意识较薄弱，组织化程度低，存在故意逃避贷款债务的现象。而且，农业生产与一般金融产品相比有较大的不确定性，若遇到自然灾害或经济波动，农户和经济组织的信用风险则大大增加。

金融机构为追求高利润，减少对贫困型客户和收益较低的扶贫产业的金融资源配置，严重影响到农村金融赖以存在的经济基础和社会环境。许多农村金融机构还有内部管理制度不完善、内控机制不健全、工作人员的道德素质和业务能力欠佳等情况，导致金融机构内部操作失误和经营风险的加大①。

2. 投入收益环节的组织、管理风险。

扶贫经济组织对产业的运作缺乏专业的管理技术人员，产业结构不成熟、经营产业的能力和抵抗风险的能力偏弱；对组织的管理，尚未有健全的规章制度、透明的财务会计制度和民主管理机制，以致规范化程度不高，与贫困户等投资者的利益联结机制未能妥善构建②。部分经济组织还利用规范漏洞，不当使用扶贫资金和金融资源，有谋取高风险、投机性利益的倾向。

3. 产业运作环节的自然、市场风险。

贫困地区多处于交通不便、土地贫瘠、资源缺乏、环境恶劣的偏远地带，产业发展与持续性运营所面临的自然风险较普通地区更为严重③。而且，农业是金融扶贫的主要产业，其高度依赖自然环境和自然条件，在人类控制自然环境和自然灾害能力有限的情况下，农业所面临的自然风险远远高于其他产业。

（二）金融精准扶贫各参与主体定位模糊

目前，协调金融精准扶贫各主体工作的主要依据是政府政策。虽然政策包含金融精准扶贫的各项工作，但对参与主体的具体权利义务与责任规定得较为笼统。例如，在金融借贷关系之中，未明确承贷主体的金融权利和义务；扶贫经济组织各类利益联结机制中成员与组织之间信息不对等，对于产业和组织的运作管理和收益分配等方面的权利义务规定得亦较为笼统；政府扮演着重要的管理和控制角色。政府有限的行政和财政资源以及政府对市场的过多干预不仅无法有效防控金融扶贫各环节风险，亦会阻碍金融扶贫市场的灵活运转与发展。

（三）金融精准扶贫风险分担不充分

在风险分担方面，各市场主体过于依赖政府力量，自我防控解决力量较弱，如

---

① 任会朋:《农村中小金融机构操作风险的成因与分布特征》，载《商业经济研究》2015 年第 5 期。

② 李景波、佟国光:《农业保险的信贷支持效应分析》，载《农业经济》2011 年第 9 期。

③ 例如，课题组前往的河南省卢氏县，地处河南省、山西省交界的偏僻边缘深山区，人口与耕地面积少、自然条件恶劣，又是重要的军工制造区，难以引进外资，因而产业发展慢，脱贫难度大。

扶贫产业及对象的选择、不良贷款清收、经营损失填补均需要依靠政府财政、人力支持。从长期来看，风险分担与缓释的途径不够多样。尽管现在多地积极引进担保、保险公司以分散风险增加信用，但担保、保险机构亦因上述风险需承担较大的压力，参与金融扶贫的积极性不高。政府所建立的风险补偿基金亦存在一些问题。由于各地风险基金的补偿流程不一致，实际操作细则不明确，而且风险补偿工作涉及县扶贫办、财政局等多个部门，审批程序较烦琐，流程较长，使风险补偿难以及时落实到位[①]。

（四）金融精准扶贫监管机制不健全

监管主体对农村经济、金融环境不熟悉，常采用城乡、大小、贫富“一刀切”的监管标准和方法[②]。与此同时，监管规定趋于政策性，各监管主体具体职责尚不明确，使监管规则可操作性不强。再者，各监管主体的相互协调欠佳。在横向监管层面，由于金融扶贫各机构有其自身的管理权限和利益，相互之间的组织领导与协调配合存在一定难度。在纵向监管层面，由于村落分散，对于贫困户、相关组织和产业项目情况的审查监管工作无法集中进行，需要耗费大量人力；而且监管需层层下放，链条过长会影响监管的精准度与落实情况；各大银行有其各自的管理规定和评价标准，信用评价等体系不统一，使中国人民银行难以集合发挥各大银行的力量。

三、法律对金融精准扶贫的促进及保障

（一）法律对金融精准扶贫的促进与保障

当前我国金融扶贫制度的主要法律渊源为农业法、乡镇企业法等，国务院行政法规，中国人民银行、银保监会的部门规章以及中共中央国务院的政策性文件。当前金融精准扶贫制度政策性浓厚，但政策有其局限性，规定较为笼统，可操作性不强，在实际执行中易被地方政府误解或有意规避，违背政策目标。而且，政策具有不确定性和易变性，强制力和约束力较弱，执行效果受到影响。政策性金融扶贫亦会导致其运作和发展主要取决于当地政府的态度，当地政府则容易将金融精准扶贫当作一时的政策尝试，而非长期、可持续性发展的形态[③]。另外，由于缺乏上位法的统领，金融精准扶贫各规定效力层级较低，且分散零落、相互之间缺乏协调，各级政府和各部门工作相互之间难以协调配合，影响金融精准扶贫的有效运行与实施效果[④]。

---

① 黄朱文、张敏：《扶贫小额信贷风险补偿机制亟待完善》，http：//www.financialnews.com.cn/ncjr/jrfp/201803/t20180329_135643.html，最后访问日期：2018 年 8 月 17 日。

② 中国农村扶贫金融体系建设调研组：《中国农村扶贫金融体系建设调研报告》，http：//www.financialnews.com.cn/zq/xw_92/201511/t20151130_87956.html，最后访问日期：2018 年 8 月 17 日。

③ 王煜宇、邓怡：《农村金融政策异化：问题、根源与法制化破解方法》，载《西南大学学报》（社会科学版）2017 年第 2 期。

④ 谭正航：《我国农村金融扶贫法律制度的变迁、检视与创新》，载《理论导刊》2016 年第 6 期。

法律制度具有完整性、可操作性和实用性，可以防止执行者为了自己的利益而变通执行或虚假执行①。法律制度还具有明确性、稳定性和连续性，一旦出台就不会被随意变更，避免执行者处于无法预期的状态，从而提高执行者的积极性以及执行过程的可操作性。而且，法律制度是以国家强制力为后盾，违反法律规定所要承担的法律责任对各主体具有较强的约束力②。一套完整的金融扶贫法律制度体系还能使各具体法律制度相互协调相互配合，确保执行效果。此外，法律制度主要通过明确规定各主体的权利义务或职权职责，影响各主体的行为动机，规范各主体的行为方式和过程，进而实现立法目的。其他国家在金融扶贫领域亦是非常重视法律制度的构建，如美国的《联邦农场信贷法案》，德国的《德国合作银行法》，日本的《日本农林中央金库法》等都是对金融扶贫领域（高法律效力位阶）的制度构建。相反，印度等国家的金融扶贫运作未受到较强的法律约束，导致金融机构不断扩张，高回报吸收商业资本，恶性竞争，诱导穷人过度贷款。印度小额金融最兴盛的城市——安德拉邦在 2010 年 10 月爆发信贷违约危机后，安德拉邦政府紧急颁布了临时法令《小额金融机构（贷款监管）令》。因此，构建一个完备的法律制度对我国金融精准扶贫的发展具有重要意义③。

（二）孟加拉金融扶贫经验对我国的启示

孟加拉乡村银行（GB）由经济学家穆罕默德·尤努斯教授创立于 1983 年，主要向贫困农民提供存款、贷款、保险等综合业务，现为世界规模最大、效益最好、运作最成功的小额贷款金融机构④。GB 实行“小组 + 中心 + 金融机构工作人员”的贷款管理模式，实行短期借贷、每周本息还款的贷款回收机制，贷款回收率高达 99.96%，实现营利性和社会性的综合效益最大化。

尽管我国与孟加拉的基本国情不同，但在金融扶贫方面，孟加拉的小额贷款经验仍能为我国金融精准扶贫，尤其是小额信贷的发展，提供一些启示。一是准确将服务群体定位为农民、小微企业、低收入居民等，严格审查贷款人的“个人信用度”和贷款用途，从而实施有针对性的风险管理体系；二是实施有效的风险管理机制，建立贷款成员相互担保、总部直接管控到田野调查等制度，不片面追求单笔数目较大的贷款金额，而是采取先小额再逐步递增的授信模式；三是降低管理成本，

---

① 王煜宇、邓怡：《农村金融政策异化：问题、根源与法制化破解方法》，载《西南大学学报》（社会科学版）2017 年第 2 期。

② 王煜宇、邓怡：《农村金融政策异化：问题、根源与法制化破解方法》，载《西南大学学报》（社会科学版）2017 年第 2 期。

③ 何光辉、杨咸月：《印度小额信贷危机的深层原因及教训》，载《经济科学》2011 年第 4 期。

④ 《孟加拉发展小额信贷业务的经验、启示及建议》，http：//www.waterinfo.com.cn/news_5/wai/201703/t20170306_8206.htm，最后访问日期：2019 年 4 月 5 日。

通过中心会议和执行小组会议制度，要求贷款人自身组成的群体初步审核贷款信息，并且总部直接控制信息系统，降低人力管理成本；四是重视贷款文化建设，金融机构加强对信贷员的培训和对贷款人的教育，不仅定期检查项目落实和资金使用情况，还要组织成员学习贷款规则，加强贷款人的还款意愿和能力①。

四、法律促进金融精准扶贫完善

（一）金融精准扶贫整体制度构建

整体制度的纵向构建要有高位阶效力的金融扶贫基本法律设计，在基本法律明确、统一的规定下，各部门和各级政府立法相互协调，通过规定办法等，逐层细化金融扶贫各项规范要求。上级政府应对共性、基础问题统一规范，并在分配协调好各部门、各级政府职责的基础上，给予下级政府更多自主权。下级政府和部门可以根据当地实际情况，因地制宜安排有针对性的规范设计，形成自上而下系统规范、有针对性及可操作性的制度安排（图 4）。

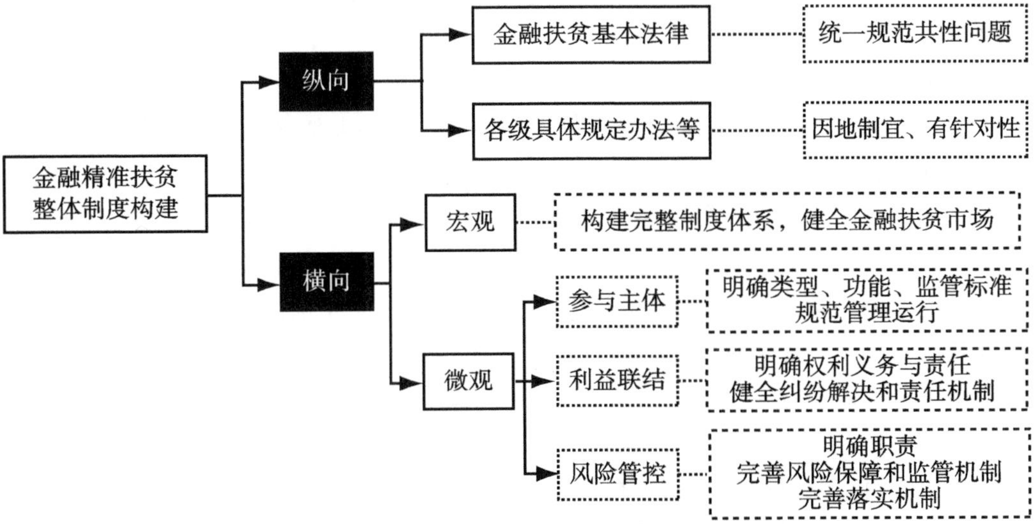

图4　金融精准扶贫整体制度构建

对于整体制度的横向构建，在宏观方面，要构建涵盖金融扶贫参与主体，交易联结，支持促进，监管防范等完整的制度体系，健全扶贫金融市场，充分发挥金融借贷、证券、基金等各种金融形式的作用。在微观方面，对于各参与主体本身，要明确政府的职权和职责以及其他各参与主体的类型和功能；统一明确各主体资格准入、审查、评价等标准；规范各类金融扶贫参与机构和组织的管理运行方式，完善

① 《孟加拉发展小额信贷业务的经验、启示及建议》，http：//www.waterinfo.com.cn/news_5/wai/201703/t20170306_8206.htm，最后访问日期：2019 年 4 月 5 日。

各组织机构的内部制度安排。对于各参与主体相互之间的利益联结，要明确各主体相互之间的权利、义务与责任，健全纠纷解决和责任机制。对于各金融运作环节风险的管控，要完善风险保障与监管机制，明确各类和各级监管主体的监管职责，协调好各监管主体的工作，并完善和落实追责机制。

（二）金融精准扶贫主体法律地位规范

1. 政府。

政府的角色定位直接关系到扶贫的成效，现阶段政府主导仍然是金融扶贫的主要特征。但不同于财政扶贫中政府作为单一的义务主体，金融扶贫中政府扮演的更多是引导、协调和监管者的角色。从政府职权的纵向配置来看，我国已形成“中央—省级—市县级”三级政府扶贫体系，各级政府在本行政区内统筹协调金融扶贫工作，引导鼓励监管各类市场主体参与金融扶贫。从横向配置来看，金融办、扶贫办、中国人民银行、银保监会、财政部门等承担具体工作职责，农业、水利、交通、卫生等部门在各自的职责范围内配合工作。在政府与外部主体的关系中，政府通过“政银合作”“政融合作”等方式与其他主体共同分担风险损失，合作各方需要制定风险补偿基金管理使用办法。

2. 金融机构。

（1）贷款类金融机构。在金融借贷关系中，金融机构需要履行落实扶贫政策、发放贷款、提供多样化金融产品等义务。金融机构在符合各项法律规定和标准的基础上享有一定的自主权，可制定内部管理审核方式、程序，创新金融模式，对不同金融产品进行差异化管理等。金融机构在发放贷款时享有信息知情权与调查权，有权了解借款人的资信情况、资产情况、家庭成员等，对于信用不佳的贫困户，有权要求其对贷款资金提供一定的风险担保，甚至可以行使拒绝权。在贷款使用中，金融机构还享有监督权，在项目未规范运作等风险较大的特殊情况下有权提前回收贷款。对于不良贷款，设定贷款熔断机制，如卢氏县“凡行政村贷款不良率超过 5% 的，全县所有金融机构停止对该村授信和贷款发放；若一个乡镇 30% 的村被熔断，全县所有金融机构停止对该乡镇授信和贷款发放”，以此防止不良贷款、恶意欠贷现象的发生[①]。

（2）保险、担保机构。保险、担保机构作为金融扶贫风险分担主体，应当与金融机构、贫困户、经济组织等相关主体签订完整的保险、担保合同，有权就有关主体自身情况、项目风险情况询问合同相对方，相对方应尽到如实告知义务。保险、担保机构应适当提高风险容忍度，但有权追踪、监督保险、担保标的的有关情况。被保险人，被担保人应尽到合理、规范运作保险、担保标的，维持保险、担保标的

---

① 《关于印发卢氏县金融助推扶贫机制风险补偿基金管理等五个办法（试行）的通知》，http：//www.lushixian.gov.cn/show-106-4214-1.html，最后访问日期：2018 年 8 月 17 日。

的价值的义务。如果损失的发生是由被保险人、被担保人等相关主体的恶意或重大过失所导致——如金融机构未按规定、流程审查承贷主体资格和资金使用情况；承贷主体恶意、违规运作产业——保险、担保机构有权减少或不予承担金融机构的贷款损失后果和承贷主体的产业损失后果。若在损失发生前，保险、担保机构合理预期该相关主体的不当行为将导致保险、担保标的的重大损失，保险、担保机构有权解除合同。为了防止保险、担保机构随意解除合同，损害其他扶贫参与主体的利益，保险、担保机构应上报有关监管部门，由监管部门对保险、担保机构的解除事由进行审查。

3. 贫困户与扶贫经济组织。

对于作为贷款申请人的贫困户和扶贫经济组织，其享有依法申请贷款的权利，只要符合法律规定，金融机构不得拒绝。贷款申请人有权了解金融扶贫借贷规则和优惠政策，有权熟悉贷款条件与流程，并享有提前还贷、申诉与起诉等方面的权利。但贷款资金不同于无偿的财政拨款，贷款使用人须按金融机构的要求如实提供与其申请贷款服务相关的必要信息；在贷款资金使用过程中，需按合同约定将贷款用于特定目的，配合信贷机构的后续跟踪回访，并按期还本付息。

在投入分红环节中，贫困户将其贷款资金、土地使用权、农用产品设备等作价投入经济组织，由扶贫经济组织统一运作产生收益。贫困户与扶贫经济组织应明确签署协议，贫困户承担出资等义务，享有获取股息、分红等权利，并对组织的管理经营和产业运作享有知情权与监督权，有权任免主要管理人员。扶贫经济组织享有对资金、实物、土地等使用权，同时也应为投资者的利益承担忠实勤勉运作项目、资金，如约派息分红等义务。

（三）风险防范制度设计

1. 完善信用体系建设。

完善信用体系建设，一是要搭建贫困户信用信息共享平台。与扶贫部门的贫困户建档立卡信息进行对接和共享，协同政府部门在有条件的县（区）、乡镇设立贫困户综合信用信息中心。二是要建立专门针对贫困户的信用评价指标体系。健全政府有关部门、金融机构等多方参与的贫困户信用等级评价制度，统一各金融机构对金融扶贫的信用评价标准。三是要引导金融机构对贫困户实施贷款流程再造，指导商业银行针对不同贫困户信用状况在制度和产品服务上进行创新，通过贷款流程再造，为贫困户重获信用和贷款扶持提供渠道。四是要推进信用户、信用村、信用乡镇、信用县建设，对于信用建设较好的乡镇实行优惠利率、优先贷款、优惠额度等一系列优惠办法。将贫困农民的信用与集体信用直接挂钩，对个人信用建设形成良好的激励机制。

2. 增加风险补偿与分担。

健全扶贫金融风险和补偿机制要联合发挥财政、担保、保险和信贷的作用，四者按照一定比例分担风险。应引进多种形式的保险、担保方式，规范扶贫金融保险、担保产品设计，完善金融扶贫再担保和再保险机制，以降低保险、担保机构的风险。政府应完善风险补偿基金，建立规范、统一的风险补偿流程、范围与标准。为减少当地政府的财政压力，各级政府可建立各层级风险补偿基金池①。风险补偿基金还可吸收一些大型企业、社会团体和个人捐款资助等社会资金，扩大风险补偿资金来源渠道，实现风险补偿基金规模与信贷增长及其风险补偿需求相匹配②。

3. 完善风险监管制度。

一是金融借贷环节的监管。在金融扶贫工作中，精准识别融资贷款主体，完善借贷准入标准和审查流程，严格对还款能力和贷款风险的评估和控制。为了确保贷款资金用于合理的产业发展，建议完善贷款对象行业推荐、贷前调查联合开展和贷款发放限时办理的快速决策机制。由组织、农牧、旅游等行业主管部门在收到贷款对象申请后进行初步审查，符合扶贫条件的予以推荐，贷前由担保公司与合作银行联合调查，各县（区）基层党组织和村级信用协会要协助行业主管部门、担保公司、合作银行做好产业扶贫贷后协管、贷款使用、失信曝光等工作③。而且，要规范服务中间机构的建设。建议人民银行应对建设运营情况开展专项督导，中国人民银行会同省扶贫办对金融服务站的工作进行定期和不定期考核④。另外，要完善金融机构内部管理运作机制和外部监管机制，限制金融机构的投机性目的，确保金融机构合法运作金融扶贫产品，并将扶贫金融资源投入符合要求的扶贫产业，不损害有关主体的金融权利。

二是投入收益环节的监管。规范各扶贫经济组织的管理结构，健全内部规章制度、财务会计制度和民主管理制度，完善与贫困户、金融机构的利益联结关系，确保投资者的收益、管理、监督等各项权利，明确主要组织管理人员、产业管理人员的资格和职责，并健全对各类组织管理人员行为的内部与外部监管机制和追责机制，以防其不当使用扶贫资金和金融资源，侵害投资者的利益。

三是产业运作环节的监管。对于金融扶贫产业项目的选择，政府应根据当地的自然、地理、经济等情况制定金融扶贫产业的选择标准和审查流程，确保产业的安全可靠。在产业运作过程中，政府和金融机构要定期追踪、审查产业运作情况，若发现产业发展不理想或风险较大，应及时暂停产业运转和金融投资，各审查主体根

---

① 段爱明:《金融精准扶贫中的几个难点及对策建议》，载《金融经济》2018 年第 14 期。

② 黄朱文:《扶贫小额信贷风险补偿机制亟待完善》，载《金融时报》2016 年 1 月 25 日。

③《关于推进产业精准扶贫的实施意见》，http：//www.hg.gov.cn/jcms/jcms_files/jcms1/web5/site/view/art/2017/5/3/art_6463_117429.html，最后访问日期：2019 年 1 月 9 日。

④《做好金融扶贫工作的实践与思考》，http：//www.fx361.com/page/2017/0731/2110405.shtml，最后访问日期：2019 年 1 月 9 日。

据情况讨论决定是整顿后继续运转还是停止该项目。为确保贷款资金规范运作并全部投入产业，县、乡、村三级金融服务机构应根据各自的工作职责，进行初审、审核和监管；政府应当采用抽查、巡查、督查等多种检查监督的形式。建议加大考评督查力度，设立专门项目账户对脱贫攻坚项目进行监测和管理，定期对借款人生活和经营情况以及项目的建设和运营情况等进行监测分析，最终实现通过产业项目发展提高农民收益，实现造血机能。

四是风险分担补偿环节的监管。应保证风险补偿基金的充分性和持续性，监管各级政府财政资金按规定拨入风险补偿基金，明确基金管理人的责任、风险补偿的范围与标准以及操作流程，确保风险补偿基金不被挪为他用并及时提供补偿。而且应规范保险、担保机构的准入标准，审查保险担保机构的资格和经营情况，确保其具有风险分担能力。从长远来看，要监控保险、担保机构的风险承担比重和风险承担能力，要求对超过一定风险标准和自身承担能力的业务进行再保险和再担保，降低保险、担保机构在风险补偿分担环节的二次风险。另外，对于保险扶贫创新产品，可在部分地区形成先行试点，最大限度保证保险扶贫创新产品的可操作性后再进行大范围推广，降低新产品风险。对于已经发生的损失，有关部门应审查损失原因、范围、额度等方面问题，以防恶意损失、夸大损失等现象发生，并监督各保险、担保机构及风险补偿基金管理人是否及时履行相关义务。

结语

相较于财政扶贫等其他扶贫形式，金融扶贫以其充分调动金融主体的主动性、积极性为特色，得到各地的支持和推广。以金融借贷为核心，金融精准扶贫在实际操作过程中仍存在各运作环节风险较大、制度构建缺失等问题。金融精准扶贫模式应从制度本身构建着手，从制度的纵向及横向构建，明确各参与主体的角色定位和相互协调，并聚焦风险防范和具体监管机制，使金融精准扶贫切实发挥功效，从而进一步促进扶贫资源的合理配置和高效使用，实现全面脱贫的伟大目标。

金融服务实体经济的法制保障

商业保理纠纷争议焦点和裁判思路

熊进光　高　洁[①]

商业保理是商业贸易中以托收、赊账方式结算货款时，供应商（债权人）为了强化应收账款管理、增强流动性而采用的一种委托第三者（保理商）管理应收账款的做法，以及一整套基于保理商和供应商之间所签订保理合同的金融方案，包括融资、信用风险管理、应收账款管理和催收服务。保理业务基于真实贸易背景，依托供应链核心企业的信用转移，具有逆经济周期特点，特别适合经济下行周期、中小企业融资难的现状下，成长型的中小企业的经营发展。自 2012 年开展试点实践以来[②]，我国商业保理法律关系的成立、运行中存在一定问题，制度规范不完善，以致纠纷频繁发生，并困扰其发挥作用。

一、商业保理纠纷中的法律问题

（一）商业保理发展困境及问题

近年来，随着经济下行，企业赊销比例增大，账期延长，企业应收账款规模越来越大。根据国家统计局发布的数据，到 2017 年年底，全国规模以上工业企业应收账款累计达到 13.5 万亿元，创历史新高[③]。应收账款这类资产存在较为强烈的管理和盘活需求，为了解决大企业拖欠小微企业资金的问题，国家提出推动工业企业融资机制创新，大力发展应收账款融资业务。一些地方政府也出台了关于降低制造业企业成本支持实体经济发展的若干政策措施，提出要鼓励银行、商业保理公司、财务公司等机构为制造业核心企业产业链上下游中小微企业提供应收账款融资，对帮助中小微企业，特别是小微企业应收账款融资的相关企业择优进行支持。

---

① 熊进光，江西财经大学法学院教授；高洁，深圳市中级人民法院审判员，江西财经大学博士生。

② 商务部 2012 年 6 月 27 日公布的《关于商业保理试点有关工作的通知》（商资函〔2012〕419 号）。

③ 《中国商业保理行业发展报告（2017）》，http：//finance.cnr.cn/jjgd/20180418/t20180418_524203479.shtml，最后访问日期：2018 年 10 月 1 日。

保理（factoring），是债权人将其因提供一定货物、服务或设施而获得的应收账款（不包括因票据、信用证或其他有价证券而产生或法律行政法规禁止转让的付款请求权）转让给保理商，由保理商向转让人提供融资、信用风险管理、应收账款管理和催收等服务的综合金融服务。商业保理中，保理商为商业机构。

商业保理作为服务对象清晰指向中小企业的类金融服务，能有效解决中小企业融资难、融资贵的问题。然而截至2018年6月底，全国注册商业保理企业共10780家，实际开业2000家左右，实际开业率不足两成，存在大量空转公司。商业保理公司面临成本、资金、风险等问题困扰，受到运行不规范、制度保障不到位的掣肘，也当然反映到了所发生的纠纷中。

1. 资金运营不规范。商业保理企业的主要融资渠道为企业自有资金及股东借款、银行短期债款等。大型龙头保理企业的资产获取大多依靠股东资源背景，如依附集团上下游产业链、平台上游供应商群等，在获取其庞大客户信息群的基础上，开展稳定、可持续发展的保理融资业务，也可以通过资产证券化在公开市场募集资金。而商业资本金规模较小，无法获得股东资金方面的支持，也难以获得银行借款或在资本市场发行债券融资的商业保理公司，往往通过在互联网金融平台上转让债权而获取投资者资金。更有少量保理公司没有实际保理标的，通过虚构保理标的达到非法集资目的，实现资金套利。随着网络借贷平台的运营风险不断累加，行业监管政策趋严，此类公司成为金融监管的关注重点。2018年4月20日，商业保理的监管职责由商务部正式划归银保监会，银保监会即组织保理行业的摸底排查，资金运营的规范化是必然之势。

2. 风险控制不规范。由于保理商在开展业务过程中，对基础合同的真实性审查能力有限，债权人以可能发生债务抵销、已经质押、寄售代销，已经发生贸易纠纷的，因关联交易而产生的、销售合同或服务合同约定债权不得转让的，供应商无权经营产品或服务而产生的、被第三人主张代位权，受到司法机关强制限制而不能转让等存在瑕疵的不合格应收账款进行保理交易，或伪造基础债权骗取保理融资，或被洗钱犯罪集团利用，沦为洗钱犯罪工具的情况大量存在。虽然部分人士提出，要通过对债权人和债务人在交易链上产生的交易数据（如进销存数据）、融资数据（如负债率以及现金流变化）、管理绩效数据（如诉讼数据及股权质押信息）、营商环境数据（如行业政策、地方政策）进行大数据分析，进行综合风险研判，提升商业保理企业风控水平。但由于数据使用成本和壁垒，风控水平提升的道路仍然很漫长。

3. 法律保障不完善。保理业务一般存在两个合同、三方当事人，呈现业务类型多样化、法律关系复杂化、利益主体多元化等特点。有追索权保理和无追索权保理，明保理和暗保理，各自表现形态、权利义务安排不同；保理合同既涉及作为应收账款基础的买卖或服务合同，又涉及保理融资法律关系；既包含债权转让关系，又包含借款关系、担保关系；既有应收账款转让，又可能同时存在应收账款质押。由于保理合同目前属于无名合同，其效力按照合同法总则认定，但一般性规定无法有效涵括实践中的特殊问题，容易在法律关系认定、法律适用等问题上产生争议。

（二）保理合同的法律性质和纠纷案由

关于保理合同的法律性质，有债权转让、债权担保、借款合同、委托合同、金融衍生交易合同等观点。保理合同以应收账款转让为前提，但债权转让说不能全面体现保理业务中包含的融资功能以及其他综合金融服务功能。有的观点认为，保理业务属于金融创新范畴，类似于金融衍生产品。但根据《最高人民法院民事案件案由规定》，金融衍生品种交易纠纷列于证券纠纷下三级案由，主要指远期掉期期货期权等金融合约纠纷，与保理业务差异明显。① 债权人向保理商的融资借款行为以应收账款的转让为前提，保理合同又与一般借款合同有本质差异，由于其综合属性，保理合同很难归入现行合同法规定的任何一个有名合同。

保理合同的法律性质未定给司法实践带来了困扰。实践中，保理案件的案由五花八门，涵盖以上列举的各类合同纠纷，没有统一规范。2015 年，最高人民法院部分法官建议在新的案由规定尚未出台之前，可将其归入“其他合同纠纷”中。② 但从 2016—2018 年公开的裁判文书来看，各地使用的案由并未统一，如保理合同纠纷、借款合同纠纷、债权转让纠纷、合同纠纷等。较多的是笼统使用“合同纠纷”，深圳法院受理的保理合同纠纷绝大部分使用“合同纠纷”案由。

另外，部分保理案件呈现被告众多，保理合同中的债务人（采购方）不被起诉；保理合同约定的金额与实际转让金额不一致，合同约定的权利义务与保理特征不符；保理商未向债务人催收等特征。结合对商事活动中部分保理商与交易相对人虚构基础合同，以保理之名行借贷之实的经验认知，法院对此类案件一般认定为“名为保理，实为借贷”，此类案件仍按照借款合同确定案由。但案件之外，当事人恶意串通、虚假诉讼、非法吸收存款等问题没有得到进一步规范。

（三）保理案件管辖和当事人诉讼地位

部分案件保理商仅起诉债权人或债务人中的一方，在案件管辖和诉讼参与人问题上引发争议。一般认为，保理法律关系涉及三方主体和两个合同，在管辖问题上应按照合同纠纷的管辖原则并视案件具体情况具体分析确定；保理商同时主张债务人清偿应收账款以及要求债权人回购的，既涉及作为应收账款的基础买卖、服务法律关系，又涉及保理融资法律关系；既不是单纯的债权转让，也不是单纯的借款合

---

① 钱海玲:《保理法律关系的认定及疑难问题解决对策》，载《人民法院报》2015 年 2 月 4 日。

② 杨临萍:《最高人民法院关于当前商事审判工作中的若干具体问题》，载杜万华主编:《民事法律文件解读（总第 134 辑）》，人民法院出版社 2016 年版。

同，两个法律关系并存在同一合同关系中，当事人相同，应当并案审理。为了查清事实，未被起诉的债权人或债务人还应追加为当事人。但由于没有统一的规范，各地的做法仍不一致。有的法院认为应当合并审理[①]，有的法院认为不能合并审理，有的法院对保理案件管辖和追加当事人作出明确规定，有的法院暂未明确。

保理商单独起诉债权人、单独起诉债务人或同时起诉债权人和债务人的情况的相应处理方式如下：若保理商单独起诉债务人，则根据基础合同确定管辖；若债务人对基础合同提出抗辩，则须追加债权人作为第三人参加诉讼；若保理商单独起诉债权人，则根据保理合同约定或法律规定确定管辖，证据充分的情况下不追加债务人；若保理商同时起诉债权人和债务人，则根据保理合同约定确定管辖。

二、商业保理合同纠纷审理的若干思路

（一）商业保理从业要求及其对合同效力的影响

法律和行政法规并未对商业保理从业资格作出明确限定，按照相关管理条例，申请人只需按照公司法的有关规定登记设立。国内商业保理公司设立需具备以下条件：（1）在境内合法设立；（2）公司名称及经营范围含有“商业保理”或“保理”字样；（3）主要股东近三年内没有违法违规记录；（4）拥有2名以上具有5年以上从事保理或相关行业从业经验的高级管理人员；（5）具有良好的公司治理结构、健全的组织架构、完备的管理制度和完善的业务处理系统等基本条件，并向商务部备案即可从事保理业务。

未按照上述规定注册备案的其他企业从事保理业务的，合同是否无效？广州市中级人民法院在某广弘药材有限公司与广州某小额贷款有限公司、广东某药业有限公司等合同纠纷一案中，针对上诉人广东某药业有限公司提出的广州某小额贷款有限公司没有经批准合法开展商业保理的经营资质因而双方并未形成保理法律关系的上诉理由，认为，保理法律关系是否有效，取决于该小额贷款有限公司在签订借款合同及签署《应收账款转让通知书》时是否有理由相信应收账款债权真实、合法、有效，其作为提供金融服务的公司，与上诉人及第三人签订的《应收账款转让通知书》具有保理业务性质，未违反法律、行政法规的强制性规定，是三方的真实意思表示，具有法律效力[②]。

（二）对违反约定转让应收账款的保理合同效力认定

供货方和采购方约定应收账款不得转让，而转让人仍转让给保理商的，保理合同效力如何认定？《中华人民共和国合同法》第七十九条第二项规定，“按照当事人约定不得转让”的合同权利不得转让。该条款未规定转让约定禁止转让的债权的合

① 上海市高级人民法院（2018）沪民辖终100号民事裁定书。

② 广州市中级人民法院（2018）粤01民终6376号民事判决书。

同无效。该条款若属效力性强制规定，则保理合同无效；若属管理性强制规定，则保理合同不当然无效。

部分法官认为，债权人与债务人关于债权禁止转让的约定缺乏公示性、公开性，保理人无从知晓，保理人若不知双方有禁止转让的约定，判定保理合同无效不利于保护善意受让人的信赖利益，也与商事行为注重动态交易安全的要义相悖。因此，不能一概认定保理合同无效，受让人善意无过失的，转让行为有效；受让人存在恶意或过失的，不能取得债权。[①]如，河北省石家庄市中级人民法院在审理某国际商业保理有限公司诉某网络通信有限公司河北省分公司、廖某债权转让合同纠纷一案中认定，该商业保理公司与某设备公司之间的案涉债权转让对某网络通信有限公司河北省分公司不发生效力。理由是，该商业保理公司明知双方约定债权转让需重新签订补充协议，而其提交的证据不足以证明其受让案涉债权一事通知了某网络通信有限公司河北省分公司并取得了其同意。[②]保理人是否明知这是禁止转让的约定是法院认定其善意与否的重要因素。

国外法律在平衡相关利益上有三种态度：一是禁止转让约定对受让人无效（美国）；二是禁止转让约定不得对抗善意受让人（日本、意大利）；三是禁止转让约定对受让人无效，但债务人可以选择给付对象（德国）[③]。笔者认为对此须要合理取舍。

（三）应收账款存在瑕疵的保理合同效力认定

《中国银监会关于加强银行保理融资业务管理的通知》第六条规定："银行不得基于以下内容开展保理融资：不合法基础交易合同、代理销售合同、未来应收账款、权属不清的应收账款、因票据或其他有价证券而产生的付款请求权等。"应收账款存在虚假、尚未发生、权属不明等情形的，保理合同的效力如何认定?

首先，债权人与债务人没有真实贸易往来、串通形成虚假贸易文件，或者债权人伪造债务人签章形成贸易文件，提供虚假应收账款进行保理融资的，一般认为尽管债权人存在虚伪表示，但保理商无通谋，保理合同属于可撤销合同。但由于应收账款不真实，保理商仅可追究债权人的违约责任，不能要求债务人清偿。

其次，至于以尚未发生的应收账款作为保理标的，大部分人认为"卖方义务未履行完毕的预期应收账款不能作为保理标的"的规定系控制金融风险的管理性规范，不涉及合同效力的排除，不影响保理合同效力。从商业运作来看，以赊销方式进行的买卖合同中，买卖双方既然能够赊销必是以双方长期交易中形成的信任和预

---

① 江苏省高级人民法院民二庭课题组:《国内保理纠纷相关审判实务问题研究》，载《法律适用》2015 年第 10 期，第 70~74 页。

② 石家庄市中级人民法院（2018）冀 01 民终 8772 号民事判决书。

③ 孙超:《保理所涉纠纷中的利益衡量与裁判规则》，载《人民司法案例》2016 年第 32 期。

期为基础。因此，赊销交易往往存在长期性、连续性，很难把债权形成的时间点截然分开。卖方义务未履行完毕的预期应收账款是交易常态，是否开展未来应收账款保理业务，关键在于保理商对业务风险收益的判断，法律应尊重其判断，不应认定无效。

最后，实践中，保理融资关系中的保证人、债务人往往以保理商未尽审查义务为由，主张免除责任，认定的关键在于保理人是否有充分理由相信应收账款真实、合法、有效。有的保证人提出，保理商与债权人恶意串通骗取担保，此种情况下，保证人应证明当事人在签订合同时存在恶意串通的主观故意。①

（四）债务人的通知及其抗辩权、抵销权

按照合同法的规定，债权人转让权利的，应当通知债务人。未经通知，该转让对债务人不发生效力。即，保理商必须证明其与债权人之间关于应收账款的转让协议已经通知债务人且债务人已经收悉。在能够证明已经通知的情况下，保理商可以向债务人主张偿还，债务人擅自向转让人履行的，不产生合同权利义务终止的效力，仍需向保理商履行；若不能证明通知转让事实或不能证明债务人已经收悉，则债务人向转让人履行的，履行行为合法有效，保理商只得向转让人追索；若保理商和债权人未履行通知义务而债务人从其他途径知悉转让事实，债务人向保理商还款的，该清偿行为也是有效的。可见，通知并非保理合同的生效要件，而是对抗要件。

关于债权转让通知的主体，《中华人民共和国合同法》第八十条第一款规定，由债权转让人通知，实践中认为，上述规定并未排除由他人通知的合法性，通知的目的是告知债务人债权已转让的事实，使债权让与对债务人发生效力。通知的主体既可以是债权人，也可以是保理商，也可以是二者一起。

债权转让通知的形式和内容，应当明确清晰，足以使债务人知悉债权转让的事实，包括但不限于：向债务人有效送达专门的债权转让通知书，与债权人、债务人签订三方转让协议等。实践中，有的保理商和债权人仅向债务人发送账户更改通知书，而未明确应收账款转让的事实，从而造成债权转让无法认定债权转让。

保理人或债权人出于不使交易或付款中断等各种考虑，并不立即将转让事实通知债务人，而是继续由债权人接受给付，或由债权人在银行开立保理专户，专门用于保理合同项下应收账款的收取和保理融资本息和余款的结算。上述专户虽然用于专门结算保理合同款项，但仍登记在债权人名下，账户内款项未特定化，亦不符合动产质押的法律特征，可以作为债权人的财产被其他案件冻结或在债权人破产时列入破产财产。② 第一批试点的天津市高级人民法院在对保理专户优先受偿权上进行了大胆探索。该院规定细化了保理回款质押的生效要件，要求保理专户必须在动产

---

① 天津市高级人民法院（2018）津民终 182 号民事判决书。

② 江苏省高级人民法院民二庭课题组：《国内保理纠纷相关审判实务问题研究》，载《法律适用》2015 年第 10 期。

融资平台办理登记，并签订保理专户监管协议确保专款专用，同时确认多笔保理业务开立一个保理专户亦构成质物特定化。①

债务人接到债权转让通知后，债务人对让与人的抗辩权和抵销权，可以向受让人主张。但债务人履行完毕后，即使因货物质量问题发生退货，也不可以再行使抵销权。②

（五）权利竞合问题

同一笔应收账款可能同时存在质押和转让，也有可能多次转让。哪个权利优先，如何实现权利？

应当明确的是，保理合同依法签订生效后，应收账款的权属发生转移，转让人丧失处分权，再次转让、放弃债权或设置权利负担行为（出质），均属于无权处分行为，权利人可以追认，亦可以撤销。因此，判断同一应收账款债权上不同权利人的优先次序以及受让人是否善意时，最重要的因素在于权利的转让或权利负担的设置是否遵循公示公信原则，公示在先的，在后的受让人自然不能称为善意。

关于先质后转，法律有明文禁止的规定。《中华人民共和国物权法》第二百二十八条第二款规定，“应收账款出质后，不得转让，但经出质人与质权人协商同意的除外”；中国人民银行《应收账款质押登记办法》（中国人民银行令〔2007〕第4号）规定，应收账款质押需在中国人民银行征信中心动产融资统一登记平台进行登记公示，在先办理了质押登记的质押权人得以优先于在后的受让人受偿。

关于先转后质，法律对此没有明文禁止的规定。但根据上文的分析，保理合同有效签订后，应收账款的权属发生转移，转让人丧失处分权，设置质权的行为是无权处分行为。但由于无统一的保理转让登记公示规定，质权人往往无法得知保理合同的存在，处于善意第三人的地位，从而造成争议发生。若应收账款的保理转让遵循质押同等的登记公示要求，在同一登记机关进行登记公示，先转后质的权利优先顺序问题就有了清晰的判断依据。天津市、上海市、重庆市、深圳市等地出台规章，明确要求银行、商业保理公司等单位办理应收账款质押、转让业务时，应在中国人民银行征信中心动产融资统一登记平台办理应收账款权属状况登记，公示相关权利状况。③上述规定对应收账款多个受让人以及受让人与质押权利人并存时的司法处理有很强的现实意义。

---

① 《天津市高级人民法院关于审理保理合同纠纷案件若干问题的审判委员会纪要（二）》，https://www.zhongdengwang.org.cn/zhongdeng/baoli/201509/d449a1eac1744973b1b277d459a64aea.shtml，最后访问日期：2019年10月1日。

② 浙江省杭州市中级人民法院（2016）浙01民终3695号民事判决书。

③ 参见《天津市商业保理业试点管理办法》第十四条、《上海市商业保理试点暂行管理办法》第十九条、《重庆两江新区商业保理（试点）管理办法》第十五条、《深圳市外资商业保理试点审批工作暂行细则》第九条。

（六）首付款、保证金的性质认定以及违约损害赔偿范围

保理商考虑应收账款无法回收的坏账风险，往往在保理合同约定的转让金额与实际支付给债权人的融资金额间留有一定差额，行业内有的将实际支付的金额称为首付款，也有的将差额部分约定为保证金。保理合同中约定的各项费用包括保理服务费、利息、罚息、复利、违约金、滞纳金、其他费用等，形式非常多样，实质上均可以考虑为债权人通过保理融资的资金使用成本，换个角度也可以认为是保理商担保其坏账风险的运营手段。如何平衡债权人与保理商的利益，是否按照合同约定支持相应的损害赔偿，司法实践对此没有相关回应，也没有针对保理关系特征而设定的违约赔偿计算标准。

三、商业保理裁判规则统一与立法完善

（一）统一商业保理纠纷裁判规则

基于市场与司法实践的需要及现有规范的缺乏，各地法院纷纷就商业保理的审理出台指导意见。例如，天津市高级人民法院于2014年、2015年先后出台关于审理保理合同纠纷案件若干问题的两个审判委员会纪要，对保理合同定义、合同效力、案由和管辖、当事人诉讼地位、法律适用、权利冲突的解决、转让通知的形式与效力、基础债权瑕疵等问题统一了裁判尺度，这两个纪要内容具体翔实，率先填补了保理纠纷裁判指引上的空白，对保理纠纷案件的审理有非常重要的实践意义，对其他法院保理纠纷案件的审理规则的明确起到很强的示范引领和借鉴作用。但同时，上述两个纪要也存在一些不足，比如关于保理商对应收账款转让人履行回购义务以及保理商对债务人履行付款义务的诉讼请求能否合并审理的问题，应收账款上权利竞合问题的处理，基础债权瑕疵的法律责任及追究的问题，纪要未予明确。

深圳市前海合作区人民法院于2016年出台《关于审理前海蛇口自贸区内保理合同纠纷案件的裁判指引（试行）》，在天津市高级人民法院纪要的基础上，进一步明确了基础合同审理中通知保理商参加诉讼、保理商提起第三人撤销之诉、基础合同担保物权一并转让、保理商向应收账款转让人和债务人同时主张权利的处理、基础合同变更的法律后果、保证金和保理回款的处理、有涉外因素和无涉外因素保理的法律适用等问题，体系上更为完整规范，内容上更为全面清晰。

随着商业保理案件日益增多、纠纷种类日趋多样化，实践中对疑难问题的讨论日益深入，业界对重点问题逐步达成了共识。从统一司法裁判标准、维护司法权威性的高度要求，应借助行业监管进一步规范化的契机，在全国范围内统一商业保理纠纷裁判规则，明确商业保理案件案由、管辖、诉讼当事人、保理合同效力、当事人权利义务、登记对抗、权利优先、基础合同瑕疵的法律后果、恶意串通的法律责任等问题，为商业保理行业运行提供良好的法治保障。

中国服务贸易协会商业保理专业委员会亦草拟了《最高人民法院关于审理保理纠纷案件若干问题的规定（建议稿）》，提交给最高人民法院相关部门、各地高级人民法院金融审判机构、中国人民银行征信中心，以及各类保理专业研讨会。该建议稿多年来历经反复讨论、修改，为全国层面的保理纠纷案件司法解释的出台创造了一定条件。

（二）完善商业保理运营管理制度

我国商业保理行业从开始试点至今已有六年，2012—2013 年，商务部批准天津滨海新区、上海浦东新区、重庆两江新区、苏南现代化建设示范区、苏州工业园区作为开展商业保理的试点地区，批准港澳服务提供者在深圳市、广州市试点设立商业保理企业。此后，国务院陆续印发了在广东省、浙江省、四川省、湖北省、河南省自由贸易试验区总方案，支持商业保理企业发展，鼓励探索适合商业保理业务发展的监管模式。六年间，除几个试点地区制定了相应的地方规范性文件外，未出台全国统一的管理办法。各地试点管理办法在商业保理企业设立条件、经营范围、监督管理等问题上的规定不尽一致，业务规则、纠纷处理、法律责任等问题的规定留有诸多空白。制定全国统一的商业保理管理办法，明确行业监管主体，围绕商业保理经营主体、设立条件、设立程序、业务规则、管理制度、纠纷处理、法律责任等相关内容制定监管规范，建立完善统一的商业保理企业及运营管理制度体系，是商业保理行业发展的基础条件，目前已是势在必行。

统一的商业保理管理办法应重点明确：（1）适用范围。界定商业保理内涵与外延，对有追索权、无追索权商业保理，公开保理、隐蔽保理，国际保理、国内保理，直接保理、间接保理等各种保理业务类型进行规范式列举，将常用及可用的保理业务模式都纳入规范化治理的视野。（2）经营主体。商业保理业务属于综合性金融服务，为保障行业有序发展，确保国家金融秩序，应对参与人取得主体资格的实体条件和程序条件进行明确，设定注册资本金、财务状况、专业人员、信用记录等门槛，提高商业保理公司的准入条件。（3）业务操作流程。回应商业保理业务操作不规范导致保理服务异化问题，统一的商业保理管理办法应详细规定保理业务的操作流程。包括：转让方财务报表分析、销售分户账分析、转让方生存风险评价、转让方盈利能力评价、应收账款可转让性和可收回性考察等，引导保理行业正规化发展。

此外，应加强行业自律，制定行业守则。行业协会对行业成员执行公约、依法依规开展业务情况进行定期检查，成员常态性自查，成员间互相监督，积极加强与监管部门的沟通交流；定期反映行业信息、风险状况和监管建议；实现信息互通，风险预警，推动诚信体系建设；提升企业自律，加强业务培训交流，提升企业形势适应、合规运营、开拓创新和纠纷解决能力。

（三）制定商业保理专门法律规范

我国商业保理法律制度不完善。

在国际公约和惯例层面，国际统一私法协会制定的《国际保理公约》以及联合国国际贸易法委员会制定的《国际贸易中的应收账款转让公约》是国际保理领域的专门规范，但我国未加入上述两个公约。目前，我国仅能适用国际惯例——由国际保理商联合会于1990年制定的《国际保理通则》，但该通则主要固定在国际贸易领域内双保理业务的习惯性做法或通例，对国内商业保理的参考价值有限，而且，随着科学技术的发展和社会进步，该惯例部分条款在新形势下有调整重塑的需求。

在国内制定法层面，保理合同为无名合同，商业保理法律关系的认定仅能依据合同法总则的相关规定，民法总则、国物权法对此无专门规定，最高人民法院也未制定专门的司法解释指导审判实践。

在地方性规范层面，如前所述，目前仅天津市滨海新区、上海市浦东新区、重庆市两江新区、苏州市、广州市、深圳市制定了地方性的试点管理办法，但管理办法的内容均侧重于行业管理，未涉及商业保理企业对外法律关系、交易主体之间权利义务的界定和规制。截至目前，商业保理行业无行业自治规范和公约。

在国家鼓励中小企业应收账款融资及类金融服务工具应用的大环境下，建立专门的商业保理法律制度，从法律、司法解释、指导案例、地方性法规、行业规范等多层次、多角度、全方位建立起商业保理的法律制度体系，将有利于保理行业健康有序发展，为中小企业融资和发展营造良好的法治环境。

一是制定商业保理法。商业保理法律关系区别于普通的民事法律关系，其涉及经济、贸易、交易安排和金融秩序等管制层面，其立法密度、立法宗旨与民法不同。民法注重形式理性、逻辑推理和严整体系，商事法以商人自我发现和创造的商事习惯为基础，基本上不是体系建构和逻辑推演的结果①。过去40年，我国突破了传统西方国家以私权为核心的商法制度体系，构建了中国特色的商法制度体系，适应了中国改革开放和经济发展。但由于商事交易多样性和多变性等原因，商法的制定出现大量缺位、碎片化、缺乏预见性等问题，导致大量商事行为游离在法律规制之外，影响相关行业和市场经济的健康发展。商业保理的规则散落在民法、合同法、物权法、担保法等法律法规中，没有统一的指导思想和体系理念，导致缺乏主心，规则之间互相冲突。制定商业保理法，首先，要以现实问题为导向，充分调研现实交易的各种样态，在此基础上具备一定的前瞻性，防止因预见性不足而被实践突破。②其

---

① 谢鸿飞：《民法典合同编总则的立法技术与制度安排》，载《河南社会科学》2017年6月第25卷第6期。

② 范健：《当代中国商法的理论渊源、制度特色和前景展望》，载《法制与社会发展》2018年第5期。

次，立法做到精细化。经济生活的变动比社会生活的变动频繁，因此商法做不到太稳定，如美国的证券法从1933年到2013年，修改了40多次；韩国的《金融控股公司法》于2000年颁布后，13年之内修改了15次。① 这些国家不拘泥于法律的稳定性，保证了商法与时代变化相适应。商业保理法的制定，可以采取精细化立法技术，适当减少原则性的立法技术，侧重使用定义性语言，侧重规则性立法而非原则性、授权性法律条文，使之细致全面、回应交易需求，实用可操作。

二是民法典合同编中明确商业保理合同类型。近年来，各地法院受理的保理合同纠纷案件数量大幅增加。据不完全统计，2014—2017年全国共审结10000余件，已超过赠与合同、保管合同等有名合同纠纷案件数量。在我国经济进入调整期的大环境下，保理合同纠纷数量有进一步大幅上升的可能性，合同编中明确保理合同专章，有利于发挥司法服务社会、服务经济的功能。保理合同专章立法已具可行性。近年来，商务部研究院信用研究所、中国服务贸易协会商业保理专业委员会、广东商业保理协会等机构积极组织关于商业保理的理论研讨，邀请来自世界银行、全国人大财经委员会、银保监会、中国人民银行征信中心、海南国际仲裁院、法院、高校等的有关理论和实务部门围绕商业保理的实践、理论、规制等问题展开了深入的研讨，为商业保理立法夯实了理论基础；天津市高级人民法院、深圳市前海区人民法院出台了保理合同纠纷案件的裁判指引，对商业保理裁判规则进行了积极探索，为商业保理立法提供了有益经验；中国服务贸易协会商业保理专业委员会政策法规组目前已牵头起草“民法典合同编保理合同章”征求意见稿，明确了保理合同定义、合同的内容与形式、应收账款转让的效力和凭证、应收账款债务的保证责任、保理合同的价款支付等内容，开启了商业保理专章立法的进程。

---

① 邢会强：《经济法立法如何精细化——精细化的立法技术初探》，载《经济法研究（第17卷）》。

商业银行不良资产结构化处置与证券化对比研究

杨　宁[①]

近年来，商业银行面临较大不良资产的处置，传统的不良资产处置模式已经无法应对每年商业银行万亿元的不良资产，现实倒逼商业银行在不良资产处置模式上进行创新。在诸多创新不良资产处置模式中，不良资产结构化和不良资产证券化这两种处置模式，都借鉴了国际上结构化金融工具来化解不良资产，也是需要法律实务较多关注的两种金融创新。

一、结构化金融工具

（一）结构化金融工具的概念与特征

商业银行不良资产结构化与不良资产证券化，从本质上来说，是指商业银行利用结构化金融的方式来处置不良资产，是结构化金融方法在不良资产处置中的运用，是一种典型的结构化产品（structured products）[②]。

结构化金融是当资产发起或拥有者无法通过现有金融产品或金融工具解决融资、流动性、风险转移或者其他问题时所采用的任何一种方法，为此，必须根据要求，将现有的产品和技术改造成特定的产品或流程。所以，结构化金融是一种灵活的金融工程工具。在国际清算银行（BIS）一份报告中，结构化金融工具具备三个关键特征：（1）资产汇集形成资产池（包括现金的和非现金的）；（2）以资产池作为抵押对负债进行分层（这一特征将结构化金融与传统的传递型证券化区别开来）；

---

① 杨宁，华东政法大学经济法博士后，中信银行杭州分行法律保全部资深法务经理。

② 按照美国证券交易委员会（SEC）结构化产品的定义：结构化产品包括两个方面：其一是产品的现金流特征依赖于一个或多个指数，其二是产品嵌入了远期或期权或者其他证券，并使投资者的投资收益以及产品发行人的支付义务依赖于标的物、指数、利率或现金流等变量的值。参见中国期货业协会：《结构化产品》，中国财政经济出版社2013年版，第2页。

（3）将资产发起者的信用风险和抵押资产池的信用风险分离，这种分离一般是通过运用特殊目的载体（SPV）来实现的[①]。采用结构化金融的方式，可以有以下好处：（1）使只能通过传统借款方式融资或不能通过结构化金融以外的方法融资的某一特定资产分类的融资成为可能；（2）在期限结构、证券设计以及资产类型方面为发起者提供灵活性，使发起者能够向投资者提供更好的收益以及更适合其风险偏好的分散化程度；（3）以最低的交易费用提供前沿的最优多元化的交易，为资本市场的完善做贡献；（4）使发行者能够获得比高级无担保债权更好的信用评级或更高的杠杆；（5）可以降低借款成本；（6）可以将流动性资产变为现金来提供资金和流动性；（7）可以转移资产或负债的风险，使作为发起人的银行能够从事更多的业务而又不让资产负债表膨胀；（8）使金融机构能够利用监管资本套利；（9）能够被用来避免企业潜在的运营负债[②]。所以，可以形成独立现金流、资产独立出来并且借鉴了其他金融工具，以资产单独进行融资交易的方式都可以归属于结构化金融的范畴。

（二）结构化金融工具的具体应用形式

结构化金融工具在商业银行实践中更多是应用到资产证券化上，从本质上来看，资产证券化是结构化金融产品的一种。国际著名的资产证券化专家 Vinod Kothari 认为，资产证券化是结构融资的一种方式，通过这种方式，发起机构将其对未来现金流的权益集中，然后将这些权益转让给投资者，从而实现融资的目的[③]。美国证券交易委员会在其出台的监管规则中，通过对“资产证券”（asset-backed securities）的界定来给“资产证券化”下定义：资产证券是指这样一种证券，它们主要由一个特定的应收款资产池或者其他金融资产池来支持与保证偿付。这些金融资产的期限可以是固定的，也可以是循环周转的。资产证券在特定的时期内可以产生现金流和其他权利，也可以由其他资产来保证服务或保证按期向证券持有人分配收益[④]。我国台湾地区有的学者认为，金融机构虽然立于创始机构之地位，计划发动金融资产证券化，但实务上则尚应依赖于特殊目的公司或信托机构、信用增加机构（credit enhancement）、证券承销商或票券承销商（underwriter）、信用评级等机构（credit rating agencies）、服务机构（servicer）或备位服务机构（back up servicer）、投资人（investors）及投资人保护机构等市场参与者的协力合作，始能构建金融资产证券化之基本框架，而达成投资人调度资金之目的，故学理上又称为架构式金融

---

① ［美］弗兰克·J. 法伯兹、亨利·A. 戴维斯、［英］莫拉德·乔德里：《结构金融导论》，钱峰、沈颖郁译，东北财经大学出版社 2011 年版，第 2~3 页。

② ［美］弗兰克·J. 法伯兹、亨利·A. 戴维斯、［英］莫拉德·乔德里：《结构金融导论》，钱峰、沈颖郁译，东北财经大学出版社 2011 年版，第 7~8 页。

③ 张泽平：《资产证券化法律制度的比较与借鉴》，法律出版社 2008 年版，第 11 页。

④ 李曜：《资产证券化——基本理论与案例分析》，上海财经大学出版社 2001 年版，第 1 页。

（structured financing）[①]。David.G.Glennie 等认为，将与传统担保融资相区别的资产证券化表述成一个结构性融资可能更恰当。在这个结构融资中，可以通过在资本市场公募或私募证券的方式将稳定的和预期的现金支付流的资产货币化。公募或私募的证券部分依赖于这些被证券化的资产和相关现金流。实际上，一次证券化的安排是传统的担保融资和证券发行（涉及资产支撑证券的发行）相结合的产物[②]。有的学者认为，从法制层面而言，架构式融资（结构性融资）相较资产证券化更能凸显此种融资制度之特性。此处之所以称其为架构式融资，是因为：一般而言，架构式融资分为两大部分。第一部分是关于资产分割之组织架构之调整，第二部分则是证券之迅速变现的过程。一般金融学者所关注的是如何将不易流通之资产以证券化的方式变现过程，重视证券化之过程，所以多半采用金融资产证券化之用语来描述。法律学者所关注的重点应在于资产分割之组织架构调整所涉及之法律争议，以及面对这些法律争议之管制策略。简言之，法律学者重视资产分割之组织调整过程，故多半采用架构式融资之用语来对此予以说明[③]。

《信贷资产证券化试点管理办法》第二条第一款规定："在中国境内，银行业金融机构作为发起机构，将信贷资产信托给受托机构，由受托机构以资产支持证券的形式向投资机构发行受益证券，以该财产所产生的现金支付资产支持证券收益的结构性融资活动，适用本办法。"《证券公司及基金管理公司子公司资产证券化业务管理规定》第二条规定："本规定所称资产证券化业务，是指以基础资产所产生的现金流为偿付支持，通过结构化等方式进行信用增级，在此基础上发行资产支持证券的业务活动……"可见，从政府监管部门的角度来看，无论是信贷资产证券化还是企业资产证券化都属于结构化金融的类型。惠誉评级公司曾在一份报告中指出，为开发中国资产证券化市场的巨大潜能，中国泛资产证券化产品亟待整合为统一的产品种类。该公司所说的"泛资产证券化产品"，是指在不同机构监管之下，中国资本市场上出现的所有新型创造性资产证券化产品，它们的结构和法律基础各不相同，但都具有资产支持和资产证券化交易的一些特征[④]。

由于法律法规以及监管部门对于证券有严格的限定和管制，因此一些符合结构化金融的资产融资方式的金融产品，但不属于法律法规以及监管部门认可的资产证券化，这类金融产品可以归于结构化金融产品。由于不良资产本身可以实现独立资产并可形成独立的现金流，导致不良资产处置中也可以进行结构化的金融产品设

---

① 王志诚：《金融资产证券化——立法原理与比较法制》，北京大学出版社 2005 年版，第 1~2 页。

② David.G.Glennie，Eduard C.de Bouter，Randall D.Luke，*Securitization*，*Kluwer Law International*，1998，p. XXI .

③ 王文宇：《浅释金融资产证券化法制》，载《法令月刊》53（3）。

④ 李豫川：《惠誉报告建议尽快统一资产证券化产品种类》，载《中国证券报》2006 年 7 月 11 日。

计。实践中，具体不良资产结构化金融设计的产品可以分为两种：一是不良资产证券化处置，这类可以归属于资产证券化的范畴；二是除资产证券化以外的其他不良资产的结构化处置。本文所指的不良资产结构化处置就是指第二种除资产证券化以外的其他不良资产结构化处置。

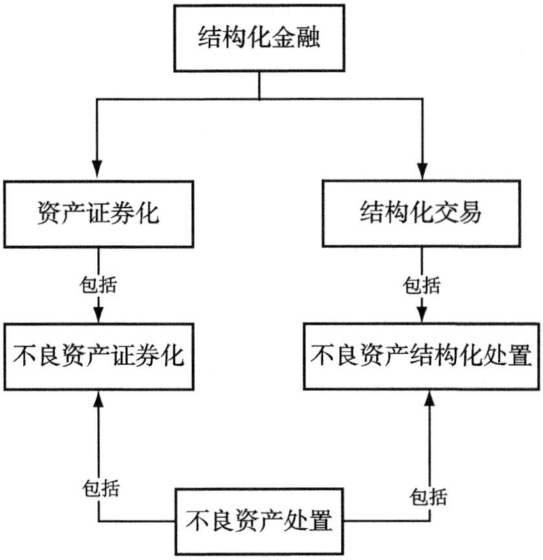

图1　不良资产证券化与不良资产结构化处置关联

二、商业银行不良资产结构化处置

（一）商业银行不良资产结构化处置概念及基本流程

商业银行不良资产结构化处置主要都是借助持牌的金融资产管理公司（AMC）完成第一次不良资产批量转让，实现不良资产从银行的"出表"，之后再借助SPV模式，对接相关基金、理财、信托、社会投资以及银行自己的同业投资①来认购SPV以不良资产为基础资产发售的结构化产品的结构化交易，从而实现不良资产的处置。

不良资产结构化处置的基本流程为：

（1）选择合适的不良资产作为基础资产。即由商业银行选定符合结构化特征要求的一定数量不良贷款组成不良资产包。

（2）不良资产（基础资产）的转让。商业银行将不良资产包按照法律法规的要求批量转让给金融资产管理公司（AMC）。

（3）不良资产（基础资产）的发起。由金融资产管理公司（AMC）将受让的不

---

① 这种银行同业投资主要是借助银信合作模式或者采取银行投资基金或证券定向资产管理计划来进行。

良资产包作为基础资产，通过信托或其他转让方式交付给 SPV。

（4）结构化产品的发售。由 SPV 通过发售结构化产品的模式吸投资者来投资，其中商业银行可以通过一定的通道主体或者结构化交易方式自己全部或部分对接 SPV 发售的以其不良资产包为基础资产的结构化产品。

（5）不良资产的清收。SPV 委托商业银行作为不良资产（基础资产）的贷款服务银行以及资金托管机构。

（6）结构化产品的收益兑付。商业银行受托后清收不良资产，并将清收现金按照 SPV 的指令交付给投资者。

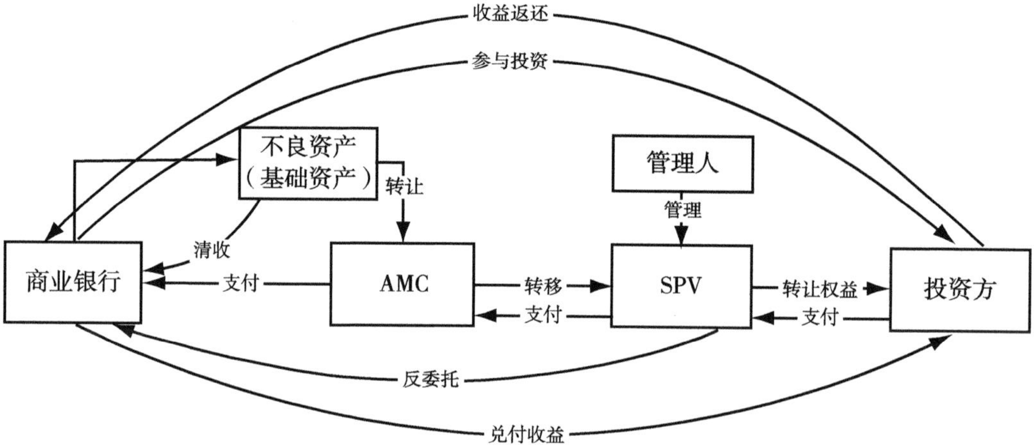

图2　商业银行不良资产基本交易结构

本质上来看，不良资产的结构化处置作为一种典型的结构化金融模式，利用银行回收不良资产产生的现金流来将不良资产的处置周期拉长，同时借助资产转让形式，使不良资产可以从银行“出表”，优化银行的财务报表。其间，借助 AMC 公司、信托、证券、基金等多种 SPV 通道与金融方案设计，使不良资产的整体出表与回收符合现有法律和监管规定；同时在资金投入上，与 AMC 公司以及基金、信托、券商以及其他投资人合作，共同出资或单独出资，合作共赢。结构化处置不良资产，不仅商业银行适用，金融资产管理公司也适用。2003 年，华融资产管理公司与中国信托投资有限公司签署了财产信托合同和信托财产处置协议，推出资产处置信托项目，通过转让优先级受益权并由资产出售方持有次级受益权，这就是一种典型的结构化处置方式，被称为准资产证券化方式①。

（二）不良资产结构化处置的基本特征

不良资产结构化处置作为一种新型的不良资产处置模式，有其独特的内涵和外延。

---

① 郑万春：《金融不良资产处置关键技术研究》，中国金融出版社 2008 年版，第 101 页。

1. 不良资产结构化处置是一种资产信用融资方式。

首先，不良资产结构化处置与资产证券化一样，创造了有别于银行信用、企业商业信用的资产信用，将既存的静态债权转化为担保资产来发行流动性的信用资产，是对一种存量资产进行再融资和再流动的过程。这既不同于企业发行股票、债券等方式——借用企业自身整体信用，通过建立新的债权债务关系进行增量的融资行为，也不同于项目融资方式——以还未发生的项目未来收益和项目资产本身作为还本付息的来源。

其次，不良资产结构化处置中投资者的权益偿付的来源主要是基础资产（不良资产）清收回来所产生的现金流。投资者是根据基础资产所能产生的现金流来进行信用风险评估和把控的，由此将整个融资行为的风险都锁定在基础资产本身，而基础资产本身在融资时已经确定，其本身不会发生根本性的变更，因此整个融资行为并不完全依赖于发起人的信用。这不同于普通贷款和企业发行的债券融资。在债券融资中，借款人（企业）是以其一般信用承担偿付本息的义务，而一般信用往往随其拥有的全部资产和经营业绩的状况处在时刻的波动中。即使在有抵押物、质押物作为担保的情况下，一般也是借款人首先以其一般信用承担还本付息的义务，往往只有在其不履行还款义务时①，担保物权人才有权申请法院处置抵押物，并从处置的价款中优先受偿。

最后，在不良资产结构化处置中，投资者是根据作为基础资产的不良资产自身的资产质量，结合自身的估价体系来决定是否投资，筹资者与投资者之间不存在银行等金融中介机构，实现了直接接触，属于一种直接融资方式，而且还是一种典型的银行向社会投资者融资的“逆向融资方式”②。

2. 不良资产结构化处置是一种结构性融资方式。

不良资产结构化处置作为典型的结构性融资方式，其结构化体现在以下两个方面：

一方面，体现在不良资产结构化处置的业务操作流程。首先，整个处置操作流程中创造了一个 SPV，将基础资产以二次“真实销售”的方式转移给 SPV，实现资产偿付能力与发起人破产风险的隔离。其次，在操作过程中，一般会先将基础资产按照其信用等级、期限、利率、偿还方式、担保情况以及清收进度等条件，进行分解、重组和配置，以便在基础资产总体资产质量和信用等级不变的情况下，提高部分结构化产品的对应基础资产的信用等级。而且，为了提高基础资产的质量，增加结构化产品对投资者的吸引力，发起人往往由自己或者信用良好的第三方对基础资

---

① 对于抵押物的处置，一般是当主债权人违约或者发生约定的情形时，抵押权人可以主张行使抵押权。

② 一般的融资方式是银行向客户提供融资服务，即资金由银行流向社会客户，此为正向融资方式。

产进行用增级[①]。这种对资产的“深加工”，无疑可以达到提高金融产品质量和信用等级以及分散风险的目的。最后，不良资产结构化处置，为了分散风险和满足不同需求，常常以基础资产产生的现金流为基础设计多样化的产品，使金融市场上的投资者拥有更多投资自由权和选择权，这也有别于企业发行债券、股票融资证券等形式较单一的融资方式。

另一方面，体现在不良资产结构化处置参与主体结构的日趋专业化上。传统的不良资产处置都是由银行以及金融资产管理公司来进行相关不良资产处置，社会投资者往往很难参与其中。而通过不良资产结构化处置方式，可以将金融领域其他诸如信托、基金、证券以及私募机构等都吸引到不良资产的处置中。这些机构在相应领域都是专业机构，通过结构化方式可以使更多专业机构共同参与不良资产的处置，发挥各自优势。

3. 不良资产结构化处置是一种可以提供表外融资的融资方式。

根据通用的会计准则，只要商业银行将基础资产（不良资产）有关收益和风险转移给另一个实体，或者发起人已放弃了对资产的控制，将基础资产转移给 SPV，就允许发起人将基础资产从其资产负债表中剔除，并确认收益与损失。可见，不良资产结构化处置是一种可以提供表外融资的融资方式，因基础资产出售而取得现金收入，反映在资产负债表的左边——“资产”栏目中。这既不同于向其他金融机构贷款或同业拆借、发行债券等债券性融资，其反映在资产负债表的右上角——“负债”栏目中；也不同于通过发行新股、配股、优先股等股权性融资，其反映在资产负债表的右下角——“所有者权益”栏目中。这两种方式都将增加商业银行资产负债表的规模，而不具有不良资产结构化处置非负债性融资的优势，而且不良资产结构化处置的投资者只对已售出的基础资产享有权益，对发起人在特定的情况下才享有限定的追索权甚至没有追索权，具有非产权融资的优势。同时，不良资产结构化处置也不同于股票——代表投资者对公司的股权，通过股权融资可能动摇公司的股份结构，使发起人对公司的控制权、管理权受到威胁。[②]

三、商业银行不良资产证券化

（一）商业银行不良资产证券化的概念及结构

商业银行不良资产证券化就是在商业银行不良贷款中，选择其中可预见的现金流相对较稳定、回收率相对较高的部分贷款，通过现金流分离、重组等技术组成资产池并打包销售给特设机构，再通过合理的信用增级和评级、证券定价后发行销售

---

① 信用增级是指动用各种手段和金融工具，确保发行人按时偿付投资者的权益，减少违约风险，从而为投资者提供更多的信用保护。

② 洪艳蓉：《资产证券化法律问题研究》，北京大学出版社2004年版，第16~18页。

给投资者，从而转换成可在金融市场上出售和流通的证券的行为[①]。《不良贷款资产支持证券信息披露指引（试行）》（中国银行间市场交易商协会〔2016〕10号）第二条“产品定义”第一款规定：“本指引所称不良贷款资产支持证券，是指在中国境内，银行业金融机构及其他经监管部门认定的金融机构作为发起机构，将不良贷款信托给受托机构，由受托机构以资产支持证券的形式向投资机构发行受益证券，以该不良贷款所产生的现金支付资产支持证券收益的证券化融资工具。”

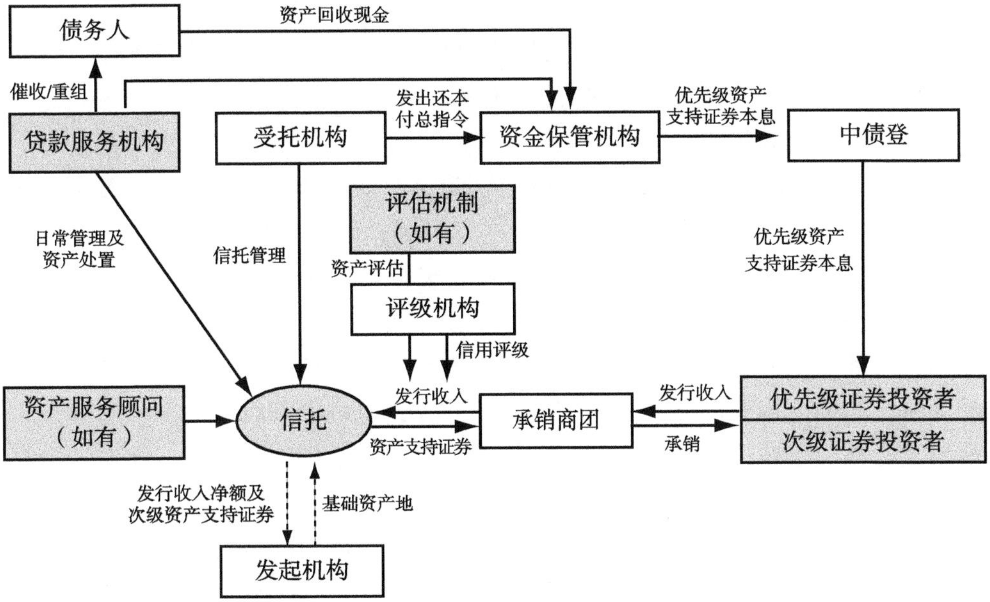

图3 **不良资产证券化基本结构**[②]

不良资产证券化起源于20世纪80年代的美国，在曾深受银行体系不良资产困扰的美国、韩国、日本和意大利运用最为活跃。2006—2008年，东方资产管理公司、信达资产管理公司和建设银行先后发行了4单不良资产支持证券，累计发行不良资产支持证券134.15亿元，处置不良资产本息合计516.32亿元。2008年全球金融危机后，监管部门暂停包括不良资产证券化在内的所有信贷资产证券化。2012年，国务院重启信贷资产证券化。2016年，国务院批准开展不良资产证券化试点。2016年2月，中国人民银行等八部委联合下发《关于金融支持工业稳增长调结构增效益的若干意见》[③]，明确重启不良资产证券化业务试点。随后，中国人民银行和

① 高峦、刘忠燕：《资产证券化研究》，天津大学出版社2009年版，第286页。

② 资料来源于中国银行间市场交易商协会发布《不良贷款资产支持证券信息披露指引（试行）》所附交易结构图。

③ 《关于金融支持工业稳增长调结构增效益的若干意见》中指出：“在审慎稳妥的前提下，选择少数符合条件的金融机构探索开展不良资产证券化试点。”

原银监会确定包括五大行和招商银行在内的6家银行为首批试点银行，额度为500亿元。2016年年底，经国务院同意，中国人民银行在原方案500亿元额度不变的前提下，扩大试点银行范围至18家银行。截止到2017年10月末，试点银行累计发行不良资产支持证券232亿元，处置不良资产768亿元[①]。

（二）商业银行不良资产证券化面临的障碍

自2016年2月不良资产证券化重启以来，不良资产证券化使用的额度还不足总额度500亿元的一半。可见，商业银行对不良资产证券化的热情不高。商业银行不太愿意利用不良资产证券化来处置不良资产，主要原因在于信贷资产证券化以及不良资产证券化二者都面临的推行障碍。

1.信贷资产证券化的推行障碍。

（1）普遍遇到的障碍[②]。第一，当一个发起人的资产组合中没有足够数量的适合资产时，这个发起人必须忍受冗长的资产集聚期，而且此集聚期对于创设证券化交易是必需的。在集聚期内，发起人必须收集足够数量的资产组成一个资产池。发起人须懂得市场风险，特别是利率风险，并且采取相应措施加以防范。

第二，证券化的另一个障碍是，发起人通常需要额外的信用支持以获得投资等级的评估。信用支持既可以采取内部支持的方式，也可以采取外部支持的方式。内部信用支持取决于被证券化的资产的价值或者发起人的规定，反之，外部信用支持依靠第三方的信用。

第三，最初的交易成本也会阻碍证券化的发展。最初的交易成本包括发行代理人或承销商的费用、信用增加的费用以及法律、会计、尽职调查等各种类型的建议咨询费用。一个新兴市场国家的发起人可能还会遇到除上述费用以外的转让费和其他税收负担。由于存在最初的交易成本，第一次证券化交易可能是非常昂贵的。然后，如果证券化交易结构在一定程度上保持连续的话，第二次和将来的证券化交易应是越来越便宜的。另外，最初的证券化交易成本的负担可以通过资本化和较长时间的分摊得以减轻。

第四，缺乏知识和成熟的被证券化资产的二级市场也会对证券化造成潜在影响。但是，这种障碍通常可以通过自然的市场教育过程和令人满意的每个连续的证券化交易所产生的业绩而在一段时期内得以消除。

（2）特别障碍。假如资产池中仅有少量的资产或者资产缺乏足够的差异，资产评估机构很可能给此次证券化以较低的评价。要将一个获得较低评估的证券化推

---

① 王刚、王彦伟：《银行不良资产证券化：试点进展、存在问题与政策建议》，载《中国银行业》2018年第2期。

② D. Barbour, J. Norton and T. Slover, "Asset Securitization in Emerging Market Economies: Fundamental Considerations," *Yearbook of International Financial and Economic Law* 1997, pp.295-297, 299.

向市场与投资者，是非常困难的。一般来说，发起人的信用状况不会影响证券化的信用评估，除非发起人保留了对资产的职责。一个没有经验的和资本不足的服务商根本没有能力使证券化得以圆满完成，除非它得到了被评估机构给予较高评价的后备或附属服务商的帮助。一个资产池中如果某一类资产所占的比例较大，就会产生不合理的风险，因为一旦这类资产发生违约的情形，会严重地损害整个资产池的质量，所以，人们更喜欢资产池中的资产是同类或者类似比例的。如果基础资产缺乏足够的资料，将会对资产证券化商品的定价造成消极影响，因为投资者不清楚证券化资产的履行状况。

（3）信贷资产证券化自身的推行障碍。除资产证券化的障碍外，信贷资产证券化也有自身的障碍。具体来说，企业贷款的证券化相对来说比较困难，在美国和欧洲只有少量的大额贷款证券化的案例，以中小规模工商业贷款组合为基础的证券化依然没有大举进入美国资本市场。其主要原因在于四个方面的障碍：一是贷款和证券化的利差小且银行不愿意为证券化承担过高的损失，因此不能有效地吸引投资者。二是工商业贷款的合同条款不规范，一般按贷款人和借款人的业务关系确定，因而无法将贷款本身的信用和贷款人完全分离。三是现金流的可预测性差。工商业贷款人的提前支付行为比较复杂——企业不仅要考虑利率变动对融资成本的影响，还要考虑与贷款人维持长期合作关系，另外提前支付的权利也因每笔贷款而异。四是大部分工商企业贷款缺乏抵押①。

2. 不良资产证券化的推行障碍。

不良资产证券化属于资产证券化中信贷资产证券化的下属概念，资产证券化以及信贷资产证券化固有的障碍同样也适用于此。除此以外，实践中，不良资产证券化推行存在很大的阻碍，具体体现为：不良资产证券化是资产证券化中比较特殊的一类，它与一般的信贷资产证券化等银行常规的资产证券化不同，因为它针对的对象本身就是不良资产，其自身资产价值依赖于清收回款，因此存在一定的不确定性，不过基于“大数效应”，依然可以测算最基本的现金流，故其可以进行证券化操作。但是实践中，银行不良资产证券化依然存在很多技术上和现实上的难题，主要体现在：第一，银行不良资产产生现金流，具有不可预测性和不稳定性。从理论上讲，银行不良资产的证券化，实质上是以借款人向银行支付的现金流向资产支持证券的投资者支付本金和利息。当资产支持证券的现金流既定时，如果其现金流不稳定甚至“断流”，那么资产支持证券的发行人或担保机构就不可避免地面临支付风险甚至支付危机。从我国现有的不良资产的现状来看，目前的银行不良资产主要集中在次级、可疑以及损失类贷款，这三类不良贷款的现金清收进度以及清收成果都存在很大的不确定性。第二，银行不良资产中贷款组合具有异质性。资产证券化

---

① 沈沛：《资产证券化的国际运作》，中国金融出版社2000年版，第51页。

本质上要求组合中的各批贷款的期限、坏账风险、收益水平等基本相近。只有这样，信用评级机构才能对其风险作出准确预测，投资者才能根据这一证券的风险程度和收益水平进行投资选择。我国不良资产的各类贷款不仅期限差异很大，而且风险水平也参差不齐。如果把这样一批各个方面条件差异很大的资产组合在一起，势必会造成信用评级和风险定价的困难，也不利于投资者全面、准确地把握其投资风险和投资价值。第三，我国银行不良资产的贷款中有相当一部分是信用贷款，没有充足的抵押物、质押物，而我国完整齐全的个人信用评价体系尚未建成，因此对于信用贷款很难评估其价值以及清收进度。如果以此类贷款为基础发行资产支持证券，必须要求信誉好的机构提供担保，否则资产支持证券很难推销出去。

四、商业银行不良资产结构化处置与不良资产证券化的区别与关联

（一）商业银行不良资产结构化处置与不良资产证券化的区别

1. 不良资产转让定价权上的差别。

不良资产结构化中结构化产品，往往是商业银行通过各种结构化交易来间接持有全部或者是劣后级，而不良资产证券化的产品一般是销售给市场上的真正合格投资人。因此，不良资产结构化处置几乎是由商业银行全程主导与控制，发起银行可以在相当程度上主导和控制不良资产转让定价权；而不良资产证券化中不良资产的转让则完全由市场定价，商业银行无法主导。

2. 交易的标准不同。

由于不良资产证券化中资产支持证券可以在相关公开市场直接发行和交易，其流动性比不良资产结构化处置要好得多，但同时对其要求也更为严格，体现在对发起人、SPV 主体、托管机构、信用评级以及自持比例、审批以及投资人等方面都有特别的要求。

（1）关于发起人。《金融机构信贷资产证券化试点监督管理办法》第七条规定："银行业金融机构作为信贷资产证券化发起机构，通过设立特定目的信托转让信贷资产，应当具备以下条件：（一）具有良好的社会信誉和经营业绩，最近三年内没有重大违法、违规行为；（二）具有良好的公司治理、风险管理体系和内部控制；（三）对开办信贷资产证券化业务具有合理的目标定位和明确的战略规划，并且符合其总体经营目标和发展战略；（四）具有适当的特定目的信托受托机构选任标准和程序；（五）具有开办信贷资产证券化业务所需要的专业人员、业务处理系统、会计核算系统、管理信息系统以及风险管理和内部控制制度；（六）最近三年内没有从事信贷资产证券化业务的不良记录；（七）银监会规定的其他审慎性条件。"这就导致部分出现不良资产的银行无法发起不良资产证券化。

（2）关于 SPV。《金融机构信贷资产证券化试点监督管理办法》第九条规定："信托投资公司担任特定目的信托受托机构，应当具备以下条件：（一）根据国家有

关规定完成重新登记三年以上；（二）注册资本不低于五亿元人民币，并且最近三年年末的净资产不低于五亿元人民币；（三）自营业务资产状况和流动性良好，符合有关监管要求；（四）原有存款性负债业务全部清理完毕，没有发生新的存款性负债或者以信托等业务名义办理的变相负债业务；（五）具有良好的社会信誉和经营业绩，到期信托项目全部按合同约定顺利完成，没有挪用信托财产的不良记录，并且最近三年内没有重大违法、违规行为；（六）具有良好的公司治理、信托业务操作流程、风险管理体系和内部控制；（七）具有履行特定目的信托受托机构职责所需要的专业人员、业务处理系统、会计核算系统、管理信息系统以及风险管理和内部控制制度；（八）已按照规定披露公司年度报告；（九）银监会规定的其他审慎性条件。”上述规定对于 SPV 的信托公司提出相对较高的标准，同时还将 SPV 的主体限定为一定标准的信托公司，种类相对单一。

（3）关于托管机构。根据《信贷资产证券化试点管理办法》第二十七条第二款以及《金融机构信贷资产证券化试点监督管理办法》第四十三条第二款的规定，信贷资产证券化发起机构和贷款服务机构不得担任同一交易的资金保管机构。上述规定导致发起银行不得担任资金保管机构，这导致发起银行损失一笔保管费的中间收入，更重要的是导致发起银行无法控制整个交易的资金划付和流转。而在不良资产结构化处置中则不限制实际发起银行担任资金保管机构。

（4）关于信用评级。《信贷资产证券化试点管理办法》第三十五条第一款规定：“资产支持证券在全国银行间债券市场发行与交易应聘请具有评级资质的资信评级机构，对资产支持证券进行持续信用评级。”外部信用评级本身会导致发起银行额外支付一定费用，而且面临评级的不可控性。而在不良资产结构化处置中，一般不需要外部评级。

（5）关于投资人。《信贷资产证券化试点管理办法》第三条第二款中规定，资产支持证券在全国银行间债券市场上发行和交易。因此，不良资产证券化只能在全国银行间债券市场上发行和交易，其投资主体是符合银行间债券市场的投资者，其投资范围有限。而中国人民银行颁布的《全国银行间债券市场债券交易管理办法》（中国人民银行令〔2000〕第 2 号）第八条规定：“下列机构可成为全国银行间债券市场参与者，从事债券交易业务：（一）在中国境内具有法人资格的商业银行及其授权分支机构；（二）在中国境内具有法人资格的非银行金融机构和非金融机构；（三）经中国人民银行批准经营人民币业务的外国银行分行。”而在不良资产结构化处置中，对投资人不做实质性限制，只要是符合 SPV 的投资主体都可以作为实际投资人来共同参与。

（6）关于审批。不良资产证券化还需要提交监管部门审批，其审批周期相对较长。《金融机构信贷资产证券化试点监督管理办法》第十四条规定：“银监会应当自收到发起机构和受托机构联合报送的完整申请材料之日起五个工作日内决定是否受理申请。银监会决定不受理的，应当书面通知申请人并说明理由；决定受理的，应当自受理之日起三个月内做出批准或者不批准的书面决定。”当然，2014 年 11 月以后，原银监会以《关于信贷资产证券化备案登记工作流程的通知》的形式，将信贷资产证券化由“事前审批”改为“事后备案”，从而提高了信贷资产证券化的效率。而不良资产结构化处置属于场外交易，依靠合同方式进行交易，属于商事主体自主交易范畴，不需要相关监管部门的审批。

3. 交易合作主体的法律责任不同。

在不良资产证券化中，相关参与主体包括各种服务主体都按照相关合同承担一定的法律义务，同时对整个交易承担实质性的市场风险，除法律和合同上约定的收益，相关参与主体以及服务主体不得要求发起银行承担兜底或者保底性收益保障责任。但是在不良资产结构化处置中，由于商业银行实际主导整个交易，所以商业银行对其他各方承担一定隐性收益的保障，特别是对投资者的投资本金与收益，商业银行会通过各种方式予以保障。同样，在不良资产结构化处置中，相关通道方（服务方）往往不承担实际上的风险，仅仅承担通道作用；但是在不良资产证券化中，相关通道公司（服务公司）必须按照其职责履行相应的职责，提供专业的服务和判断，否则可能会被追责。

4. 交易的场所和方式不同。

不良资产证券化，由于涉及证券化，需要按照证券化的要求进行相关证券的登记，并在一定的证券交易场所进行交易，往往采取场内标准化交易模式。根据《信贷资产证券化试点管理办法》第三条第二款的规定，资产支持证券在全国银行间债券市场上发行和交易，不良资产证券化只能在全国银行间债券市场上发行和交易。而在不良资产结构化处置中，不涉及证券化，不需要办理相关登记，也不在指定的交易所场内交易，往往采取场外交易模式（OTC）。

信贷资产结构化交易产品的总体对比

	优质资产证券化	不良资产证券化	不良资产结构化
预期现金流	稳定、账面价值	难确定，账目折扣	难确定，账目折扣
资产池构成	优质贷款合同	贷款合同或实物资产	贷款合同或实物资产
信用增级	要求较低	要求高，担保机构介入	要求高，内部担保
现金流重组	通常不用重组	需要重组	根据情况确定
信用评级	需要外部评级	需要外部评级	不用外部评级
次级权益	比例较小	比例较大	比例较大
交易成本	成本低	成本高	成本低
操作难度	较小	较大	较小

续表

	优质资产证券化	不良资产证券化	不良资产结构化
交易场所	场内交易	场内交易	场外交易
资产性质	标准产品	标准产品	非标产品
披露程度	公开披露	公开披露	定向披露
政府监管	审批或备案	审批或备案	不用审批或备案
募集方式	公募	公募	私募

（二）商业银行不良资产结构化处置与不良资产证券化的关联

不良资产证券化与不良资产结构化交易有很大的关联性，具体体现在以下几个方面。

1. 都要借助 SPV 来实现基础资产的破产隔离。

不良资产证券化与不良资产结构化处置中，都需要设立 SPV 来实现基础资产的转移，借助 SPV 作为基础资产法律上的所有权人或者管理人来以资产发现证券或者权益性证券来募集资金。从本质上来说，成功的不良资产证券化和不良资产结构化处置都是可以实现基础资产与发起人之间的破产隔离的，在法律上隔断了基础资产与发起人之间的关联性，从而实现不良资产基础资产的独立性。

2. 都要借助 AMC 实现不良资产的出表。

基于国家对银行不良资产批量转让的限制，不良资产结构化处置需要借助金融资产管理公司（AMC）作为出表不良资产的第一道接收方，即需要将基础资产转让给金融资产管理公司，由金融资产管理公司作为名义上的发行人进行相关结构化交易。而在不良资产证券化中，也往往会先将不良资产转让给金融资产管理公司，再由金融资产管理公司[①]发行不良资产支持证券。

3. 都会采取结构化金融技术手段。

在不良资产证券化以及不良资产结构化处置中，都会涉及增信措施，不过不良资产证券化的增信措施模式更加多元化，会同时采取外部增信与内部增信，而不良资产结构化处置则主要采取内部增信模式。此外，不良资产证券化以及不良资产结构化处置往往都会采取分层交易模式，将权益证券分为优先与劣后等模式，劣后级证券往往由发起人自持，优先级销售给相关合格投资人。

① 在 2016 年之前，我国大部分不良资产证券化都是将不良资产转让给资产管理公司，由资产管理公司作为发起人来发起证券化，仅 2008 年，建设银行作为发起人发起过一起不良资产证券化。如果银行方直接发售不良资产证券化，可能会增加该笔不良资产被认定为完全出表的不确定性，因此大部分银行不愿意自己直接发起。

4. 贷款服务机构是相同的。

由于商业银行对基础资产（不良贷款）的信息掌握得最全面，而且商业银行有专业的清收团队，所以在不良资产证券化以及不良资产结构化处置中，SPV 基本上都会委托基础资产原始所有权人的商业银行作为贷款服务机构，接受相关委托，对不良资产的实际清收提供服务。

保险机构投资股票行为的法律规制

——对“金融与商业分离原则”的反思

胡　鹏[①]

2017年2月24日，原保监会一纸处罚决定让持续一年多的“宝万之争”画上了句号。但“宝万之争”作为我国资本市场发展历程中的“活教材”，其背后所折射出的上市公司治理、金融混业监管、保险资金运用等深层次问题仍悬而未决，亟待理论界和实务界的进一步研究。以“宝万之争”为代表的举牌潮起源于我国金融环境的变化。近年来，我国保险业资产规模高速增长，但同期的银行存款、债券等固定资产收益率却持续走低，保险资产保值增值的压力增大。2014年以来，保险资金投资渠道不断拓宽，“股灾”时，原保监会甚至明确鼓励保险资金增持救市。基于资产配置压力、长期的产业布局和一系列政策红利，保险机构因而提升风险偏好，大量举牌。保险机构超越基金、券商等传统大户，俨然成为新的重要机构投资者。

令人遗憾的是，理论界对“宝万之争”中公司法、证券法问题讨论甚多，鲜有人关注其中的保险法问题。而实践中，前海人寿公司作为宝能系举牌万科的急先锋，其保险资金的动用起到了关键的作用。反观我国台湾地区，2004年，中信集团同样借助旗下中国人寿的保险资金取得了中华开发金融控股公司（以下简称开发金控）的经营权，随后理论界和实务界积极反应，对保险资金偏离立法目的使用的行为进行检讨，并对我国台湾地区“保险法”作出两次修改。两相对比，不禁令人唏嘘！大陆学者对“宝万之争”中的保险法问题缺乏敏感度源于法学界偏重于对保险合同法的研究，而对保险法的研究长期缺位。保险资金股票投资行为的规范事关保户权益的维护、资本市场的稳定，理应成为保险法之重大课题。在此，笔者即以

---

① 胡鹏，华东政法大学经济法学院2017级博士生。

“中信入主开发金控”这一典型案例为切入点，通过研究个案来阐释我国台湾地区保险制度的变迁及争议，为防堵“宝万之争”所暴露的制度漏洞，健全保险监管法制提供有益经验。

一、我国台湾地区的案例、制度回应和学者争议

（一）案例事实[①]

20世纪晚期以来，金融自由化已是国际上的一股潮流，发达国家莫不进行金融自由化改革，譬如英国、日本的“金融大爆炸”，美国1999年的《金融服务现代化法案》，均允许保险、银行、证券相互跨业经营。国际金融市场快速整合使各国金融市场之间的竞争越来越激烈。自我国台湾地区加入WTO以后，主管机关为因应全球金融革新与竞争趋势，积极开放金融跨业经营，着力于构建“经营多元化、组织大型化”的金融体制。在此背景下，我国台湾地区的开发金控于2001年依据“金融控股公司法”由子公司中华开发工业银行以股份转换方式成立。2002年，开发金控并购菁英证券和大华证券，拥有了直接投资、证券承销、经纪、财务顾问等完整的上中下游金融业务，成为当时我国台湾地区最大、最具专业性的金融机构。而我国台湾地区中信集团（以下简称中信）成立于2002年，其实际控制人是我国台湾地区著名的辜氏财团，旗下成员包括中信金控、中信证券、中国人寿等。

开发金控之控制权争夺事件，源于长期以来董监持股严重不足。而且，自2003年第四季度各金控公司股价都随经济景气逐渐上扬，唯独开发金控因前董事长被收押改由董事陈某接任而处于低迷态势。2003年年底到2004年年初，中信集团通过旗下中信证券和中国人寿大举买进开发金控股票，截至2004年开发金控召开股东大会之前，中信证券已持有24万只以上开发金控股票，中国人寿亦持有逾30万只开发金控股票，合计持有开发金控流通在外股权近5%，加上辜氏财团所持有的股份，约达6%，远高于陈某家族的持股数。2004年，陈某等人召开董事会决定将6月召开的股东大会提前至4月5日，致使股东资格登记日提前至2月6日，也即只有在当日之前持有股票者，才能参加股东大会并享有董监改选的表决权。然而，随着最后登记日而来的是股东名册和持股比例，陈某等人发现中信旗下的中国人寿已是开发金控的第一大股东，中信证券是第二大股东。

我国台湾地区相关出于维护股份（约占6.3%）利益、兼顾市场公平之目的，在当年2月中旬邀请中信集团与陈某会面协商，但终因董事席次规划不被陈某认同

① 参见林濰瑄:《公司治理之经营权与所有权之探讨——以中信入主开发金控为探讨案例》，台湾交通大学2003年硕士学位论文，第26~50页；梁昭铭:《保险业资金运用规范之妥适性——以中寿投资开发金衍生之争议为例》，台湾政治大学2006年硕士学位论文，第70~119页；陈惟龙:《保险资金之运用与公司治理》，台湾大学2006年硕士学位论文，第82~91页。

而宣告失败，中信集团与某股份遂结成同盟，约定共同规划董事席次，双方委托书征求大战正式展开。在此过程中，双方大打舆论战，中信集团的诉求是：基于公平正义，经营者应比一般投资大众拥有更多的公司股权，才能为股东创造更大的投资回报，而开发金控绩效不彰，管理层无心经营，任何人都可取而代之，为股东谋求最大利益，中信集团作为大股东，肩负着公司股价再生的使命。陈某等人回击道：中信集团虽号称持有约 6% 的开发金控股票，但中国人寿动用的资金是保户的钱，换算成自有资金也不到 2%，事实上持股比例并不比其多太多，该股份与中信集团不应私相授受在股东大会召开前就先行分配董事席次，应尊重全体股东对管理层的选择。当年 4 月 5 日，开发金控股东大会在万众瞩目下召开，经计票，该股份与中信集团所提案的 7 名常务董事无异议通过，中信证券总经理辜某出任开发金控总经理，其后，开发金控高级管理人员的派任皆由中信集团主导，中信集团成功入主开发金控。

中信集团成功入主开发金控，中国人寿的持股起到了关键的作用。其中，中国人寿投资开发金控的金额，占其可运用资金的 3.42%，约持有开发金控股权的 2.67%，形式上完全符合我国台湾地区“保险法”第一百四十六条之一第一项第三款[①]之比例限制。但是，此举引发了各界的强烈争议，其中大型集团动用旗下保险子公司的保户资金巧妙规避保险监管的比例限制，协助关系企业取得经营权是否符合制度精神是最大的争议。

（二）制度回应

我国台湾地区相关机关借此全面检讨保险业资金运用问题，“金融监督管理委员会”（以下简称“金管会”）于 2004 年 8 月 4 日作出决定：保险公司依据“保险法”第一百四十六条之一进行资金运用，属于短期、获利性投资，不应出任被投资公司董监事，不能征求委托书，不能介入经营，要支持公司派。决议中“限制保险公司出任被投资公司董监事及征求委托书之权利”是规定的保留事项，必须有明确规定才能作出。因此，相关机关不得已作出让步，转而通过“保险商业同业公会”召集会员协商，并制定“保险业从事‘保险法’第一百四十六条之一第一项第三款投资有价证券自律规范”，期望通过行业自律将保险资金运用导向正轨。该规范虽然使保险资金介入被投资公司经营的情况有所减少，但对各保险公司监管强度较弱，因此相关机关借“保险法”修改之机，对“保险资金投资股票规范”重新检讨。2007 年 6 月 14 日，我国台湾地区通过“保险法修正案”，强化保险资

① 当时我国台湾地区“保险法”第一百四十六条之一第一项第三款为：经依“法”核准公开发行之公司股票；其购买每一公司之股票总额，不得超过该保险业资金百分之五及该发行股票之公司实收资本额百分之十。

金股票投资依照其目的分为财务投资、参与经营及主导经营，[①] 并在“保险法”第一百四十六条之一（财务投资）中增订第三项：保险业投资公开发行股票的，不得有下列情事：（1）以保险业或其代表人担任被投资公司董事、监察人；（2）行使表决权支持其关系人或关系人之董事、监察人、职员担任被投资金融机构董事、监察人；（3）指派人员获聘为被投资公司经理人。

即使我国台湾地区“保险法”已明确禁止保险资金介入被投资公司经营，然而保险资金沦为经营权争夺筹码的事件仍层出不穷，更出现违规投票协议和违规投票行为。2012 年，龙邦国际集团董监事改选，财务状况早已恶化的国宝人寿联合其大股东朱某大幅买进龙邦股票，“金管会”火速要求国宝人寿说明情况，并祭出“三不准”：不得以寿险资金介入龙邦国际集团董监改选、不得参与董监事改选投票、不得支持关系人出任董监事。然而，原先已承诺不投票的国宝人寿居然参与投票，还支持其大股东朱某拿下一席董事席位，使“金管会”的保险监管权受到严重挑战。[②] 该事件后，“金管会”决心推动第二次修改文件，2014 年 5 月 20 日，对“保险法”第一百四十六条之一增订第四项：保险业违规行使表决权者，其或代表人担任董事、监察人、行使表决权、指派人员获聘为经理人、与第三人之约定、协议或授权，无效。我国台湾地区相关机关对个案严格管控与惩处，积极完善保险相关规定，善尽保险“监管”职责的态度颇值赞赏。然而，“保险法”增订的第一百四十六条之一第三项是否符合基本原理，是否能够有效填补制度漏洞，防范保险资金的不当运用都值得深入思考，这在我国台湾地区也引起了学者的巨大争议。

（三）学者争议

针对“保险法”第一百四十六条之一第三项，我国台湾地区学者表达了不同的观点和立场，分述如下：

持肯定立场者认为：（1）保险资金取自社会大众，应确保足够的偿付能力。欧盟 Solvency 第一号指令规定，保险公司应有足够清偿能力的金额，以确保一家保险公司在不可预见的情况下，相对于应承担的风险仍有充分的自有资本，以补偿保户之损害，此亦系反对保险业投资介入经营权之重要原因。[③]（2）保险业属于高杠杆操作行业。保险业股东仅投入极少的自有资金，即可运用好几倍的资金，然而保险资金主要来源于保户的责任准备金，保户承担了相当大的风险，因此从严规范保险

---

① 我国台湾地区“保险法”第一百四十六条之一第三项为财务投资、第一百四十六条之五为参与经营、第一百四十六条之六为主导经营。

② 参见黄俐：《股东表决权限制之研究——兼论“保险法”第一百四十六条之一妥适性》，台湾东海大学 2015 年硕士学位论文，第 187~188 页。

③ 参见陈丽娟：《Solvency Ⅱ指令：欧盟保险监理趋势之探讨》，载《月旦财经法杂志》2012 年第 28 期。

业的转投资行为绝对必要。（3）防范保险业股东掏空公司。保险公司不同于其他大型股份公司，不用上市就坐拥庞大资金，而其内部投资决策往往不公开透明，很容易成为大股东的“提款机”。（4）保险资金运用应回归文件制定之初衷。保险资金运用本是希望保险业为保户做妥善的投资管理，提供风险管理服务，不仅保持保险业稳定，更促进金融市场发展，故保险资金投资股票应是认同公司经营绩效，获取财务收入，如果影响被投资公司经营，甚至为其关系人并购抬轿，则与文件制定意旨不合，应予限制。

持反对立场者认为：（1）该条文违背股东平等原则之基本原理。股东基于股东地位，对公司的权利与义务享有平等待遇，仅以“防止保险业介入被投资公司之经营，确保保户之利益”等似是而非的理由，限制保险业资金的运用方式，实与相关机关鼓励金融事业综合发展、不同类型事业跨业经营合纵连横的时代趋势不符。[①]（2）或许会降低保险资金运用收益。保险公司欲充分了解公开发行公司之经营状况等重要信息，唯有进入该公司担任董监事，这才能取得第一手资料，才能更多地了解被投资公司的内部经营状况，从而决定是否应继续投资。这种限制导致保险行业无法准确控制投资风险，将大幅度地影响保险资金之投资收益。[②]（3）抑制保险资金的积极作用。保险行业资金庞大，若能配合政策，适用于社会发展，即具有正面意义。这种限制与相关机关鼓励保险行业支持经济的倡导相悖。（4）保险资金与其他机构投资者相同，都是安定社会的重要力量，不应被差别对待，甚至污名化。

观诸方之立场，似乎都有道理，但我国台湾地区相关机关不惜违背同股同权的基本原理，剥夺保险公司在上市公司的表决权，其并非着眼于个案的影响，也不限于维护保险行业的稳定，而是决心贯彻“金融与商业分离”的原则。可以说，我国台湾地区“保险法”第一百四十六条之一第三项是我国台湾地区相关机关在金融规定中贯彻“金融与商业分离”原则的一个小小缩影。

二、“金融与商业分离”原则下第一百四十六条之一第三项之反思

（一）“金融与商业分离”原则的源流

分业经营是对金融机构业务范围进行某种程度的分业管制。按照分业管制的程度不同，分业经营有三个层次：第一层次是金融与非金融业的分离，金融机构不得经营非金融业务，包括持股在内；第二层次是银行、证券、保险三类业务分离，即经营一类的业务后不得再兼营其他二类的业务；第三层次是各子行业内部有关业务

① 参见江朝国：《金融控股公司法下之保险子公司投资相关事宜》，载《台湾本土法学杂志》2006年第78期。

② 参见江朝国：《“保险法”修正评释》，载《月旦法学杂志》2009年第1期。

的进一步分离，例如政策性业务与商业性业务之金融机构分离、证券交易与证券经纪等业务之金融机构分离、财产保险与人身保险业务之金融机构分离等。通常所指的分业经营多指第二层次，即银行、证券、保险业务之分离。而“金融与商业分离”则是分业经营的下位概念，为分业经营的第一层次。

“金融与商业分离”原则是由“银行与商业分离”原则衍生而来的。美国自1864年起就立法禁止银行与商业结合，其主要考虑有以下几点：（1）利益冲突。例如，银行对于非金融关系企业的客户核贷宽松，对于其竞争对手则不予授信，或授信时，附加其他额外标准。（2）信心防火墙可能被穿透。非金融关系企业经营不善，而有资金危机时，虽然法律上分属不同主体而隔绝了风险的分散，但民众可能会对金融控股公司内之银行失去信心，并感到恐慌。（3）金融控股公司旗下的银行、证券、保险子公司都受到严格监管，但非金融关系企业缺乏这种监管。（4）经济资源过度集中。这可能造成“大而不能倒”的监管隐忧，且金融控股公司涉及的层面相当广泛，若再加上非金融事业的版图，极可能导致经济势力过于集中。①

为防止金融机构利用其庞大的经济势力介入非金融机构的经营，从而利用其地位造成不公平竞争及利益冲突，“金融与商业分离”原则在美国金融实务上已成为金融机构投资非金融相关业务时的重要圭臬。②1933年《格拉斯－斯蒂格尔法》使美国金融业进入分业经营时代，金融业彼此间不得兼营，而银行业与非金融业亦不得彼此混业经营。1956年《银行控股公司法》进一步加强此原则，规定银行业务仅及于“与银行业务相关而有适当之从属性者，纯商业行为不得成为银行业务，并限制银行不得管理或控制与银行业务无关的非银行资产”。1999年《金融服务现代化法》进一步扩张银行与商业分离概念的内涵，申言之，《金融服务现代化法》虽然结束了金融机构间壁垒分明的时代，但继续维持传统“银行与商业分离”原则，仍禁止储贷机构直接投资生产事业的股份，且金融控股公司不得持有生产事业的股份，原则上也不得经营及管理生产事业，以此加强金融业与非金融业之区隔。这样一个演进的过程，说明“银行与商业分离”扩张到金融控股公司的范畴，演变为现在“金融与商业分离”概念。我国台湾地区亦从投资比例、投资限额、禁止人事权介入经营等方面贯彻“金融与商业分离”原则，以实现该原则之规范目的。从2004年“金融服务法草案”制定之初，到2009年“金融控股公司法”修正，以及各金融业规定的修改，均可见我国台湾地区相关机关对“金融与商业分离”原则贯彻之决心。③

---

① 谢易宏：《企业与金融法制的昨日今非》，五南图书出版股份有限公司2008年版，第379页。

② 谢易宏：《企业与金融法制的昨日今非》，五南图书出版股份有限公司2008年版，第379页。

③ 参见林盟翔：《金融服务横向整合之困难与挑战——金融与商业分离原则之定位与落实》，载《中正财经法学》2010年创刊号。

（二）“金融与商业分离”原则下保险机构股票投资行为规制的核心要义

法律是价值衡量的艺术，应基于社会公益，全面地规范经法律认定的不当行为，不能为了打压特定者而立法。“金融与商业分离”原则及其一系列规定从根本上而言，是监管者出于金融机构可能滥用客户资金、扰乱正常商业秩序的考虑。然而，在现代金融创新与融合的时代趋势下，金融与商业联合也是促进资源共享、提升金融竞争力的有力手段。“公平原则”要求监管者应反复权衡利弊，兴利除弊，切莫因噎废食。进言之，金融机构资金运用本质上是人的行为，如果金融机构公司治理健全，决策公开透明，每一笔投资都考量安全性、收益性等要素，且对外行使表决权符合大众预期，这样的金融机构适度介入商业经营很值得鼓励。可见，如何引导保险资金运用回归“合法又合理”的正轨至关重要。

就保险资金运用自身而言，安全性与收益性恒为一对矛盾。保险资金运用是杠杆操作，保险公司股东以极少的自有资金撬动数倍于自身的准备金，因此其投资天然倾向于冒险。剥夺保险公司选任被投资公司董监事的权利确实能够防范实际控制人掏空保险公司、滥用保险资金帮助收购的弊端，但同时降低了保险公司股票投资的溢价。股权作为一种综合性权利，其包含的表决权和受益权密不可分，离开表决权，股东不仅将失去监督的工具，在控制权争夺时，持有的股票也会变成无人问津的废纸。在进行股权设计时力求达到表决权和受益权互相匹配，也就是经济学理论所说的剩余控制权和剩余索取权的匹配，例如优先股股票，虽不含有表决权，不能参与公司经营，但比普通股票有更优先请求利润分配的权利。例如，我国台湾地区“保险法”第一百四十六条之一第三项既剥夺保险公司股票的表决权，又没有给予其丧失表决权后的风险对价，导致表决权和受益权严重不平衡，这种激进的规定实有矫枉过正之嫌。

另外，就保险机构参与公司经营而言，财务投资者与战略投资者双重属性又是另一对矛盾。第一，保险机构应作为战略投资者，充当“积极股东”角色，以长期投资而非短期套利为目标。这一角色起源于美国 20 世纪 80 年代的“股东积极主义”运动，倡导保险机构股东由“用脚投票”转向“用手投票”，不仅要凭股权买卖间接地影响管理层，而且要积极介入公司事务，监督管理层，参与公司决策，从而改善公司绩效。[①] 第二，保险资金，特别是寿险资金一般来源于责任准备金，具有期限长、规模大、来源稳定等特点，传统寿险产品期限一般在 15—30 年，即使分红险期限一般也在 5 年以上，而且趸缴比例高达 70%，因此保险资金不同于其他资金，是天然的长期价值投资者。[②] 所以，保险机构不仅具备机构投资者的一般属性，而且具有长期价值投资者的独特优势，只有行使表决权方能实质性地参与公司

---

① 参见马颖：《机构投资者参与公司治理的可行性研究》，东北林业大学出版社 2008 年版，第 43 页。

② 陈文辉等：《新常态下的中国保险资金运用研究》，中国金融出版社 2016 年版，第 18 页。

治理、表达意见、为受益人争取最大利益。表决权是保险机构作为战略投资者和长期价值投资者的重要权利，不应被任意剥夺。但是，保险业作为社会风险的管理者和分散者，风险保障才是其本质功能，投资只是其辅助功能，绝不可本末倒置。[①]保险机构应当以财务投资为主，战略投资为辅，才能使保险业不偏离风险保障的主业，[②]但相对于战略投资，财务投资的特点是更关注短期获利，一般不派驻董事，不直接参与公司的经营和管理，仅提供资金支持[③]。可见，保险机构所具有的战略投资者和财务投资者双重角色有所冲突。

综上所述，保险资金股票投资行为规制的难点可归纳为两个命题：一是保险资金运用安全性与收益性的内部矛盾；二是保险机构兼具战略投资者和财务投资者双重角色的外部矛盾。我国台湾地区“保险法”第一百四十六条之一第三项过度偏重安全而牺牲效率，显然有失偏颇。在自由市场环境下，保险市场所面临的问题是相似的，我国台湾地区保险监管的得失与教训值得警醒与反思。

三、保险资金运用安全性与收益性之平衡

2004年，原保监会与证监会联合发布了《保险机构投资者股票投资管理暂行办法》，允许保险机构直接投资股票。在十几年的市场发展中，我国保险机构一直在消极炒作与积极介入双重角色中徘徊，没有寻得保险资金安全性与收益性的最佳平衡点，同时期的保险监管更是陷入“一放就乱，一管就死”的怪圈。

（一）消极炒作抑或积极介入

引导保险资金入市，理论界、监管层和市场对保险资金的一致预期都是保险资金应奉行长期价值投资理念，成为稳定市场的重要力量。但投资实践证明，少数保险公司存在违背长期价值投资理念，跟风追涨杀跌、炒作人气的倾向。[④]以中国人寿为例，据Wind资讯统计，中国人寿2005年第四季度持有49只股票，到2006年年初已经抛售31只，留下18只，简单换股率为63.26%；2006年第一季度中国人寿持有的43只股票中，只有16只股票保留到了第二季度，其余27只股票悉数被抛出，简单换股率为62.79%；如果加上第二季度中国人寿增加的新股，这两者相加得出的换股率将超过100%，媒体因此热炒中国人寿引领短线王。有研究发现，对于保险席位而言，趋势投资显然多于价值投资，波段操作常于长期投资。[⑤]显然，

① 参见张炜：《险资坚持长期投资和价值投资大有可为》，载《中国经济时报》2016年12月15日。

② 参见傅苏颖：《险资股权投资强化财务投资性质 专家建议加强投资目标管理》，载《证券日报》2017年2月24日。

③ 张新文：《中国资本市场投资词典》，中国财政经济出版社2015年版，第310页。

④ 参见徐高林：《保险资金长期价值投资的股市基础分析》，载《保险研究》2008年第10期。

⑤ 参见陈恳：《迷失的盛宴：中国保险史（1978—2014）》，浙江大学出版社2014年版，第164页。

保险机构非但没有成为“用手”行使股东权利的积极股东，反而成为偏好短线牟利的消极炒作者，严重背离了监管的初衷。

2014 年 2 月，为进一步推进保险资金运用体制的市场化改革，原保监会决定实施大类资产比例监管，给予保险资金更大的配置自由。[①] 在一系列政策利好驱动下，保险资金大规模入市，但保险资金举牌事件也频频发生。然而，一些保险机构不只做短线牟利的财务投资者，更是积极谋求上市公司控制权。2015 年下半年，宝能系不断通过旗下的钜盛华公司和前海人寿举牌万科，开始了旷日持久的控制权争夺战。万科管理层表示：“不欢迎野蛮人”，宝能系则提出罢免万科现任所有董监事。除此之外，宝能系举牌南玻 A，导致其高管集体辞职，更触发了 A 股数百家上市公司纷纷在章程中增设各类反收购条款。[②] 保险机构积极介入公司治理，并非出于监督管理层，提升上市公司绩效之目的，而是为了控制上市公司，进行资本运作，这背后隐藏着一系列风险：其一，保险公司大股东滥用股东权，操纵举牌，使保险机构异化为大股东的融资平台。其二，举牌资金来源于万能险保费。一些保险机构偏离风险保障的主业，过度开发万能险产品，万能险产品结算利率远高于市场同类产品，资产负债错配风险增大。其三，在举牌过程中，除运用保险资金外，还运用多种金融衍生工具，以极少的自有资金撬动大量的杠杆资金用于增持股票，其中资金运用高杠杆风险不言而喻。由此可见，保险机构介入上市公司控制权争夺相当程度上扰乱了正常的商业秩序，不利于金融稳定。

（二）保险机构自有资金和准备金之分离运用

依据《保险资金运用管理暂行办法》第三条的规定，保险资金，是指保险集团（控股）公司、保险公司以本外币计价的资本金、公积金、未分配利润、各项准备金及其他资金。可见，保险资金由自有资金和各种准备金所构成。实践中，保险公司在每次增持时选择的资金来源性质也有所不同，有时来自自有资金，有时来自准备金，有时二者兼具。[③] 而保户与保险公司股东对于资金运用之目标并不一致，准备金之提存乃企业未来负债的折现，着重在于安全、保障，关系到保户权益的维护和保险公司偿付能力的确保；而保险公司股东往往将获取更高报酬视为首要目标；二者之间比例悬殊导致保险资金运用杠杆率过高，从而衍生利益冲突问题。笔者认为，保险机构对两种资金的风险偏好不同，是其股票投资激进的根源。反之，维持保险资金运用安全性与收益性之平衡必须将二者分开，设置二者利益冲突的防火墙。

笔者认为，应当重新界定保险资金的范围，保险资金应仅限于保户所缴交的保

---

① 陈文辉等：《新常态下的中国保险资金运用研究》，中国金融出版社 2016 年版，第 28 页。

② 参见张敏：《34 家上市公司遭举牌，防野蛮人反收购条款盛行》，载《证券日报》2017 年 6 月 16 日。

③ 参见杨倩雯：《险资横扫资本市场的秘密：三大主力资金轮番出动》，载《第一财经日报》2016 年 7 月 5 日。

费而形成的准备金，而不应包括保险机构的自有资金，这是根除二者利益冲突的基础。另外，防范自有资金和准备金利益冲突的具体规则可从信息披露、合同责任、投资期限等具体方面加以规定。对于此点，我国证券业在防范自有资金和客户资金利益冲突的经验可资借鉴。例如，证券公司可以以自有资金参与本公司设立的集合资产管理计划，但证券机构应当采取措施，有效防范利益冲突，保护客户利益。证券机构应与客户在合同中约定自有资金参与、退出的条件、程序、风险揭示和信息披露等事项，合同约定承担责任的自有资金，还应当对金额作出约定。[①] 证券机构自有资金参与集合计划的持有期限不得少于6个月，参与、退出时，应当提前5日告知客户和资产托管机构。[②]

四、保险机构财务投资者与战略投资者角色的理性归位

自2015年以来，保险资金频繁举牌，引发了公众的强烈质疑，监管部门随之出台一系列监管政策完善制度，坚持贯彻“保险姓保”，对保险资金举牌监管的总体思路是加强资产负债匹配，健全保险公司治理。

（一）现行监管制度规制之不足

1.“与保险业务相关企业”外延模糊。

监管层将保险机构股票投资分为“财务投资”和“战略投资”，保险机构战略投资应以保险上下游关联产业为主。[③] 因此，在《保险资金运用管理暂行办法》等政策文件中，将保险机构收购上市公司的行业限制在“保险类企业”“非保险类金融企业”“与保险业务相关企业”。前两类企业范围较容易确定，而第三类“与保险业务相关企业”的外延则非常模糊。检视以往出台的监管政策，可以推知“与保险业务相关企业”涉及养老、医疗、汽车服务、现代农业、新兴商贸等行业。[④] 但保险业为各行各业提供风险管理服务，其天生就具有跨界的特质，上述列举实在难以满足保险业延伸产业链的现实需求。目前，保险业正积极布局养老地产，从这个角度看，前海人寿因此举牌万科似乎也无可厚非。由此可见，保险机构收购上市公司限于“与保险业务相关企业”，这一规定在实践中没有发挥任何作用。

在保险资金“举牌潮”之后，原保监会发布《关于进一步加强保险资金股票投资监管有关事项的通知》（以下简称《通知》）试图解决这一问题，规定保险机构收购上市公司，应事前向监管部门申请核准，并进行业务相关度说明（《通知》第六

---

① 《证券公司客户资产管理业务管理办法》（2013年修订）第二十五条。

② 《证券公司集合资产管理业务实施细则》（2013年修订）第二十三条。

③ 赵萍、李致鸿：《独家专访保监会副主席陈文辉：用底线思维监管保险资金》，载《21世纪经济报道》2016年3月21日。

④ 参见《保险资金投资股权暂行办法》（保监发〔2010〕79号）、《保险资金投资不动产暂行办法》（保监发〔2010〕80号）、《关于保险资金投资股权和不动产有关问题的通知》（保监发〔2012〕59号）。

条第二项)。这一规定是将"与保险业务相关企业"的核定权收归原保监会，且在取得核准前，不得继续增持该上市公司股票(《通知》第十条)。股票市场环境瞬息万变，收购时机往往不等人，如果错过最佳收购时机将付出高昂的代价，这一规定可能会变相阻碍保险机构收购上市公司，也因此会使保险机构对哪些行业可以布局缺乏明确稳定的判断。

2."财务投资"和"战略投资"未能实现差异化监管。

其实，保险资金"财务投资"和"战略投资"各有其特殊之处，应适用不同的监管规则。"财务投资"应遵循分散性投资原则，确保投资风险不过于集中。而"战略投资"因保险机构所投资的是"与保险业务相关企业"，二者经营范围较为接近，可发挥保险主业优势进行上下游产业的整合，故"战略投资"的限制应较为宽松，并允许主导经营。但在保险资金"举牌潮"之前，原保监会虽将保险机构股票投资分为"财务投资"和"战略投资"两类，但二者一体适用相同的比例限制，并没有设置差异化的监管规则。在这一阶段，原保监会侧重于"财务投资"的分散性和安全性监管，从严设定各种比例限制，完全忽略了保险机构"战略投资"的需求，也加剧了保险机构消极炒作的现象。

在保险资金"举牌潮"之后，原保监会试图贯彻"财务投资为主，战略投资为辅"的监管思路，在《通知》中规定层层递进的差别监管，即区分一般股票投资、重大股票投资和上市公司收购。一般股票投资是保险机构或保险机构与非保险一致行动人投资上市公司股票比例低于上市公司总股本20%，且未拥有上市公司控制权的股票投资行为。对此类不涉及举牌的行为，监管不增加限制措施。重大股票投资是保险机构或保险机构与非保险一致行动人投资上市公司股票比例达到或超过20%，且未拥有上市公司控制权的股票投资行为。《通知》规定，对重大股票投资行为，其超过20%的新增投资部分应当使用自有资金。另外,《通知》规定，保险机构不得与非保险一致行动人共同收购上市公司。保险机构收购上市公司，应当使用自有资金。除此之外，为防止保险机构为非保险一致行动人并购抬轿,《通知》还规定，保险机构与非保险一致行动人开展一般股票投资发生举牌时，可以采取暂停保险机构资金最终流向非保险一致行动人的直接或间接投资等监管措施。

笔者认为，上述规定仍未真正关注"财务投资"和"战略投资"的差异化监管，二者仍适用相同的比例限制，唯一特殊的是区分不同情形以限制资金来源，并严格监控资金流向，这虽然在确保保险资金投资安全上做出了一些努力，但无法真正防范保险资金的滥用，无非是逼迫保险机构采取更隐蔽的关联交易来规避监管限制。例如，对于举牌发生前，保险机构资金流向非保险一致行动人的投资，监管部门则很难发觉。试举一例，非保险机构在举牌前以私募方式定向增发股票，理由是增加资本、加强财务结构，而私募发行的主要对象是保险机构，保险资金的注入使非保险机构举牌时的资金实力大大增加，这与保险机构直接持股上市公司，仅是直接帮助与间接帮助的分别而已，恐又引发社会争议。但是就合法性而言，保险资金运用只要符合比例限制，确保偿付能力充足，对于非保险机构募集资金后将资金作何种用途，非保险机构所能限制或者追踪，不应过分苛责，更何况私募理由是“加强财务结构”，保险机构从表面上无从得知其背后的真实目的。但是，如果非保险机构举牌的资金大都是所募集的保险资金，客观上难免让人质疑保险机构间接帮助举牌的实质效果。一旦保险机构与非保险机构真正存有一致行动的意思联络，那么监管部门又该如何堵漏，才能防范如此隐蔽的逃避监管的行为？显然，上述突发式、应急式的规定缺乏整体综合考虑，更无长远合理规划，不可避免地在解决一些问题的同时又遗留一些问题或者引发新问题。①

（二）财务投资者与战略投资者角色的理性归位

我国保险机构财务投资者和战略投资者双重角色长期错位是一系列市场乱象的根源。笔者认为，监管者的立法逻辑应是如何调和财务投资者和战略投资者的角色冲突，实现其应然价值的理性归位。因此，我国台湾地区“保险法”对保险机构股票投资分类监管的思路颇值得借鉴。

1. 保险相关事业与非保险相关事业的区分。

风险保障是保险立业之本，保险机构投资股票应着重于保险相关事业，对于非保险相关事业只能“入股”不能“入主”。为贯彻这一宗旨，我国台湾地区“保险法”于 2001 年增列第一百四十六条之六试图将保险机构股票投资区分为“非保险相关事业投资”与“保险相关事业投资”两类，二者的区分并非以持股比例高低或者持股时间长短为决定要素，而是以投资性质与目的为准。第一百四十六条之一所规定的“非保险相关事业投资”性质上属于财务投资，其意旨是希望保险机构买卖股票仅为一般的投资收益，而非意图介入被投资公司的经营。后来发生保险资金介入上市公司控制权争夺事件严重违背以上宗旨，又增订第一百四十六条之一第三项，禁止保险机构行使被投资公司的表决权，进一步强化“非保险相关事业投资”的财务投资属性。

针对“非保险相关事业投资”与“保险相关事业投资”之分野，我国台湾地区“保险法”给予了不同程度的限制。因“非保险相关事业投资”为财务投资，应遵循投资分散性原则，故于第一百四十六条之一中设定各种比例限制，如单一资产比例限制、大类资产比例限制、投资主体比例限制。② 而对于“保险相关事业投资”，

---

① 参见张忠军:《金融监管法论——以银行法为中心的研究》，法律出版社 1998 年版，第 114~115 页。

② 我国台湾地区“保险法”第一百四十六条之一第一项第三款规定，保险业资金得购买经依“法”核准公开发行之公司股票；其购买每一公司之股票，加计其他经主管机关核准购买之具有股权性质之有价证券总额，不得超过该保险业资金百分之五（单一资产比例限制）及该发行股票之公司实收资本额百分之十（投资主体比例限制）。第六款规定，证券化商品及其他经主管机关核准保险业购买之有价证券；其总额不得超过该保险业资金百分之十（大类资产比例限制）。

因其与保险主业相关，保险机构非仅为获得财务收益之目的，故允许其作为战略投资者，充当积极股东，取得控制权并主导经营，也免除第一百四十六条之一的各项比例限制。另外，我国台湾地区保险相关机关为支持公共及社会福利事业建设，增订第一百四十六条之五，在前两种分类间折中，即经主管机关核准之公共及社会福利事业投资，不受第一百四十六条之一的各项比例限制，但保险业所派驻的董监事席次不得超过被投资公司总席次的三分之一。

通过以上分析可知，我国台湾地区保险相关文件制定的分类监管模式对“保险相关事业投资”约束相当宽松，致力于发挥保险业战略投资者和积极股东之价值，而对“非保险相关事业投资”则以比例限制甚至剥夺表决权强化其财务投资属性。此外，相关机关又不失灵活性，划定在其控制下投资公共及社会福利事业这一中间地带。我国可以公布“保险相关事业”的清单，明确“保险相关事业投资”的范围，为保险机构作为战略投资者收购上市公司划定清晰的界限。然后，以两种分类为基础设置差异化的监管规则，“非保险相关事业”则以财务投资为主，侧重于分散性和安全性监管，设置严格的比例限制，而对“保险相关事业”则以战略投资为主，放宽投资的比例限制，允许通过股票市场收购上市公司并主导经营。

2. 财务投资之表决权行使政策事前披露。

笔者认为，保险机构行使被投资公司的表决权应基于积极监督之立场。只有在被投资公司管理者滥权或经营绩效不佳可能降低投资价值时，保险机构才能运用表决权向管理层施压，要求提升公司经营绩效。为防范保险机构以积极监督之名扰乱正常商业秩序，监管者应要求保险机构事先披露表决权行使政策（Voting Policy），声明财务投资时表决权行使的方向、具体内容、利益冲突解决办法等，使市场得以提前知悉保险机构表决权行使的方式。目前，保险法规仅要求保险机构在进行股票投资时，事后及时信息披露，但这无法约束保险机构滥用表决权介入被投资公司经营的行为。同时，保户并非保险机构股东，无法参与股东会议，无从得知公司投资现状及对于被投资公司的表决权行使方向，其权益欠缺保障。美国加州公务人员退休基金不仅积极从事公司治理评价，定期在网站上公布，而且通过股东表决权与公司管理层沟通，要求评价不佳的公司改善公司治理机制，因其规模庞大，影响力甚巨，使被点名的公司在一定程度上配合改善公司治理。因此，我国可以于保险监管法规中设定保险机构表决权行使政策的事前披露程序，同时为避免披露的内容过于空洞，应要求披露内容具体明确，使市场可理解，可预见其表决权的行使方向。在监管高压及保险业自律机制下，保险机构事前所披露的表决权行使政策会遵循“财务投资”积极监督而不肆意介入的逻辑。

另外，我国台湾地区“保险法”第一百四十六条之九还规定了保险机构行使表决权的具体程序，即保险业于出席被投资公司股东会前，应将行使表决权之评估分析予以说明，并应于各该次股东会后，将行使表决权之书面记录，提报董事会。这一规定是对保险机构表决权行使过程中的程序约束，以防止利益输送，切实保障保户的利益，也颇值得借鉴。

结语

“宝万之争”几乎是中信入主开发金控事件的翻版。为了防控保险资金不当介入上市公司经营，我国台湾地区对“保险法”作出两次修改，增订第一百四十六条之一第三项剥夺保险机构行使被投资公司的表决权，强化保险资金财务投资之属性，这个规定亦招致我国台湾地区学者的争议及批评。然而，第一百四十六条之一第三项是为贯彻“金融与商业分离”原则，防止金融业成为宰制经济之“金融怪兽”的一个小小缩影。笔者认为，无论是“金融与商业分离”原则还是衍生之第一百四十六条之一第三项，均可归纳为两点：其一，如何维持保险资金运用安全性与收益性之平衡；其二，如何兼顾保险机构财务投资者和战略投资者双重角色。

保险机构在股票市场上角色长期错位，根源于保险监管规则未能针对以上命题进行制度引导。笔者认为，针对前一命题，应将自有资金和准备金分开运用以降低保险机构股票投资的风险偏好；针对后一命题，应以“保险相关事业投资”与“非保险相关事业投资”的区分进行制度设计，保险机构对“保险相关事业投资”可发挥战略投资者作用，取得控制权并主导经营，而强化“非保险相关事业投资”的财务投资者角色，则可设定保险机构表决权行使政策事前披露程序，积极监督保险机构财务投资。

保险公司破产前置程序的演变、评价与改进

方 乐[①]

2018年2月23日，安邦保险集团被原保监会援引《中华人民共和国保险法》（以下简称《保险法》）第一百四十五条进行了为期一年的接管。由于保险公司濒临破产在我国实属罕见，加上安邦保险集团现保费规模已逾19000亿元，体量巨大，其被接管一事迅速引起了理论界与实务界对保险公司破产前置程序的关注。所谓保险公司破产前置程序，是指保险监管机构对重大违法违规或严重经营困难而濒临破产的保险公司而采取的行政强制措施程序。[②]在理想状态下，合理的破产前置程序不仅能给予问题保险公司一次走出泥潭的机会，还能最大限度地削减保险公司破产的破坏性影响。一个合理的保险公司破产前置程序具有充足的经济价值和社会价值。因此，在安邦保险集团被接管的事件背景下，有必要对我国保险公司破产前置程序的发展进行审慎的评价与反思。

一、保险公司破产前置程序的演变历程

目前，我国关于保险公司破产前置程序的规定散布在保险法、企业破产法、《保险保障基金管理办法》、《保险公司偿付能力管理规定》等法律法规中，并未呈现便于归纳的发展顺序。但从内容上看，其基本由适用标准、适用措施、保险保障基金的参与三者构成，故可从上述三个方面审视其演变历程。

（一）适用标准

整体而言，我国保险公司破产前置程序的适用标准经历了由以市场行为标准为

---

① 方乐，华东政法大学经济法学院博士研究生。

② 盛建明、贾晶：《论我国保险公司破产前置程序的实践、困境及解决之道》，载《法学杂志》2015年第12期。

主向以偿付能力标准为主的演进过程。其中，后者又包含从绝对差额标准到比例标准，再到现在所采用的综合标准的发展过程。具体而言，在1998年原保监会成立之前，由于保险市场主体的不成熟和监管主体的混业化，虽然我国有构建偿付能力标准的尝试与探索，如中国人民银行于1996年颁布的《保险管理暂行规定》，其第七章构建了偿付能力监管的基本框架，但无论是法律法规，还是具体监管实践，均仍以市场行为监管为核心。[①] 原保监会成立后，在总结保险业发展规律的基础上，将监管重心逐渐转移至偿付能力标准上。2000年，原保监会颁布的《保险公司管理规定》进一步明确了《保险管理暂行规定》所提出的绝对差额偿付能力标准。2003年修订的保险法对保险监督管理机构提出了“健全保险公司偿付能力监管指标体系”的要求。同年3月，原保监会出台的《保险公司偿付能力额度及监管指标管理规定》（以下简称《1号令》）首次规定了偿付能力充足率，并用比例标准取代了绝对差额标准，消除了因保险公司规模不一致而可能导致的监管区别。2008年，原保监会推行的《保险公司偿付能力管理规定》首次引入了资本充足率的概念，在《1号令》的基础上规定了以风险为基础的动态偿付能力监测标准。但是，随着近年来我国保险业风险的日益复杂，原适用的比例标准很难对市场风险、信用风险、退保风险等进行有效识别，而且无力解决偿付能力数据不实等问题，故原保监会于2015年2月正式颁布了《保险公司偿付能力监管规则》（以下简称《偿二代》），将原先单一的偿付能力充足率标准扩展为包括核心偿付能力充足率、综合偿付能力充足率、风险综合评级三个指标的综合偿付能力标准。目前，只要保险公司核心偿付能力充足率低于50%，或者综合偿付能力充足率低于100%，或者风险综合评级低于B类，监管机构就须对该保险公司启动破产前置程序。

（二）适用措施

如上所言，我国在很长一段时间都在进行破产前置程序适用标准的探索与转型，由此便导致保险法与位阶较低的保险业监管文件长期不能很好地衔接。例如，1995年出台的保险法，一方面，以市场行为为主要标准，规定了行政强制措施和整顿措施；另一方面，又以“可能严重危及或者已经危及保险公司偿付能力”为条件，规定了接管措施。而后续的《保险管理暂行规定》《保险公司管理规定》《1号令》等规章、规范性文件又仅以偿付能力差额或充足率为标准，规定了行政强制措施、整顿、接管等措施。而且，各个立法文件关于行政强制措施的内容规定也不一致。这种上下位阶立法文件不协调的局面直到2008年《保险公司偿付能力管理规定》的出台和2009年保险法的修订才稍加改善。《保险公司偿付能力管理规定》第三十七条依照偿付能力将保险公司划分为不足类、充足Ⅰ类、充足Ⅱ类，并对不足类公司统一规定了可选择的多项监管措施。在此基础上，2009年修订的保险法对

---

① 强强：《保险偿付能力监管制度研究》，载《中共中央党校学报》2010年第2期。

破产前置程序规定作了一定突破，其新增了以偿付能力不足为评判要件的行政强制措施和以偿付能力严重不足为评判要件的接管措施，同 2008 年《保险公司偿付能力管理规定》形成了很好的呼应。虽然现行保险法沿用了 2009 年保险法所采用的对行政强制措施、整顿及接管措施的规定，可随着《偿二代》的实施及《保险公司偿付能力管理规定（征求意见稿）》的出台，势必需要对适用措施的适用种类、顺序、条件等内容进行重新规定。

（三）保险保障基金的参与

作为保险行业健康发展的重要稳定器，保险保障基金在保险公司破产前置程序中扮演了重要的角色。我国立法初次提及保险保障基金是在 1995 年保险法的第九十六条中，其对保险保障基金的提存、管理及使用进行了原则性规定。中国人民银行和财政部后续虽然就保险保障基金的财务管理、会计处理等方面专门进行下文，但也仅规定了"保险公司出现偿付能力严重不足，或濒临破产时，需报经央行、财政部批准后，方能动用"。具体如何适用、如何参与破产前置程序等问题均未予明确。立法规则的缺失甚至一直延续到了当下。原保监会虽然在 2004 年出台、2008 年修订的《保险保障基金管理办法》中详细规定了保险保障基金如何参与破产程序，却对破产前置程序依然仅原则性地规定了保险保障基金的使用条件。与立法现状相反的是，保险保障基金以管理救助的方式，已参与处置了新华人寿、中华联合及安邦保险集团三家保险公司的风险。在新华人寿事件中，保障基金理事会于 2007 年 5 月收购了新华人寿 38.815% 的股权，并通过优化股权结构，于 2009 年 11 月实现了保险保障基金的溢价退出。在中华联合保险事件中，保险保障基金公司于 2010 年接受中华联合保险公司主要股东的委托，对 75.13% 的股权进行管理，并进行了重组、注资、引入战略投资者等安排，于 2016 年 11 月实现了近两倍的溢价退出。在安邦保险集团事件中，目前，保险保障基金公司已向安邦保险注资 608.04 亿元，控股 98.23%。

二、保险公司破产前置程序的现实评价

近 20 年来，保险公司破产前置程序经历了一个从无到有，从原则到细化的过程，其既包含对保险风险衍化的回应产物，例如《偿二代》，也包括对域外治理过程的经验借鉴，例如保险保障基金。这些进步值得肯定，但必须承认的是，时有发生的保险公司丑闻和保险公司无破产的异常事实使我们应反思当下保险公司破产前置程序可能存在的不足。

（一）适用标准的滞后与冲突

从我国有限的几起案例来看，在风险爆发前，监管部门多会对保险公司采用"放任"的监管方式，具体表现为不过早、不主动地介入保险公司内部的风险处理。这是一种公权力尊重私权利自由与意志的美好体现。但值得说明的是，这种价值的

实现需建立于政府对保险公司已有风险的精准识别上，否则就会造成过高的监管容忍度，致使破产前置程序的开展错失最佳时机。

溯源我国保险业发展进程，我国《偿一代》对风险识别的不精准在很大程度上是程序开展不及时的主要原因。具体而言，其在风险识别时，默认偿付能力充足率不足 100% 的保险公司为问题保险公司，继而促使保险监管机构根据保险公司偿付能力不足的具体情形去适用不同风险处置措施。然而，将二者混为一谈并不准确。虽然偿付能力充足率不足的保险公司必然是问题保险公司，但是，问题保险公司也可能是资产充足，且能完全偿还负债的公司。[①] 研究数据显示，大多数保险公司的破产是由潜伏多年的内部管理缺陷所造成的，如公司存在不完整的治理结构从而导致内部风控机制的失效，而外在环境的变迁仅仅是在现实意义上促使其爆发的一发“萨拉热窝枪声”。[②] 因而，如果仅以公司是否遭遇支付危机作为问题保险公司的唯一判断标准，则在保险公司出现偿付能力不足的情形时，其面临的问题实际上已远比一般支付危机严重。

事实上，针对该问题，《偿二代》作出了有力的回应，在该规则下，破产前置程序的启动标准变为包括核心偿付能力充足率、综合偿付能力充足率、风险综合评级在内的三个指标，实现了定量监管与定性监管的有效耦合，可更精准地识别、预警保险公司的风险。例如，2015 年第一季度，《偿一代》下偿付能力不达标的公司仅为 2 家，而《偿二代》下偿付能力不达标的公司为 13 家。[③] 但这种适用标准同样存在位阶效力层面的质疑，《偿二代》仅是原保监会出台的规范性文件，《保险公司偿付能力管理规定》也只是部门规章，因而在现有立法体系中，破产前置程序的适用标准仍是《保险法》第一百三十八条所规定的“偿付能力不足”。上下位阶的法律文件之间形成了立法冲突，影响了适用标准的实施效果。

（二）适用措施的可操作性欠缺

适用标准的滞后与冲突仅能解释保险监管的不及时，适用措施的单一使用和问题保险公司破产的零发生等现状需要更充足、更有力的解释原因。

其一，适用措施规定较简单、抽象。作为效力最高的相关文件，虽然保险法列明了适用措施，但是，数量有限的条文决定了其立法描述是粗线条的，存在诸如“部分原有业务”“偿付能力严重不足”等用词模糊和适用情形、期限、顺序语焉未详的问题。以接管的适用为例，何为“偿付能力严重不足”？何为“可能严重危及或已经严重危及公司偿付能力”？“接管组”如何组成？其职权范围多大？这

① 杨文生、张梅玲：《问题保险公司退出路径研究——一个国际比较的视角》，载《管理现代化》2010 年第 5 期。

② 陈璐、徐南南：《美国保险公司破产研究及对我国的启示》，载《保险研究》2011 年第 10 期。

③ 陈文辉：《保险偿二代的实施重点》，载《中国金融》2016 年第 13 期。

些问题是保险法无法回答的。虽然相关机关会出台相关通知以回应部分问题，但回应往往不全面。例如在安邦保险事件中，接管组用通知回答了上述部分问题，但诸如“何为严重不足”等问题仍未得到解决。而且，如果每次行动都需用通知回答立法问题，则自由裁量权未免过大。由于不同风险处置措施之间的界限不清，立法者设计的层次性制度难以落实，监管者简单粗暴地采用某一适用措施便不足为奇。此外，该办法对保险保障基金动用条件的规定同样存在表述不详的问题。根据该办法第十六条第二款的规定，基金动用条件之一为“保险公司存在重大风险，可能严重危及社会公共利益和金融稳定的”。其中，“重大风险”“可能严重危及”是何意？而且，“社会公共利益”和“金融稳定”两个目标的附加使基金的动用适用于任何保险公司的破产危机，毕竟保险公司的利益也可以被理解为社会公共利益的一种，便是风险救助基金异化为兜底基金。

其二，适用措施种类未及时更新。实践中，我国积累了一些有效经验，如中华联合保险公司被适用了股权托管，取得了良好成效；保险保障基金公司运用股权重组手段，明晰了新华人寿的治理结构。但是，自这些事件发生以来，保险法历经了两次修订，却未对托管措施及行政重组措施作出立法安排。而且，考虑到托管、行政重组的优势及《证券公司风险处置条例》已将其纳入若干年的事实，其大概率地会被运用在今后保险公司破产前置程序的运行中。虽然政府继续运用这两种措施并不会违反相关立法，但未法律化的代价便是诸如适用情形、适用时限、终止条件等事项成为监管人员自由决定的事宜，给予了监管权随意行使的空间。

其三，适用措施不能与破产程序无缝衔接。具体而言，我国有关保险公司破产的法律安排可见于两处：一是《保险法》第九十条和第一百四十八条规定了保险公司破产申请的主体；二是《中华人民共和国企业破产法》第一百三十四条肯定了保险公司的破产资格。其至少存在以下两个问题：第一，保险法的衔接规定存在歧义。根据《保险法》第一百四十八条的规定，监管机构“可以依法向人民法院申请对该保险公司进行重整或者破产清算”。对此，“依法”是依照何法，是保险法还是企业破产法，抑或是其他法律？即使将此处先暂且认定为企业破产法，“可以”又是何意？是指破产程序启动主体不局限于监管部门，还是监管部门可在保险公司满足《保险法》第一百四十八条的条件时，有权选择是否转化为司法程序？在该条文的语境中，上述两种解读均有一定的合理性。换言之，其可被理解为立法者赋予了监管者极不合理的一票否决权。第二，考虑到保险公司不同于一般企业的特性，《中华人民共和国企业破产法》第一百三十四条太过“单薄”。例如，保险公司破产条件、破产财产范围、清算顺序、监管机构的定位等事项均不是普通企业破产法能予以妥善解决的。因此，在没有专门保险公司破产立法的现状下，不难预料，监管机构实难“放手”问题保险公司。

（三）再监管安排的不足

从本质上而言，我国保险公司破产前置程序的问题是由强权干预的路径依赖和保险业态尚未成熟现状杂糅而引起的，因而再监管安排的不足极易导致保险业风险的异化与沉淀。

第一，监管机构内部的监督不足。目前，针对保险公司破产前置程序，立法者尚未制定监管机构内部评价制度。一是，风险处置措施的选择权主要由银保监会行使，其本身即保险业的最高监管机构，并且，相关立法未对此机构设计内部监督机制。二是，在选择某一风险处置措施后，虽然银保监会将成为具体监管人员的监督者，但目前的对此监督安排较原则化。例如，在“安邦保险事件”中，原保监会下发了《关于对安邦保险集团股份有限公司依法实施接管的公告》。其中，第六条和第十条仅泛泛规定了接管工作报送制度和考核评估制度，但对于如何追责接管组、如何评价接管组的越权行为及如何消除其对保险公司的影响等内容，公告没有说明。

第二，保险公司及其债权人对监管机构的监督不足。在多数措施的适用中，风险处置措施的启动、实施、结束全由监管机构一家排他性包办。[①] 这种将经营权从所有者手中剥离，却无视保险公司意志之设计，难免有公权力侵犯私权利之嫌。因而，监管机构在作出风险处置措施的决定之前，应给予保险公司及其债权人表达意见的权利。在实施风险处置措施中，应给予保险公司、债权人寻求救济的权利。而在相关行政规章、通知等文件中，对此的相关安排较少。其中，需要特别说明的是，保险公司由行政程序步入司法程序的渠道有两个：一是监管机构主动申请；二是保险公司与债权人在监管机构同意的前提下申请。进言之，只要监管机构无保险公司破产之意愿，便无保险公司步入司法程序之可能性。试问，保险公司及其债权人该如何发挥对监管机构权力行使的监督作用？

第三，公众的监督不足。一般而言，唯有信息公开制度健全，公众方能有效监督监管权。但是目前看来，理论界与实践界均多强调保险公司信息披露的重要性，[②] 而对于监管机构的信息公开的规定仅有《中国保险监督管理委员会政府信息公开办法》。此文件虽然明确规定了保险监管机构公开信息的义务及未履行义务的后果，但是对于信息公开具体应采纳何种方式、达到何种程度，未有谈及。因而，监管机构常出现泛泛公开信息的现状，如信息发布的网站不固定、信息发布的内容模糊等。前者可见于“中华联合保险事件”，虽然保险保障基金公司对中华联合保险公司进行了股权注资，但是，此股权变更的信息并未出现在原保监会的官网，而是出

① 盛建明、贾晶：《论我国保险公司破产前置程序的实践、困境及解决之道》，载《法学杂志》2015 年第 12 期。

② 庹国柱、王德宝：《我国保险业市场主体退出机制研究》，载《武汉金融》2010 年第 3 期。

现在了保险保障基金公司对风险处置工作开展的汇报声明中；后者可见于“安邦保险事件”，监管机构并未详细阐述接管原因。而且，随着时代的发展，上述信息公开办法很难满足信息需求者对信息披露内容、途径的高要求。[①]因此，信息公开制度的不完善亦是导致监管权行使随意的原因之一。此外，在强调信息公开的同时，有一个问题需要指出，即如果将监管机构对问题保险公司的整顿、接管等处置措施的事实全部公开，或许将影响该保险公司经营声誉，加大处置风险工作的难度。[②]如何在信息公开和风险处置之间进行取舍，需要立法者进行思索。

三、保险公司破产前置程序的完善路径

面对破产前置程序立法安排的不足，学界虽在立法形式的问题上仍存有争议，但就修订保险法、制定《保险公司风险处置条例》及专门的保险公司破产法规的观点上已达成共识。[③]在此基础上，笔者建议从宏观、微观两个方面着手顶层设计的完善。

（一）将“保护保单持有人的合法权益”确立为监管目标

破产前置程序的开展是监管部门在监管目的的指向下所做出的一系列监管行为。故监管目的的明确是完善破产前置程序的治标之举。然而，我国现有立法对价值之间次序的不明确实然地促使了监管者对自身职责的误读，进而导致破产前置程序开展不及时、无破产等问题。以《保险法》第一百三十三条为例，第一百三十三条将监管目的表述为，维护保险市场秩序，保护投保人、被保险人和受益人（以下简称保单持有人）的合法权益，这两种价值被立法者用逗号连接。在此情境下，有且仅有两种解读：第一种是并列关系，二者处于同一位阶；第二种是递进关系，即通过实现前者，再实现后者。对于第一种解读，由于两种价值并不完全等价，实现必有先后顺序区分，故这种解读逻辑并不严密。对于第二种解读，虽然貌似合理，但是如果适用，则可能会加重事后监管供给的过剩。原因在于，当保险公司遭遇破产时，保险市场秩序势必会遭受冲击。为短期消弭此种冲击，“竭力避免保险公司破产”是政府维护市场秩序的最快方式。如果相关立法向监管人员明文赋予了优先“维护保险市场秩序”的重任，则监管机构有更充足的底气去违背市场运行规律。

---

① 郝臣、孙佳琪、钱璟：《我国保险公司信息披露水平及其影响研究——基于投保人利益保护的视角》，载《保险研究》2017年第7期。

② 薄燕娜：《构建多层次保险公司风险处置制度》，载《中国金融》2013年第12期。

③ 参见陈景善、张婷：《东亚金融机构风险处置法律评论（第一辑）》，法律出版社2015年版，第9~17页；熊进光：《我国对问题保险公司实施监管干预的缺陷及完善——美国NAIC的经验与启示》，载《江西社会科学》2011年第11期；薄燕娜：《构建多层次保险公司风险处置制度》，载《中国金融》2013年第12期。

此外，“维护保险市场秩序”并不必然会实现“保护保单持有人的合法权益”。对于因投资决策等一时性失误而陷入破产危机的优质保险公司而言，这是必然的。但是，对于劣质保险公司而言，通过保单转让或保单变现等后续制度上的妥善安排，保单持有人的合法权益会在原保险公司的破产中获得更实际的保护。而且，立足于整个行业，一味地保护所有保险公司会对保单持有人的整体利益造成更大的伤害。因此，有必要在《保险公司风险处置条例》等专门立法文件中，将该事项的监管目的予以明确。

诚然，监管部门在风险处置的过程中需要兼顾各种价值，但是在各种应当实现的价值目标中间，保险的根柢是“一人为众、众人为我”的互助情怀，是建立在投保人所持有的以保费为对价以换取未来保障的信赖之上的。在一般的保险交易中，保单持有人本就因为谈判地位、专业能力等不足而处于弱势地位，如果在风险处置中仍不能获得立法者及监管者的倾斜保护，则保险业将遭遇信赖不存的坍塌危机。唯有在保险相对人合法权益得以保护的基础上，诸如“维护保险市场秩序”等其他价值目标方能实现。此外，相较于立法目的的多元化，例如将其他价值目标置于“保护保单持有人的合法权益”之后，笔者认为，立法目的的一元化具有逻辑清晰、含义明确等优势，可避免法益衡量的不确定，而目的的多元化势必会增加监管人员适用法律的难度。因而，相较于其他价值目标，保护保险相对人的合法权益更应成为《保险公司风险处置条例》的立法目的。[①] 保险公司的具体制度设计和监管者于法外之地的自由裁量也应以此目标的实现为基准。

（二）结合《偿二代》构建适用措施的新分类体系

对于适用标准和适用措施，目前，《偿二代》已建立了新的适用体系。考虑到此种现状，解决问题的重心应放置于如何消除滞后高位阶立法与先进低位阶立法之间的冲突。

在适用标准上，目前，《偿二代》仅是规范性文件的属性阻碍了其承担破产前置程序启动标准的功能。一方面，需在建议稿的基础上尽快出台《保险公司偿付能力管理规定》，将《偿二代》实施经验予以立法化。另一方面，需配合《偿二代》对保险法的相关条文予以修改，例如改变现行政强制措施以“偿付能力不足”为前提的条件，或者直接在保险法中作原则性规定，将具体规则制定权限赋予保险监管部门。

在适用措施上，目前，根据《保险公司偿付能力管理规定（征求意见稿）》的规定，根据核心偿付能力充足率、综合偿付能力充足率、风险综合评级将保险公司划分为不同等级，并对应规定了差异化的监管措施。这既使监管权进一步发挥主动干预之功效，也使其自由裁量空间被阶梯式的指标化标准所压缩。但是，客观而

---

① 戚红梅：《我国政府信息公开制度立法目的之探讨》，载《河北法学》2013年第5期。

言，除立法的位阶问题外，此种修缮仍有进一步提高的空间。《保险公司偿付能力管理规定（征求意见稿）》在接管、整顿等措施的适用情形、期限等处采用了模糊概念——“根据情况”。此处不详细的规定无疑未弥补原先立法设计可操作性缺失的不足。因而，建议参考分类监管评价体系，将D类公司或偿付能力充足率不达最低标准公司的监管类别继续细分，并根据级别对应整顿、托管、接管、行政重组等保险法已规定的和已经实践检验的风险处置措施，直至触发破产标准。其中，针对行政重组，可联动修改《基金管理办法》，将保险保障基金的使用亦同分类监管评级体系结合起来。例如，禁止用保险保障基金财务援助在偿付能力、法人治理等方面得分低于一定级别的保险公司；①又如，对不同评分级别的保险公司设立不同比例额度的财务援助上限。总之，要避免保险保障基金不加选择地对任何问题保险公司进行兜底，应让保险保障基金公司有自己的风险判断。

需要补充说明的是，虽然《偿二代》不完全依赖数据，但其精准的识别仍然建立在保险公司财务信息的真实、有效的基础上，而“平安产险倒签单”“长城人寿报表造假”等事件的发生足以说明保险公司存在保费收入、利润等数据进行造假的问题。有鉴于此，立法应安排监管机构不定时地进行现场调查，尤其要针对低评分的保险公司，以确保风险识别所依赖的基础数据可靠。

（三）细化针对监管者的再监管安排

为保证保险公司前置程序适用、开展的合理性，有必要对监管权给予严格的监督，避免监管过度和监管容忍现象的发生。

一是监管机构内部的监督。目前，针对风险处置适用措施，我国缺乏健全的决策评价机制和实施评价机制。对于前者，目前，我国的最高保险监管机构是银保监会，适用何种措施基本由其作出决定。因此，应以国务院金融稳定发展委员会为评价主体建设措施适用的评价机制。对于后者，虽然在每次风险处置中，监管机构均会出台相关决定，对工作组的职权范围、报送制度等内容进行规定，但此类通知完全是监管机构的相机事宜。对此，可针对风险处置常用措施，在专门立法外，出台部门规章。以接管措施为例，可出台相关接管办法，对接管组的职责范围、报送周期、考核评估、追责等事项作基本规定，供具体决定参照。

二是保险公司及其债权人对监管机构的监督。首先，这种应采用听证程序，因为听证程序的实施成本并不高，也更为科学。②其次，应明确保险公司及其债权人的救济途径。完整的救济途径应包括投诉、复议及诉讼，因为保险法对此未进行专门规定，可以参照《证券公司风险处置条例》中的“监督协调”部分，对救济事项

---

① 盛建明、贾晶：《论我国保险公司破产前置程序的实践、困境及解决之道》，载《法学杂志》2015年第12期。

② 薄燕娜主编：《保险公司风险处置及市场退出制度研究》，北京大学出版社2013年版，第141页。

进行明确规定。其中，针对诉讼，可采用“概括＋列举”的立法技术，对部分值得说明的诉讼进行列举，例如股东代表诉讼。①最后，在实施整顿、接管措施中，应赋予保险公司及其债权人没有约束的破产重整申请权。根据保险法的规定，保险监管机构独占破产程序的启动权。此举无疑是在市场秩序稳定与保险公司、债权人的自由意志之间选择了前者。其实，考虑到破产程序有重整和清算之区分，分类对待破产程序具备可行性。针对破产清算，在个人、组织的意志和社会稳定之间，必定选择后者，但针对破产重整，其开展目的在于使保险公司再生，并不会造成过大的市场动荡。基于此，立法者可将破产重整的前置行政审批程序取消，但考虑到破产事项的重大，是否受理应由受理法院在召开听证会后作出决定。②

三是公众的监督。目前，《中国保险监督管理委员会政府信息公开办法》仅规定监管机构有义务进行信息公开，却未对信息公开的内容作进一步规定。因而，若提高公众利益的表达功效，有必要在专门立法的内容中对信息公开作更高的要求。诚然，接管、托管等监管措施的公开会加大破产前置程序的开展难度，但是，不予公开的结果将是监管权的放飞，严重时甚至将损害政府的公信力。而且，监管措施公开给保单持有人带来的恐慌可以通过政府对保单的妥善安排及长期实践给保单持有人带来的确信予以消解。因而，不必过于强调监管信息公开的影响。在此观点的基础上，可以对信息公开部分作以下规定：其一，强制性披露内容。其至少应包括适用措施的具体原因、措施的适用情况、保险保障基金的使用情况。其二，信息公开义务的内涵。除必须公开外，信息公开义务的应有之义还包含及时、便捷。前者要求监管者必须在适用措施时便进行通知，后者要求监管者公开信息的方式必须达到使一般公众可以知晓并能够查询的程度。

---

① 在托管、接管等风险处置措施中，托管组、接管组等主体实质承担了公司的经营管理职能，相应地，其向公司负有忠实勤勉之义务。如果其损害了公司利益，则符合相应条件的股东完全可以提起股东代表诉讼。参见任建国：《保险保障基金参与保险业风险处置与市场退出研究》，中国金融出版社2014年版，第146页。

② 参见赛铮：《中国保险公司破产重整中行政权与司法权的均衡》，载《财经理论与实践》2016年第5期。

改革开放四十年的中国保险法制建设

方乐华[①]

检阅改革开放40年的中国保险业和保险市场，可以用以下文字来概述：从无到有[②]，用短短几十年时间跨越了世界保险业几百年的发展历程，一举跃升为原保费收入世界第二的保险大国，但行百里者半九十，从保险大国到保险强国的最后10里，其难度将远超前90里。基于上述总体评价，可以将中国保险业和保险市场的飞跃发展、茁壮成长，视为改革开放40年最具代表性和最具典型性的成果之一。回顾改革开放40年的中国保险法制建设，笔者的基本评价是：保险法制从无到有，逐步建立了基本法、特别法、行政法规和部门规章的法律体系；保险业和保险市场从野蛮发展、乱象丛生到逐步纳入法制规范（合法合规经营和规范发展）；保险监管从兼业监管[③]、专业监管[④]到混业监管[⑤]，逐步形成了较符合中国保险市场现状的监管模式和体系；但中国保险法制的健全和完善始终在路上，且任重而道远。

---

① 方乐华，中国法学会保险法学研究会常务理事，上海市法学会金融法研究会副会长，华东政法大学教授。

② 根据中国保险学会主编的《中国保险史》，1958年10月西安财贸工作会议上提出："人民公社化以后，保险工作的作用已经消失，除国外保险业务必须继续办理外，国内保险业务应即停办。"国务院五办随后批转了财政部和中国人民银行总行《关于国内保险业务停办后的善后清理工作和国外业务一律由中国人民银行接办的报告》。1978年，改革开放拉开序幕，国务院决定全面恢复办理国内保险业务，大力发展涉外保险业务。笔者所谓的从无到有，即指国内保险业务的全面停止到恢复。

③ 兼业监管，即一个政府部门监督管理银行、证券、保险等多个金融行业的体制，从这一角度而言，其可谓混业监管，但两者的区别在于，兼业监管的对象有主次轻重之分，有些金融行业处于被附带监管的地位。

④ 专业监管，即一个政府部门专门监管某个金融行业，形成分业监管的体制，且监管具有很强的专业性。

⑤ 2018年设立银行保险监管管理委员会，开启了一个政府部门主管不同金融行业的混业监管体制，如本页注释③所言，其监管对象没有主次轻重之分，背景是金融混业经营的世界潮流。

一、数据见证中国保险的高速发展

（一）保险深度和密度验证中国保险水准的几何级提升

如果说GDP是衡量国家（或地区）经济状况的核心指标，那么，保险深度和保险密度就是衡量保险发展状况的核心指标。保险深度，是指保费收入占国内生产总值（GDP）的比例，是反映一国保险业在其国民经济中地位的一个重要指标。保险密度，是指按一国人口计算的人均保费收入，是反映一国保险业发展水平的重要指标[①]。表1罗列了39年间中国保险深度和密度的数据，无须赘言，大数据就是最好的诠释和证明。

表1　中国保险市场的保费收入、保险深度和保险密度

年 份	GDP（亿元）	人口（万）	保费收入（亿元）	保险深度(%)	保险密度（元）
1980	4545.6	98705	4.60	0.101	0.47
1981	4891.6	100072	7.80	0.159	0.78
1982	5323.4	101654	10.30	0.193	1.01
1983	5962.7	103008	13.20	0.221	1.29
1984	7208.1	104357	20.00	0.277	1.93
1985	9016.0	105851	33.10	0.367	3.17
1986	10275.2	107507	45.80	0.446	4.33
1987	12058.6	109300	71.04	0.589	6.62
1988	15042.8	111026	109.50	0.728	10.05
1989	16992.3	112704	142.60	0.839	12.89
1990	18667.8	114333	178.50	0.956	15.76
1991	21781.5	115823	239.70	1.1005	20.93
1992	26923.5	117171	378.00	1.404	32.71
1993	35333.9	118517	525.00	1.486	45.03
1994	48197.9	119850	630.00	1.307	52.57
1995	60793.7	121121	683.09	1.123	56.39
1996	71176.6	122389	776.00	1.090	63.40
1997	79715.0	123626	773.00	0.970	82.53
1998	85195.5	124761	1256.00	1.474	100.67
1999	90564.4	125786	1406.00	1.552	111.77
2000	100280.1	126743	1598.00	1.594	126.08
2001	110863.1	127627	2109.00	1.902	165.25

① 方乐华:《保险与保险法》，北京大学出版社2009年版，第7页。

续表

年 份	GDP（亿元）	人口（万）	保费收入（亿元）	保险深度(%)	保险密度（元）
2002	121717.4	128453	3054.00	2.509	237.75
2003	137422.0	129227	3880.00	2.823	300.25
2004	161840.2	129988	4318.00	2.668	332.18
2005	187318.9	130756	4927.00	2.630	376.81
2006	219438.5	131448	5641.00	2.571	429.14
2007	270232.3	132129	7035.76	2.604	532.49
2008	319515.5	132802	9784.24	3.062	736.75
2009	349081.4	133450	11137.30	3.190	834.57
2010	413030.3	134091	14527.97	3.517	1083.44
2011	489300.6	134735	14339.25	2.931	1063.86
2012	540367.4	135404	15487.93	2.866	1143.83
2013	595244.4	136072	17222.24	2.893	1265.67
2014	643974.0	136782	20234.81	3.142	1479.35
2015	689052.1	137462	24282.52	3.524	1766.49
2016	743585.5	138271	30904.15	4.156	2235.04
2017	827122	139008	36581.01	4.423	2631.58
2018	900309	139538	38016.62	4.223	2724.46

资料来源：根据《中国统计年鉴》、原保监会公布的数据综合而成。2018 年的 GDP 和人口数据系国家统计局在国新办新闻发布会上发布。

从表 1 可以看到，2018 年的保费收入是 1980 年的 8264.5 倍，以年均 26.79% 的增长率而远超中国 GDP 的年均增长率。这无非说明，在国内各行各业中，无论是对 GDP 增长的贡献度还是行业发展速度上，保险业都处于领先地位。而 2018 年的保险深度和保险密度分别是 1980 年的 41.8 倍和 5796.7 倍，年均增长率分别达到 10.32% 和 25.6%。这样的增长倍数和速率，在世界保险史上绝无仅有。在持续高速发展的背景下，2017 年中国内地以总保费收入 5414.46 亿美元而跃居世界第二位[①]。

① 瑞士再保险研究院发布的数据显示：2017 年，总保费收入排名世界前 10 的国家和地区分别是：（1）美国，总保费收入 13499.81 亿美元、全球市场份额 28.15%；（2）中国内地，总保费收入 5414.46 亿美元、全球市场份额 11.07%；（3）日本，4220.50 亿美元、8.63%；（4）英国，2833.31 亿美元、5.79%；（5）法国，2416.03 亿美元、4.94%；（6）德国，2229.78 亿美元、4.56%；（7）韩国，1812.18 亿美元、3.70%；（8）意大利，1555.09 亿美元、3.18%；（9）加拿大，1195.20 亿美元、2.44%；（10）中国台湾，1174.74 亿美元，2.40%。详见搜狐·财经·保险文化网：http: //www.sohu.com/a/258620154_479770，最后访问日期：2019 年 2 月 18 日。

（二）保险市场主体的壮大印证保险业的惊人发展

与保险深度和保险密度数据相匹配的是，保险市场主体的不断增加。20 世纪 80 年代，保险市场只有一家“中国人民保险公司”，而 2018 年的保险市场，已经有保险集团控股公司 12 家、财产保险公司 88 家、人身保险公司 96 家、再保险公司 12 家、保险资产管理公司 24 家、保险互助社 5 家、自保公司 1 家、外资保险公司代表处 190 家。与此同时，保险市场上不可或缺的保险中介机构也从无到有，具备了相当的规模。截止到 2018 年 8 月，全国共有保险专业代理机构 1917 家、保险经纪公司 413 家、保险公估公司 290 家。此外，还有数量壮观的兼业代理机构 20 余万家，主要为银行、邮政、铁路、航空、车商类兼业代理机构，以及 800 余万名保险代理人（营销员）。保险市场主体的壮大，从世界 500 强名册的变迁中可以略见一斑。

表2　2018年全球最大五百家公司中的保险公司　（单位：亿美元）

排名	保险公司名称及中文名		国 家	营 收
10	BERKSHIRE HATHAWAY	伯克希尔－哈撒韦	美 国	2421.37
15	UNITEDHEALTH GROUP	联合健康集团	美 国	2011.59
27	AXA	安盛	法 国	1494.61
29	PING AN INSURANCE	中国平安保险集团	中 国	1441.97
38	ALLIANZ	安联保险集团	德 国	1235.32
42	CHINA LIFE INSURANCE	中国人寿保险（集团）	中 国	1202.24
45	JAPAN POST HOLDINGS	日本邮政控股公司	日 本	1166.16
50	PRUDENTIAL	英国保诚集团	英 国	1114.58
59	ASSICURAZIONI GENERALI	意大利忠利保险公司	意大利	1005.52
70	ANTHEM 公司（ANTHEM）	安森保险	美 国	900.39
95	STATEFARMINSURANCE COS	州立农业保险公司	美 国	783.30
117	PEOPLE'SINSURANCECO. OF CHINA	中国人民保险集团	中 国	715.79
120	MUNICH RE GROUP	慕尼黑再保险	德 国	701.43
126	NIPPON LIFE	日本生命	日 本	686.84
128	METLIFE	大都会人寿	美 国	661.53
139	AEGON	荷兰全球保险集团	荷 兰	654.37
142	ZURICH INSURANCEGROUP	苏黎世保险集团	瑞 士	639.61
143	AVIVA	英杰华集团	英 国	639.34
145	DAI-ICHI LIFE	第一生命控股有限公司	日 本	635.22

续表

排名	保险公司名称及中文名		国家	营收
154	AETNA	安泰保险	美国	605.35
160	PRUDENTIAL FINANCIAL	保德信金融集团	美国	596.89
171	ING GROUP	荷兰国际集团	荷兰	563.47
172	LEGAL & GENERAL GROUP	英国法通保险公司	英国	559.99
183	HUMANA	哈门那公司	美国	537.67
201	CNP ASSURANCES	法国国家人寿	法国	507.37
207	AMERICANLNTL.GROUP	美国国际集团	美国	495.20
209	TOKIO MARINE HOLDINGS	东京海上日动火灾	日本	487.31
210	CENTENE	康西阁公司	美国	485.72
220	CHINA PACIFIC INSURANCE	中国太平洋保险集团	中国	473.19
221	MS&AD INSURANCE	MS&AD 保险集团	日本	470.95
241	MANULIFE FINANCIAL	宏利金融	加拿大	449.41
244	HANWHA	韩华集团	韩国	445.90
247	NATIONWIDE	美国全国保险公司	美国	439.40
255	LIBERTY MUTUAL INSURANCE GROUP	利宝互助保险	美国	426.87
257	SWISS RE GROUP	瑞士再保险	瑞士	424.87
258	NEW YORK LIFE INSURANCE	纽约人寿	美国	422.96
263	CIGNA	信诺保险	美国	416.16
282	POWER CORP. OF CANADA	加拿大鲍尔集团	加拿大	394.93
291	TALANX	塔兰克斯公司	德国	386.03
293	ALLSTATE	好事达	美国	385.24
295	AIA GROUP	友邦保险	中国	383.30
304	POSTE ITALIANE	意大利邮政集团	意大利	376.95
309	MEIJI YASUDA LIFE INSURANCE	日本明治安田生命	日本	371.60
319	TIAA	美国教师退休基金会	美国	360.25
347	SOMPO HOLDINGS	损保控股有限公司	日本	340.28
250	SUMITOMO LIFE INSURANCE	住友生命	日本	338.21
257	MASSACHUSETTS MUTUAL LIFE INSURANCE	万通互惠	美国	334.95

续表

排名	保险公司名称及中文名		国 家	营 收
366	CHUBB	安达保险公司	瑞 士	322.43
390	UNITED SERVICES AUTOMOBILE ASSN.	联合汽车协会	美 国	300.16
401	NORTHWESTERN MUTUAL	西北互助人寿保险公司	美 国	293.31
410	CATHAY LIFE INSURANCE	国泰人寿保险	中 国	288.05
407	TRAVELERS COS.	旅行者公司	美 国	289.02
421	SAMSUNG LIFE INSURANCE	三星人寿保险	韩 国	282.73
437	PROGRESSIVE	前进保险公司	美 国	268.39
439	MAPFRE GROUP	曼福集团	西班牙	268.17
465	TAIPING INSURANCE GROUP	中国太平保险集团	中 国	255.98
409	ACHMEA	Achmea 公司	荷 兰	248.72
479	FUBON FINANCIAL HOLDING	富邦金融控股	中 国	246.88
489	TAIKANGINSURANCE GROUP	泰康保险集团	中 国	240.58

资料来源：美国《财富》杂志“2018 年全球最大五百家公司”。

从表 2 中可以看出，在 2018 年全球最大 500 家公司中，保险公司入榜 59 席，占比 11.8%，显示了保险业在世界经济体系中的强大地位。同时，除中国外，入榜保险公司的总部所在地，都在发达国家，显示了保险业与经济发展水平的密切关系。在世界保险公司 59 强中，美国有 21 家，具有压倒性优势；其次是中国，有 9 家（其中国泰人寿为大陆和台湾地区的合资公司；友邦保险系香港上市公司，注册地为香港地区，在上海市、广东省、深圳市、北京市、江苏省设立五家分公司）、日本 8 家，与保费收入前三位的格局基本相同。毋庸置疑，世界 500 强的入榜和排名，见证了中国现代保险业的飞速发展：2005 年，中国人寿首次进入世界 500 强，当年以保费收入 250 亿美元位列第 212 位，此后排名节节攀升，2008 年，以保费收入 434 亿美元排名第 159 位，2010 年，以保费收入 570 亿美元排名第 118 位；2010 年，中国人民保险集团和平安保险集团进入世界 500 强，分别排名第 371 位和第 383 位，其中平安保险集团于 2016 年后来居上，超越中国人寿成为中国保险业领头羊；2011 年，太平洋保险集团进入世界 500 强，排名第 467 位；新华人寿于 2016 年进入世界 500 强，排名第 427 位；2017 年，安邦保险集团进入世界 500 强，排名第 139 位；2018 年，中国太平保险集团、富邦金融控股、泰康保险集团联袂进入世界 500 强，但安邦保险集团和新华保险被挤出世界 500 强。

（三）在互联网保险领域不断谱写创新历史

互联网保险始于20世纪90年代中期，伴随着互联网技术突飞猛进的发展和互联网金融的兴起，互联网保险也开始在世界各国与地区崭露头角。1997年11月28日，中国保险学会和北京维信投资公司成立了我国第一家保险网站——中国保险信息网。开网当天，保险信息网促成了我国网上投保第一单，由新华人寿承保，标志着我国保险业迈进互联网大门。其后，中国互联网保险同样突飞猛进，并不断谱写互联网保险的创新历史。例如，2014年“双11”，互联网保险创造了日销退货险1.5亿单的保单销量纪录，而从2015年至2018年，该世界纪录连年被突破，分别为3.5亿单、5亿单、8.6亿单和11.3亿单。2013年10月，众安在线财产保险公司成立，这是全球第一家纯线上的互联网保险公司。

根据中国保险行业协会发布的《中国互联网保险行业发展报告（2017）》[①]，2016年互联网保险保费收入达到2299亿元，同比增幅3%（2015年增幅为160%），互联网保险的渗透率[②]亦有所下降，2016年为7.43%（2015年为9.2%）。下降的主要原因是监管部门整顿人身险市场及车险费率不断下降，但这并不意味着互联网保险的衰退，而是其开启了蜕变飞升的健康发展之路，促使行业不断创新，即如2017年7月，诞生了行业内首款反向定制的保险产品[③]。蚂蚁保险社区曾有个热帖，天天熬夜猝死了怎么办，可以买什么保险？众安保险收到这个需求之后，迅速地进行市场调研，并定制了名为“奋斗无忧”的意外险，并将猝死纳入保障范围，很快在网上成为一个爆款。反向定制产品在众安保险已渐成常态。准妈妈安胎意外险，也是基于保民社区的客户需求定制。众安保险已在蚂蚁保险平台推出“熊孩子意外险”等25款产品。[④]又如，腾讯旗下的微保发布统计数据，显示该平台上线一年多来，有近8000万用户通过微保投保[⑤]；除腾讯外，BATJ、TMD流量巨头相继入局，互联网保险渠道全面开放，流量不断进场，场景化的保险产品层出不穷，互联网保险正面临前所未有的机遇。再如，保险科技不断推陈出新，泰康在线基于Fabric区块链技术推出“反飞蛾”项目，联合保险公司和中介平台形成强大的数据联盟，进而根据智能合约，界定用户在投保时是否具有投保资格及可购买的保单保障金额；从源头上遏制保险欺诈行为。此外，泰康在线将智能客服机器人应用到保险全流程，机

---

① 中国保险行业协会:《中国互联网保险行业发展报告（2017）》，2017年11月21日发布。

② 互联网保险的渗透率，即互联网保险的保费收入占保险业总保费收入的比例。

③ 反向定制保险产品是一种C2B模式，即由保险客户提出需求，然后保险公司根据客户需求定制相应的个性化产品。

④ 包慧:《你所不知道的互联网保险“摆渡人”：保险社区催生首款反向定制保险产品》，载《21世纪经济报道》2018年1月31日。

⑤ 2017年10月，腾讯旗下保险平台——微保取得经营保险代理业务许可证。

器人回答准确率最高可达 99.9%，大大优化了用户服务体验，提高了服务效率。

在“2016 全球互联网保险创新论坛”上，美国联邦存款保险公司前主席希拉·拜尔表示：中国的互联网保险创新，走在美国之前。尤其在利用互联网技术发展保险行业方面，走在非常前面。美国在线的互联网保险渗透率，并不像中国这么高。[①]这番话让笔者产生一种信念：在传统保险领域，美国是首屈一指的保险强国，中国若在传统保险上亦步亦趋，成为与美国等保险强国并肩的目标将遥遥无期，若能充分利用在互联网商事和技术上的巨大成就和优势，中国也许能通过互联网保险弯道超车，大踏步跨入保险强国的行列。

（四）中国保险市场依然是前景广阔的新兴市场

如果换一组数据考量就可以发现，中国保险市场虽然有了突飞猛进的发展，但与世界保险市场，尤其是发达保险市场相比，差距依然巨大。以保险密度为例，中国目前的保险密度仅相当于 20 世纪 80 代美、英、德、法、日等国、20 世纪 70 年代韩国的水平，落后近 40 年。2018 年，中国内地人均 384 美元的保险密度，与开曼群岛 12122 美元、中国香港地区 8313 美元、瑞士 6811 美元、丹麦 5772 美元、卢森堡 5011 美元、中国台湾地区 4997 美元、新加坡 4749 美元、芬兰 4743 美元、爱尔兰 4687 美元的保险密度相去甚远，仅位列第 45 名；而 4.423% 的保险深度也仅位列第 36 名；即使与 2017 年世界平均 6.13% 的保险深度和平均 650 美元的保险密度相比，差距亦是十分明显。总之，中国保险业起步时极低的保险深度和保险密度为保险市场提供了巨大的发展空间，这种后发优势加上保险法制建设的不断推进，引领中国在几十年间一举成为保险大国，但后发优势显然有递减效应，在中国成为保险大国后将尤为明显。因此，从保险大国到保险强国的发展道路将任重而道远，特别是目前保险市场运行中存在各种亟待改善和规范的问题，亟须通过健全和完善法制建设来解决，这是毫无后发优势的领域，只有依靠保险业内外、监管部门、法学界、司法部门的不懈探索和努力，不断推进保险市场的改革开放和保险法制的与时俱进，才能最终达成。

2018 年 4 月的博鳌亚洲论坛上，我国政府宣布，进一步加快金融业开放步伐，其中，寿险公司外资持股比例上限放宽到 51%，三年后不再设限；取消设立外资保险公司需先开设两年代表处等几项政策措施，对保险业的纵深发展影响深远。可以说，中国保险 40 年的神速发展是改革开放的丰硕成果，后 40 年的中国保险和保险市场，只有进一步解放思想、放开手脚，与世界保险人和保险市场共舞，才能更上一层楼，向保险强国的目标进军。

---

① 中国太平洋保险集团公司：《希拉·拜尔：美国互联网保险市场渗透率低于中国》，详见太平洋保险网：http：//www.cpic.com.cn/c/2018-05-29/1485470.shtml，最后访问日期：2019 年 3 月 18 日。

二、保险法制建设的不断推进

（一）保险法律从无到有，逐步形成体系

从法律角度分析，保险是“一种法律关系，即存在于保险人与投保人、被保险人之间的权利义务关系[①]”，伴随着国内保险业务的恢复，保险立法被提上议事日程。1981年12月，全国人大通过经济合同法，其中第二十五条就财产保险合同的成立和凭证、保险合同基本条款、投保方的财产安全维护义务、保险代位求偿等财产保险合同的基本框架作了原则性规定；同时，第四十一条就保险方未及时赔偿、投保方隐瞒保险财产真实情况、发现险情不采取措施消除等的责任承担问题作了概括性规定。“这是新中国成立以后第一个真正意义的保险法律”[②]，其在保险立法上的积极意义甚于法律规范本身，无疑拉开了保险立法的序幕，而作为上位法又为今后制定保险条例或规章提供了法律依据。其后，国务院先后颁布了《财产保险合同条例》《保险企业管理暂行规定》[③]。当时，兼管保险的中国人民银行也先后发布《关于中国人民保险公司存款利率的规定》《关于保险公司保险金存款问题的通知》《企业财产保险条款及费率》《保险代理机构管理暂行办法》《机动车辆保险条款》《保险管理暂行规定》《保险业监管指标》《保险经纪人管理（试行）规定》等具体实施规章[④]。1992年11月7日，全国人大通过了《中华人民共和国海商法》，其中第十二章“海上保险合同”，对海上保险合同的一般内容，合同的订立、解除和转让，被保险人和保险人的义务，保险标的的损失和委付，保险赔偿的支付等，作了具体规定。

1995年，保险业迅速发展，保险立法经验和技术日益成熟。同年6月，第八届全国人大常委会通过了保险法，“这是我国建国以来的第一部保险基本法[⑤]”。该法采取了保险合同法与保险业法合为一体的立法体例，对于促进我国保险业和保险市场的健康、稳定发展，具有十分重要的意义。保险法实施7年后，由于我国加入WTO、保险市场格局发生重大变化等原因，于2002年10月进行了第一次修改，修改的内容主要集中在保险业法，该次修改对于加强保险业监管具有重要意义。2009年2月，保险法又迎来第二次修改，对保险合同规则作了重大修改，不但对最大诚信、保险利益、损失补偿、对价平衡等保险重要原则进行了完善，而且在保险合

---

① 尹田主编：《中国保险市场的法律调控》，社会科学文献出版社2000年版，第10页。

② 李玉泉：《保险法（第二版）》，法律出版社2003年版，第45页。

③ 国务院于2001年10月发布《关于废止2000年底以前发布的部分行政法规的决定》，其中包括《财产保险合同条例》和《保险企业管理暂行规定》。

④ 中国人民银行制定的保险规章，在原保监会成立后，先后被保监会制定的新规章所替代而失效。

⑤ 李玉泉：《保险法（第二版）》，法律出版社2003年版，第46页。

同的成立与生效、弃权与禁止抗辩、保险合同条款解释、缴费宽限期、共同灾难、表见代理等具体制度上，弥补了原先的缺陷。同时，保险监管方面也增加了不少内容。此后，保险法因相关法律的修订，于2012年、2015年对保险业法部分进行了微调。

为了保证保险法的贯彻和施行，国务院和原保监会制定了大量的配套法规和部门规章。国务院层面的法规主要有：《外资保险公司管理条例》（2001年颁布、2013年修订）、《机动车交通事故责任强制保险条例》（2006年颁布、2016年修订）和《农业保险条例》（2012年颁布、2016年修订）。保险监管部门先后发布的重要规章按类别主要分为：（1）保险公司管理类——《保险公司管理规定》《保险公司偿付能力管理规定》《保险集团公司管理办法（试行）》《保险公司董事和高级管理人员任职资格管理规定》《保险公司设立境外保险类机构管理办法》《保险保障基金管理办法》《外资保险公司管理条例实施细则》《外资保险机构驻华代表机构管理规办法》；（2）中介机构管理类——《保险专业代理机构管理规定》《保险销售从业人员监管办法》《保险经纪机构管理规定》《保险公估机构管理规定》；（3）保险经营管理类——《人身保险产品审批和备案管理办法》《财产保险公司保险条款和保险费率管理办法》《保险公司养老保险业务管理办法》《健康保险管理办法》《再保险业务管理规定》；（4）保险资金管理类——《保险资产管理公司管理暂行规定》《保险公司投资证券基金管理暂行办法》《保险机构投资者股票投资管理暂行办法》《保险资金间接投资基础设施项目试点管理办法》《保险资金境外投资管理暂行办法》《保险资金投资股权暂行办法》等[①]。

从上述立法情况看，我国已形成以保险法为基本法，海商法为特别法，配套法规、规章较为齐备的宝塔形的保险法律体系。

（二）从兼业监管、专业监管到混业监管

"我国长期以来，保险业的归属问题几经周折，开始由中国人民银行监管，中间改为财政部监管，后又转归中国人民银行监管"[②]，1958年，停止国内保险业务后，国务院决定国外保险业务由中国人民银行接办，这无疑使中国人民银行在恢复保险业务后顺水推舟成了保险业的监管部门。1979年2月，中国人民银行全国分行行长会议作出了恢复国内保险业务的重大决策；同年4月，国务院批准《中国人民银行分行行长会议纪要》，明确提出"逐步恢复国内保险业务"。于是，中国人民银行先后通过内设的金融管理司（下设保险信用合作处）、非银行金融机构管理司（下设保险处）、"保险司"开始兼管保险。这种兼业监管体制在1983年中国人民银行行使中央银行职能后也没有改变，1995年制定的保险法以"国务院保险监督管

---

① 保险规章数量众多且修订较为频繁，本文罗列的是最新修订的现行保险规章。

② 李玉泉：《保险法》，法律出版社2003年版，第273页。

理机构”的原则维持中国人民银行作为国务院保险监管机构的格局。

但是，这种由中国人民银行对保险业附带行使监管职能的兼业监管体制，在保险规模迅速扩张、保险主体不断增加、保费收入呈几十倍膨胀，保险市场日益复杂化、专业化、技术化的背景下，越来越显得力不从心。1997 年亚洲金融危机爆发后，决策层意识到建立完整、市场化金融体系的重要性。1998 年 11 月，“为深化金融保险体制改革，切实加强保险业监管，防范和化解保险业风险，经党中央、国务院批准，决定成立中国保险监督管理委员会[①]”，从而确立了专业监管的体制。原保监会确立了市场行为和偿付能力并重的监管方针，内设 16 个职能机构，包括财产保险监管部（再保险监管部）、人身保险监管部、保险中介监管部、保险资金运用监管部、保险消费者权益保护局和法规部等；并在各省、直辖市、自治区、计划单列市设有 36 个派出机构，体现了专业化、技术化监管的特点。

以专业监管为特征的分业监管体制，在金融混业经营的潮流下，日益显露了种种弊端。例如，截止到 2018 年，保险市场主体中有保险集团控股公司 12 家，以平安保险集团为例，已经发展成为集保险、银行、资管、证券、信托、期货、基金、融资租赁等金融业务于一体的综合金融服务集团，远远超出了原保监会的监管范围。“这种分业监管模式直接导致银行、证券、保险等子公司受到较为全面的监管，但缺乏对金融控股公司整体的监管……各金融控股公司内部普遍存在未纳入监管的实体，致使金融控股公司的会计、资本和风险管理指标扭曲。”[②]就保险而言，即使是受严密监管的保险业务，由于该业务涉及不同金融主体，也往往出现监管盲区。以占寿险业务高达 30% 以上的银行保险为例，在银行专柜销售的都是专业性、技术性要求极高的投资连结险、分红险和万能险等新型寿险产品，保险知识匮乏的银行柜员有无销售能力都成问题，加上原保监会无法约束、处罚违法违规销售的兼业代理银行，致使所谓的银行保险乱象丛生，数次出现市场危机。于是，为了“解决现行体制存在的监管职责不清晰、交叉监管和监管空白等问题，强化综合监管，优化监管资源配置，更好地统筹系统重要性金融机构监管，逐步建立符合现代金融特点、统筹协调监管、有力有效的现代金融监管框架，守住不发生系统性金融风险的底线”[③],2018 年 4 月，组建了中国银行保险监督管理委员会。由此，在纪念改革开放 40 周年之际，保险监管迎来了混业监管的时代，开始了改革开放深水区的新征程。

（三）保险市场逐步走向规范化

保险基本法直至 1995 年才制定，而专业监管体制晚至 1998 年才确立，因此恢

① 《国务院关于成立中国保险监督管理委员会的通知》（国发〔1998〕37 号）。

② 李文君：《我国金融控股公司监管问题研究与对策建议》，载《华北金融》2018 年第 11 期。

③ 参见第十九届中央委员会第三次全体会议通过的《深化党和国家机构改革方案》。

复后的保险市场，基本上处于法律规范不健全，监管体制不完善的法制环境中。其间，市场主体显露急功近利、盲目追求扩张的态势，市场行为极不规范，而保险市场固有的道德风险，也在不规范的市场氛围中恶性膨胀。下文中，笔者略举几个典型事件以说明法制建设滞后所造成的市场乱象和蕴含的金融危机。

商界有句老话：千做万做蚀本生意不做。保险市场刚恢复时，保险人为扩张市场，却拼命做蚀本生意。例如，从 1996 年 5 月始，中国人民银行八次降息（至 1999 年），1 年期存款利率从 10.98% 降至 1.98%。其间，保险人不但不适时调整寿险的预定利率[①]，反而以寿险保单收益率高企为卖点，在保险市场上大肆推销，制造了巨量“利差损保单”[②]，直至成立一年多的原保监会紧急下发《关于调整寿险保单预定利率的紧急通知》。该通知限定保险单预定利率不得超过年复利 2.5%。为防止保险人利用时间差变本加厉地销售原有的产品，该通知特别强调：自 1999 年 6 月 10 日接到本通知时起，各公司不得再签发预定利率超过上述规定的寿险保单；各公司务必将本通知于 1999 年 6 月 10 日内传达到各分支机构。

平安保险于 1999 年 10 月试销“投连险”，在高收益且稳赚不赔等宣传误导下，迅速销红全国，至 2001 年年末，“投连险”的保费收入高达 106.62 亿元，同比增长 542.26%，占寿险总保费收入的 7.49%[③]。但 2001 年股市下滑，投资收益出现负数，引发多地退保事件并迅速席卷全国，许多保险公司被迫停办“投连险”。对此，2000 年，原保监会发布《投资连结保险管理暂行办法》；2003 年，发布《关于银行代理销售投资连结和万能险产品的通知》和《关于加强投资连结保险销售管理的通知》。从时间先后看，监管部门的规范举措滞后，发布的规章和规范性文件作用甚微。

市场主体盲目扩张的市场行为导致保险市场固有的道德风险陡然增加。2003 年 6 月 15 日，达州渠县人帅某的母亲去世，她作为受益人获得了当时达州最大一笔人寿保险赔款 27 万元；一个月后，她被查出以篡改母亲年龄的手段获益[④]，遂

---

① 预定利率指寿险产品在预测收益率后所采用的利率，其实质是保险人使用投保人所缴纳资金而承诺的回报率。其高低与寿险产品价格直接相关，预定利率越高，产品的保费越低，吸引力则越强，而预定利率的高低，在以银行存款为主要运用渠道的现状下，与银行同期存款利率呈正相关，一般略高于存款利率。

② 利差损保单是指保险资金投资运用收益率低于寿险保单预定利率而造成的亏损，属于寿险行业的金融风险。

③ 王焕平：《对我国两次投连险退保风波的思考》，中国保险学会第二届学术年会入选论文集（实务卷）2001 年。

④ 帅某于 1998 年为年届 77 岁的母亲投保时，篡改其年龄为 54 岁；2000 年再次以篡改后的年龄投保，找人冒名体检；出险理赔时，保险人要求提供被保人的入党申请书，帅某随即篡改母亲入党申请书上的年龄。

因涉嫌保险诈骗被刑事拘留；之后两年，她两进、两出看守所，对于罪还是非罪，省、市、县三级司法机关均难以作出恰当判定，最终被移送到最高人民法院。其原因是，根据1995年《中华人民共和国保险法》第五十四条第一款的规定，保险人得以被保人年龄申报不真实而抗辩的除斥期间为2年，而帅某1998年、2000年两次投保，距离出险均已超过2年。笔者无意评论该案的曲折过程，主要是以该案反映当时当地的保险市场氛围。据帅某所述，其母年届77岁街坊皆知，而保险业务员依然鼓动其为母投保，两次投保时均告知年龄一事，业务员则允许以篡改后的“常住人口登记表”投保。而据保险业务员所述，当时为了抢业务、多做业务，多大年龄都不是投保障碍，你不做立马就被他人抢去做了。让人哭笑不得的是，帅某案发后，镇上掀起了退保潮，保险人称损失了几百万元。

无须赘言，保险法制建设滞后于保险市场高速发展导致了保险市场乱象丛生、保险市场特有的道德风险恶性膨胀。这种险象环生的市场状况，在保险基本法实施和专业监管体制确立后，才得到了有效的遏止和改观。当然，保险法制建设绝非一蹴而就之事，困扰中国保险、证券市场多年的安邦保险事件就是典型的例证。2018年2月23日，原保监会发布公告[①]：鉴于安邦集团存在违反保险法规定的经营行为，可能严重危及公司偿付能力，为保护保险消费者合法权益，维护社会公共利益，决定对安邦集团实施接管。长期以来，安邦保险颠覆了保险业传统的“负债驱动资产”的发展模式，采取了“资产驱动负债”的发展模式，“背离了保险业分散风险的基本职能，埋下了流动性危机、偿付能力不足等风险隐患[②]”，对中国保险法律规范和监管的预见性、有效性提出了实质性挑战，充分证明中国保险法制建设任重而道远。

三、保险法制建设始终在路上

回顾改革开放40年的中国保险，最大成果便是法制建设的不断推进成就了保险大国，而展望中国保险之历程，当然是迈向保险强国。但是，行百里者半九十，从保险大国到保险强国的最后10里，其难度远超前90里，而其中难度最大的要素，便是如何继续推进保险法制的成熟、健全和完善。笔者之所以提出这样的论断，是因为保险法制建设同样进入深水区，并全方位体现在基础法律、保险监管和司法审判等各个法制领域。

（一）保险基础制度存在重大缺陷需要修法完善

基础法律的完善，对于保险法制建设具有举足轻重的作用，是中国保险迈向保险强国的充分必要条件，但是，现行保险法在立法体例及保险合同规则上，存在一

---

① 原保监会:《关于对安邦保险集团股份有限公司依法实施接管的公告》(保监公告〔2018〕5号)。

② 苏泽瑞:《资产驱动负债模式研究——以安邦保险集团为例》，载《保险职业学院学报》2018年第1期。

些重大缺陷，构成保险市场健康、稳定发展宏观和微观上的障碍。

其一，两法合一体例。有学者指出，“之所以选择合并立法体例，并非出于理性，而是出于实用或便利”，从法理而论并不科学；从实务而言，合并立法体例不仅给法律适用与修正带来了困扰，而且形成了法律制度之间的互相干扰①。

其二，保险定义。目前，以保险人为中心的定义难以涵盖相互保险、自保之类的保险模式，更可能阻碍互联网保险的模式和制度创新。保险本质上是投保人之间的互助共济行为，如果技术允许和支持，可以不需要中介人（保险人）充当组织者建立资金池来实施互助共济。故保险人模式并非保险的唯一、永久、终极模式，互联网保险的模式创新让保险人模式面临前所未有的挑战，顺应互联网去中心化的演变，保险市场去中心化的终极目标，可能就是去保险人化，从而剥去建立保险资金池的重重成本，削减保险经营的层层利润，将互助共济的精髓和功能贯彻到底。

其三，人身险和财产险的保险分类。有学者指出，由于未顾及人身保险的二元性差异，该分类忽略了在人身保险中也有如财产保险一样属填补经济损失性质的险种，因此不能有效厘清保险损失补偿原则规范与保险合同类型之间的逻辑关系，徒增学说上的争议与实务上的困扰，应当将该分类修正为“损失补偿保险”及“定额给付保险”②。

其四，寿险合同权属。“寿险保单是一份财产，从这一角度考虑，缔约时若无法确定寿险保单的所有权人，那就意味着这份财产处于无主之不确定状态，其法律后果可想而知。而大陆法系保险立法所构建的投保人、被保险人和受益人三分定位之格局，不但无助于确定寿险保单的所有权，反而使保单权属问题变得更加扑朔迷离，故为根本性缺陷。”③

其五，法律规范缺位。在保险法设定的保险公司业务范围中，有保证和信用保险，但对于这两个争议最多（有学者否认其为保险）、法律关系最为复杂的险种，保险法却没有任何规定。同时，保险立法严重滞后于互联网时代，现行保险法没有任何关于互联网保险的规范，致使保险业面对互联网时代层出不穷的保险新需求或仓促应对或无动于衷，如网约车、代驾、顺风车等的兴起让保险业手足无措，固守着运营车、私家车的分类和费率，引起了诸多不满和纠纷。有学者对此的评价是：“由于受‘重保险监管立法，轻保险合同立法’之观念的影响，有关保险合同法的条文仅有区区 60 个……实属‘先天不足’。”而后修法，保险合同的规定又从 60 条

① 樊启荣：《保险法诸问题与新展望》，北京大学出版社 2015 年版，第 4 页。

② 樊启荣：《保险法诸问题与新展望》，北京大学出版社 2015 年版，第 9 页。

③ 方乐华：《论寿险合同中的投保方内部关系——兼论大陆法系相关立法的缺陷》，载《金融法律评论（第七卷）》，中国法制出版社 2016 年版，第 153 页。

降至58条。[①]这未免有些本末倒置，保险合同规则是保险市场健康发展和保险监管的基础，规则缺失势必让保险监管进退失据。

此外，在保险利益从人还是从物，交强险与商业车险的关系，团体人身险、责任保险、再保险等领域，基础法律也存在缺位或重大缺陷。

（二）保险监管理念、重心、技术有待精准定位

原保监会副主席魏迎宁在思考保险监管理念时指出，“监管机构并非保险公司的上级或领导机关”“只是要求保险机构合规经营，无须引领保险行业或指导保险公司发展”。保险监管的职责是保护投保人合法权益，保险合同纠纷由法院裁决，其原则是平等保护双方合法权益，至于投保人诈骗保险金，由司法机关追究刑事责任；保险监管只能在法律和国务院授予的权限范围内，按照法律规定的程序行使，其行为模式是“法无授权不可为”。“保险监管的政绩是消极的……所关心的，应当是投保人的合法权益是否受到损害、保险市场秩序是否混乱、保险业是否存在系统性风险等”；保险监管应当松紧适度，考虑成本效益，不是管得越多、越严越好，“监管越严格，保险业创新的空间就越小”。[②]其理念概括为：（1）监管非主管；（2）保护非裁判；（3）法外无权限；（4）政绩属消极；（5）适度非过严。但这些理念的实践和贯彻尚有待时日。以理念（1）和（2）观之，长期以来，监管机构注重的是保险业的增长速度而追求积极的政绩。有的地方保监局的文章名称就是：《当前保监局工作的重心是引领和推进地方保险业的发展》。该文中指出，当时的原保监会主席反复强调“要把加快发展作为当前保险业的首要任务……抓住机遇，加快发展，尽快做大做强保险业”。[③]笔者之所以引用监管人员发表于2005年的文章，意在说明保险监管一直未处理好监管与发展的关系，致使市场主体背离保险初心的粗放经营行为长期得不到纠正。最典型的例证，莫过于从利差损保单、“投连险”危机、银行保险到2018年安邦被接管，一以贯之，无不与保险业的盲目甚至野蛮扩张相关，且在扩张中与保险宗旨渐行渐远。安邦的“资产驱动负债”模式崩塌后，原保监会深刻反省：保险姓保、监管姓监，监管部门的工作重点是监管，不是做大行业。[④]以理念（2）和（5）观之，之所以将保险消费者保护作为监管部门的核心职责所在，盖因保险交易实质上是一种信用交易，投保人先期缴纳保费后，得到的只是保险人的一纸承诺，承诺兑现既依赖于履约意愿，更建筑在履约能力基

---

① 樊启荣：《保险法诸问题与新展望》，北京大学出版社2015年版，第5页。

② 魏迎宁：《关于保险监管理念的思考》，载《清华金融评论》2018年第8期。

③ 李锦军：《当前保监局工作的重心是引领和推进地方保险业的发展》，载《青海金融》2005年第8期。

④《保监会副主席：监管部门的工作重点是监管，不是做大行业》，详见凤凰网（来源于澎湃新闻网）：http：//news.ifeng.com/a/20170925/52151166_0.shtml，最后访问日期：2019年3月25日。

础上，履约意愿通过保险合同可以规制，履约能力则完全超出了保险合同调整的范围。换言之，无论是缔约阶段还是合同存续期间，投保方都难以知悉保险人的经营及财务状况，更无从了解其偿付能力，而保险企业又是公认的高风险企业，经营不善或天灾人祸都可能造成其偿付能力不足甚至破产。这是最典型的市场失败之案例，除政府干预外，几乎没有保护投保方合同权益的良方。因此，成熟保险市场的监管部门，无一例外地将偿付能力监管作为重心所在。

但由于种种原因，中国的保险监管一直贯彻市场行为和偿付能力并重的监管方针，虽然由并重转为以偿付能力为重心的呼声不绝于耳，但似乎又难以放松对市场行为的监管。问题是市场行为监管，该管的方面管得不到位，成熟市场基本不管的方面却管得过多、过严，这既束缚了市场主体的手脚，不利于培育市场主体的自我内控能力和机制，也分散了监管部门的精力。当然，偿付能力监管近年来大有改观，其标志性的事件是“偿二代”的推出。简而言之，偿付能力充足率 = 实际资本 ÷ 最低资本要求≥ 100%；“偿一代”最低资本计算方法简单，无法真实、全面地反映保险人风险承担能力；而“偿二代”对各类风险进行多层细分，采用相关系数矩阵计算最低资本要求，包括量化风险、控制风险和附加资本三个部分，对市场风险的资本要求提高，因而最低资本要求明显高于“偿一代”。

（三）保险司法的统一性、准确性和公允性有待加强

保险司法审判的首要问题是如何精准定位，按照“保险合同纠纷由法院裁决，其原则是平等保护双方合法权益”的理念，保险审判应当定位于商事审判，实行平等保护保险人和投保方合同权益的原则。但是，近年来，保险消费者保护的呼声一浪高过一浪，且将保险消费者等同于消费者权益保护法中的消费者。如此，按照消费者权益保护法的宗旨，保险司法审判应当定位于倾斜保护保险消费者。两者孰是孰非，加上保险基本法律中的缺陷，让全国司法系统陷入困境。以对一方保险审判具有倾向性影响的地方高院层次观之，有的地方高院坚持商事审判的平等保护原则，有的则指导基层法院按照倾斜保护消费者的审判原则，导致同类案件不同判决的现象十分常见。有的法官审理保险合同纠纷案件时，基本思维就是想方设法地让保险人赔偿，而缔约时未尽明确说明义务、面对投保人告知不实未尽审慎义务则成为放之四海皆准的事由，也导致保险业界、保险法学界长期纠结于此类基础理论的争论。

保护投保方合法权益的重心，在于保险交易是一种信用交易，除非政府干预，否则难以预防保险人偿付能力的不足或缺失。至于保险合同领域，“保险契约的实质是风险信息的交换：投保人掌握的保险标的的个体信息与保险人掌握的社会范围内某类风险的整体信息的交换”。[①] 由此，保险关系的基本特点是：投保人和保险人在保险信息交换中，处于双向信息不对称的状况，这造成双方当事人在交易地位

① 臧彦：《保险契约信息不对称的法律规制》，载《法制与社会发展》2002 年第 6 期。

上互有弱势之态。所谓信息不对称，是指交易当事人之间获得相关知识的差别[①]。而信息经济学则认为："非对称信息是指某些参与人拥有但另一些参与人不拥有的信息"，包括"双方知识的不对称……一方对另一方的行为无法管理、约束"。[②]保险关系之所以呈现信息双向不对称状态，是因为对于保险人拥有的保险商品、市场等整体信息，投保人不拥有；而对于保险人的经营信息和行为，投保人更难以知悉也无法管束。反之，则投保人拥有的保险标的之个体信息，保险人却不拥有；被保险人对保险标的物之管理和使用，以及被保险人自身的行为，承担风险的保险人通常鞭长莫及。与此相比，消费者权益保护法界定的消费者，在一手交钱、一手交货的状态下，则处于绝对的、信息单向不对称的交易地位。因此，保险消费者可谓不真正消费者，其在保险合同领域的弱势地位受到保险法的诸多保护，且保护力度相较于消费者权益保护法对消费者的保护有过之而无不及。综上，保险司法审判理应秉持保险交易信息双向不对称的原理，确立统一的平等保护双方合法权益的审判理念，增强保险司法审判的精准性和公允性。

（四）与保险诈骗的斗争任重而道远

与信息不对称原理相关，投保方在保险标的个体信息上的强势还可能引发保险欺诈，"在事前发生的信息不对称会引起逆向选择问题，而事后发生的信息不对称会引起道德危险"。[③]保险欺诈是全世界保险人都面临的难题，而在刚刚走过近40年历程的中国保险市场，由于对保险法律关系特征、保险消费者保护等问题上的认识存在偏差，对保险犯罪的严重性认识不足等原因，问题尤为严重。

从刑事政策和立法的视角看，我国理论界与实务界对保险诈骗罪属于行为犯还是结果犯一直存在争议，国外刑法多将其视为行为犯，但我国刑法"骗取保险金"且"数额较大"的构成要件规定，显然将其归结于结果犯。笔者认为，这不利于打击保险诈骗犯罪，从保险原理上说，当事人实施"虚构保险标的""对发生的保险事故编造虚假的原因或者夸大损失的程度""编造未曾发生的保险事故""故意造成财产损失的保险事故""故意造成被保险人死亡、伤残或者疾病"等行为后，若进一步提出保险金索赔请求，则用尽了其诈骗保险金所能采取的所有非法手段。该行为危害保险制度、保险市场的恶果已经形成，至于非法获取保险金，只是在危害恶果中添了一笔，且并非主要危害，故刑事政策应当考虑将其提出保险金索赔作为构成保险诈骗罪的要件。更重要的是，犯罪嫌疑人提出索赔请求后，遭到保险人拒赔而最终未能诈取保险金，若非造成被保人死亡等极端事件，极有可能因保险人的反

① ［美］格列高里·曼昆（N. Gregory Mankiw）：《经济学原理（下册）》，梁小民译，机械工业出版社2005年版，第78页。

② 张茂忠、崔秀梅：《不对称信息经济学理论观点评述》，载《兰州学刊》2004年第5期。

③ 张茂忠、崔秀梅：《不对称信息经济学理论观点评述》，载《兰州学刊》2004年第5期。

欺诈意识淡薄、缺少专门的反欺诈机构、与公安经侦缺少联动机制等原因而逃脱任何惩罚。同时，刑法规定存在难以周延保险犯罪行为类型的问题，如“虚构保险标的”的虚构二字，很容易被片面地理解为子虚乌有而忽略了故意隐瞒、恶意篡改保险标的重要事实等行为。事实上，故意隐瞒、恶意篡改等是保险诈骗中极为常见的行为，刑法应当直截了当地将其作为保险犯罪的一种类型。此外，前述“帅某诈骗案”可谓典型反映了保险司法审判面临的民刑竞合困境，不利于精准打击保险领域的犯罪行为。由于保险案件民刑跨界，无论是刑法学界还是保险法学界，在这方面研究都甚少。笔者认为，尽管保险欺诈有民事欺诈和刑事诈骗两类，两者都对保险制度和保险市场造成危害，都应当予以坚决反对和遏止，但两者在性质和程度上不同。因此，判断当事人的行为属于民事欺诈还是刑事诈骗至关重要，民事欺诈应适用保险法的相关规定承担责任；而保险诈骗不能适用保险法的相关规定。以“帅某诈骗案”为例，其篡改母亲年龄投保、找人冒名体检，甚至篡改母亲入党申请书骗取保险金的行为，无论是在情节上还是程度上，都已经远远超出了民事欺诈的范畴，因此不能适用保险法有关除斥期间的规定。

从监管部门和保险市场主体的视角看，保险监管部门缺少反保险欺诈（含民事欺诈和刑事诈骗，下同）的专门机构，这显然不利于保险市场的健康发展，尤其不利于全方位精准、有力打击保险诈骗行为。保险欺诈非法骗取的保险金并非保险人财产，而是广大投保人缴纳的保险费，打击保险欺诈行为正是对保险消费者的重要、有力保护，应当在现有的金融消费者保护机构中设立专门的反欺诈机构，全面负责、统一部署反欺诈工作。例如，在社会上加强反保险欺诈宣传；督促保险人强化自我保护和反欺诈意识、在公司内部增设反欺诈专门机构、与公安经侦建立信息共享的联动机制等。就保险人而言，对于业内已有共识的保险欺诈重灾区，如健康险中的逆向选择投保；车险中的故意制造事故；寿险中的复效环节等，应当采取有效防范措施，通过互联网技术创新和完善承保和理赔程序，从源头和制度上遏制保险欺诈行为的滋生。

中国保险市场走过了不平凡的40年，取得了举世瞩目的成就。站在高起点上的中国保险市场，若能解决上述问题，克服种种困境，定能再创辉煌。

论信托免责条款的法律效力

朱 圆[①]

一、问题的提出

现代金融市场上流动的投资管理资金在很大程度上可归结为代人理财的资金。有学者形容当代社会已进入资本化的第四个阶段，在这个阶段，受托人不仅接管了投资者的积蓄，也接管了投资。也有学者主张，当代资本市场正进入第五个阶段，在这个阶段，受托人得到法院和立法者的授权，为自己撰写涉及管理资产权利范围的法律文件，包括设定自己在管理财产中的义务、责任和免责条款等内容，进而事实上成为其所管理基金的共同受益人，在获得巨额管理收益的同时，将资产不当管理产生的风险转嫁给受益人。[②] 考虑到金融理财产品的法律本质是信托，信托法是规范理财产品的基本法，[③] 信托法中受益人权益保障制度值得我们特别关注。

信托免责条款就本质而言，可以理解为委托人与受托人的风险分摊机制，将受托人违反信托的风险从受托人移转给受益人，旨在免除受托人因未适当履行信托义务而承担的法律责任。近年来，信托文件中的免责条款越来越多见。当代金融管理的变革，包括信托财产类型的变化、信托用途的创新、信托受托人被赋予越来越广泛的管理信托的权利，以及信托受益人维权观念变化等因素推动了信托文件中免责条款范围的扩张。此外，合同免责条款的广泛普及也促进了免责条款在其他法律领域中的运用。

一国立法对信托免责条款法律效力的判定在很大程度上反映了该国平衡信托受托人所承担信义义务的强制属性、委托人设立信托自主权以及受托人权利保护力度

---

① 朱圆，福州大学法学院教授。

② Joshua Getzler，“An Interdisciplinary View of Fiduciary Law，‘As If’ Accountability and Counterfactual Trust，” 91 *BuL. Rev.*（2012）：973，975.

③ 季奎明：《论金融理财产品法律规范的统一适用》，载《环球法律评论》2016 年第 6 期。

的立法态度。对于信托免责条款法律效力的认定问题，英国、美国、加拿大、澳大利亚等国信托法均有规定，但我国信托法尚未涉及。同时，我国学界对于信托免责条款的探讨几乎还是一片空白。鉴于此，本文主要对普通法系国家信托免责条款相关的立法、学术著作同所涉法律实践及理论进行梳理，并在此基础上，对我国信托法中免责条款法律制度的构建提出建议。总体而言，可能致使信托免责条款无效的情形可以归结为程序和实体两个方面。程序事项主要考察在信托文件中形成免责条款的过程，亦即主要考察制定信托文件的过程。实体事项则侧重于判定免责条款自身的内容是否存在不当豁免受托人的忠实义务或注意义务的情形。本文将从实体和程序两个方面分别对信托受托人的行为应否受免责条款保护进行分析，并从理论层面上探讨判定免责条款合法性的考虑因素。

二、信托免责条款的表现形式

在信托文件中为受托人履行信托职责的行为提供庇护的条款并不仅限于直接免除受托人法律责任的条款，还包括限制受托人所承担法律义务范围的条款、拓展受托人权利的条款以及使受托人有权从信托财产中获得补偿的条款。[①] 本文认为，前者可以视为狭义的信托免责条款，而后者事实上修改了受托人所承担的法律义务的范围，或通过修改受托人获得赔偿的条件，进而改变了受托人法律责任的承担，可以视为广义的免责条款。前者与后者的区别在于，后者的设定使受托人的行为不被认定为违反信托义务的行为，从而阻却了受益人可能的其他救济手段，同时亦不影响受托人获得管理信托财产的报酬；而前者虽然免除了受托人的法律责任，却可能使受托人丧失从信托财产中获得报酬的机会。

直接限制或免除受托人法律责任条款的常见表述为：“受托人不得因其从事信托活动过程中的错误行为承担责任，如果这种错误并非基于管理信托财产过程中的欺诈行为（或其他对错误发生原因的界定）。”拓展受托人权利条款。

可见 Stacey v. Branch 案中信托文件的表述。[②] 在该文件中，受托人被赋予“管理信托财产的完整权力，如同他拥有绝对的自主权一样，以他认为合适的方式管理信托财产”。英国高等法院将此条款视为责任免除条款的一种类型。

拓展受托人权利范围的条款一般授权受托人从事通常被禁止的行为。此类条款与排除受托人应承担的积极义务的条款[③] 均能让受托人免予承担责任，它们与限制

---

① （U.K.）The Law Commission，Trustee Exemption Clause（Law Com No.301）（2006），p.16.

② Stacey v. Branch[1995]，2 I.L.R.M.136.

③ 此类免责条款可见如下表述：“当受托人向其自定的受益人支付任何款项时，如受托人无法确定该向何人给付利益，在受托人做出抉择或支付款项时，可以不以受托人的身份行事，不承担咨询、调查的义务，且不对其所做出的选择对任何人以任何方式承担责任。”

受托人因违反信托而承担法律责任的条款一样，从广义上均构成免除受托人承担法律责任的类型，但前者通过对受托人的权利与义务的重新界定，将本应被认定为违反信托的行为纳入受托人的约定权利范围，或通过缩减义务，将本应被界定为违反义务的情形排除在外。

由于扩大受托人的权力范围与缩减 / 否定受托人的义务条款，均在实质上产生与免责条款相同的法律后果，信托受托人免责条款相关立法本应对它们同样涵盖，但考虑到如果对限制受托人义务条款的适用作出强制性规定，将导致信托概念灵活性和实用性优势的丧失，[①] 目前，各国信托成文法均未将其纳入免责条款的范畴予以直接规定，对此类条款效力的认定可以从信托受托人权利义务的边界等综合性信托法律规则中寻找答案。

赋予受托人以从信托财产中获得补偿权利的免责条款的一般内容和法律效果是：虽然受益人可以起诉受托人，受托人可能被要求承担责任，但除对受托人的声誉构成不良影响外，受托人不承担任何经济损失，因为该条款赋予受托人以从信托财产中获得经济补偿的权利。但是，这种补偿条款相较于免除受托人法律责任条款而言，能够为受托人提供的法律保护力度较低，因为它的效用依托于信托和信托财产的存续。

三、从实体内容角度判定信托免责条款效力

对信托免责条款的效力分析可以从实体和程序两个方面来展开。实体分析指向的是免责条款所豁免的受托人行为性质，在相关立法和司法实践中，主要可以归纳为信托文件中涉及受托人忠实义务和注意义务的免责性约定能否得到法律的认可。

有评论家指出，存在六种可能的受托人责任类型划分标准：欺诈（fraud）、有意的行为（willful conduct）、漫不经心 / 毫不在意（recklessness）、重大疏忽（gross negligence）、一般疏忽（ordinary negligence），善意违反信托（严格责任），同时指出此六种类型之间可能互相交集，在某些情形下完全重叠，而某些情况下各自独立。[②] 在这六种情形中，欺诈、有意的行为、对受托职责的履行漫不经心三种类型的行为，均可以纳入下文“欺诈与恶意行为”的范畴，不受免责条款保护。而不同法域对于重大疏忽和一般疏忽行为是否受免责条款保护持不同立法态度。善意违反信托的行为在世界各国一致受到免责条款的保护。

（一）欺诈和恶意行为

当违反信托的行为发生时，受托人的行为可能处在比较宽泛的主观区间，换言之，违反信托的行为既可能归咎于受托人有意而为的欺诈行为，也可能归因于受托

---

① Trust Law Commission Consultation Paper，Trustee Exemption Clauses（1999）.

② （U.K.）British Report on Exculpation Clause in Trust Instrument，22 Est. Tr. & Pensions J. 55（2002）.

人所从事的主观上诚信但违反信托文件或相关法律的行为。

虽然各国实务界和理论界对于免责条款的有效性持不同观点，但各国信托法和判例均认同受托人在履行职责过程中基于欺诈和恶意所从事的行为不能被免除法律责任。欺诈和恶意被视为在违反信托的诸情形中情节最为恶劣的两种，不能得到立法的宽恕。而如何诠释欺诈与恶意，是相关审判的难点所在。

1. 经典案例——Armitage v. Nurse 案[①]。

在信托的发源地英国，首次对信托受托人免责条款的法律效力进行认定，并在之后多年的审判中得到广泛援引和承继的案例是 Armitage v. Nurse 案。该案的上诉法院法官认为，信托文件中的免责条款可以有效保护受托人免予承担除欺诈以外情形的违反信托义务的赔偿责任，包括受托人在处理信托事务过程中重大疏忽的赔偿责任。

Armitage v. Nurse 案的受托人是以受益人 Paula 的母亲和祖母为董事的公司，信托财产主要是田地。根据信托文件，受益人有权在 40 岁后享有田地的份额。信托财产在受托人管理期间遭遇大幅贬值，受益人主张，受托人在管理和投资信托资金的过程中违反了信托义务，特别是在管理信托财产过程中存在明显疏忽，由此引发了信托财产的巨额损失。受托人在法庭上援引信托文件中的免责条款，主张其不应承担任何责任。该信托文件中的免责条款内容如下："受托人任何时候，不因任何原因，由于受益人的（信托）资金或信托财产的任一部分或信托收益所受到的损失或损坏而承担责任，除非这种损失或损坏归咎于受托人自身的欺诈行为。"

法院认为，该信托文件的第十五条是有效的，其保护受托人免予对信托财产的损失或损坏承担责任，而"不论受托人多么懒惰、冒失、懈怠、疏忽或任性"，只要受托人的行为不构成"事实上的不诚实行为"。法官进一步指出，对"事实上的欺诈"的指控应提供受托人"不诚实"的证据，同时他接受陪审团的主张，即"认定受托人欺诈行为要求受托人具备追求某种特定行为的'最低主观意愿'，或者明知该行为有背受益人的利益，或对行为是否有背受益人利益完全漠不关心"。[②]

该案的法官还探讨了如果对受托人重大疏忽的行为给予免责的法律保护，是否构成对公共利益的侵害问题。Millett 法官认同，受托人对受益人所承担的法律义务中存在不可减损的以忠诚为核心的内容，对该义务的实施提供法律保障是信义法的基本要求。但 Millett 法官并不认可受托人对受益人所承担的信义义务包括技能、注意、谨慎和勤勉的义务。在他看来，诚实和善意地为受益人的利益履行职责是信托实质内容的最低要求，但也是充分的要求。

---

① [1880]Ch 241.

② [1880]Ch 241，251.

虽然法官在 Armitage v. Nurse 案所提出的观点受到了不少人的抨击，但该案已经成为英国关于信托受托人承担法律责任的指导性案例。

2. 对欺诈和恶意的诠释。

对于如何诠释欺诈，不同的法官持不同见解，而对欺诈的理解亦经历了一个演变和沿革过程。在 1915 年的 Vatcher v. Paul 案中，帕克法官对如何认定信托受托人行使权力构成“欺诈”进行了诠释：“行使受托权力的‘欺诈’并不必然意味着权力行使者的行为构成了普通法通常意义上的‘欺诈’行为——不诚实或不道德。它只表示行使受托权力的目的或意愿超越了创建权力的信托文件所设定的范围，或被认为是不正当的。”① 由此来看，帕克法官把受托人的越权或不正当履行信托职责的行为界定为欺诈，这种解释比较宽泛，目前已经不再为法官所坚持和适用。

目前，不受信托法保护的“欺诈和恶意”行为，首先指向有意侵害受益人利益或对受益人利益漠不关心的行为。在 1995 年 Royal Brunei Airlines v. Tan 案② 中，法官这样诠释欺诈：“在违反信托的语境下，欺诈指的不是欺骗性的侵权行为，而是指受托人在行事时，并不诚实地相信其所从事的行为符合受益人的利益。”在 Armitage v. Nurse 案中，Millett 法官指出，“‘不诚实’指的是，就最低限度而言，受托人从事特定行为时，明知该行为不利于受益人利益，或对其是否损害受益人利益漠不关心”③。

为避免受托人的行为超出委托人或创设信托的预期，法官和立法者列举了三种可以纳入欺诈的受托人不当行使信托权利的行为：（1）当受托人行为是依据受益人与另一方所达成的事后协议行事，而这种事后协议并无真正的受益人；（2）当对受托人的任命是基于腐败的目的；（3）当任命受托人的目的超越合法管理信托财产的目的。事实上，前两种可以视为第三种的分支。④

如果受托人对信托财产的价值或受托人利益毫不在意，有意漠视自己的信托义务，此类行为同样不被免责条款所保护。例如，如果某共同受托人在知悉另一共同受托人对信托财产负有债务的情形下，仍长时间允许该受托人独立控制信托财产。共同受托人的这一行为将被视为有意违反信托义务的行为，因为共同受托人被认定为“有意地漠视慎重和认真的人在控制和处理自己事务时应有的行为规则”。⑤

---

① [1915] A.C.372，at p.378.

② [1995] 2 A.C.378.

③ [1998] Ch 241，at 251.

④ R.C. Nolan，“Controlling Fiduciary Power，” 68 *Cambridge L.J.*（2009）：293，297-298.

⑤ George Gleason Bogert's，George Taylor Bogert，Amy Morris Hess，“The Law of Trusts and Trustees，” June 2017：542，Exculpatory or immunity clause –Required standard of care reduced by settlor.

如果信托受托人的行为被界定为投资失误，则不应被认定为欺诈，可以受免责条款所保护。例如，Crabb v. Young 案[①]中的信托文件规定，“除非存在有意从事的不作为、不当行为或忽视职责的情形，即便信托财产遭受损失，受托人不必对信托行为承担责任”。该案所涉受托人被授权投资于不动产抵押，但在投资过程中所设定的担保额度不当。法院认为，该行为仅仅是投资判断上的错误，因此根据信托文件应当免责，并指出，“无疑即便受托人的投资决策不够慎重或存在过失，除非该行为被认定为刻意为之且有意忽略谨慎认真的人处理自身事务的一般规则，否则受托人不应承担责任。需要强调的是，不当投资是有意而为且事实上违反了信托，并不必然是有意违反信托的行为。不论受托人是否知悉其行为违反信托，均同样适用”。

那么，如何区分有意的违反信托行为与受托人投资失误行为？英国法官在多个案件中探讨了区分二者的方法。法官提出，“即便受托人违反信托义务的行为是刻意而为，仍可以受免责条款保护，除非受托人同时存在制造信托财产‘损失’的‘故意’”。法官们在案件中进一步明确，判定是否“有意违反信托”的依据并非受托人在行为时是否知道其行为构成对信托义务的违反，而是受托人是否明知行为违反信托且必将造成信托财产“损失”。[②]此外，还需要指出的是，有意违反信托的行为并不必然等同于不诚实违反信托，如受托人有意从事某行为，明知该行为违反信托，但真诚地相信他的行为有利于受益人。

（二）疏忽

对于免责条款是否可以豁免基于疏忽而违反信托义务的行为，域外国家立法态度存在以下三种类型：认可豁免任何程度疏忽行为（包括重大疏忽）免责条款的有效性；认可豁免一般疏忽行为免责条款的有效性；区分不同类型受托人（职业与非职业受托人）区别对待信托免责条款的效力。

1. 认可豁免重大疏忽行为的免责条款法律效力。

持豁免任何程度疏忽，包括重大疏忽立法态度的法规一般仅在条文中规定，豁免欺诈或恶意违反信托行为法律责任的免责条款无效。换言之，违反信托行为如果可归因于重大疏忽，则可以受免责条款保护。比如，1992 年伯利兹《受托人法》第五十条（6）规定：“信托文件中的任何条款不得免除受托人基于自身的欺诈或有意为之的不当行为而违反信托的法律责任。”

英国 1925 年《信托法》将信托受托人承担责任的情形限定为“有意违反信托

---

① Crabb v. Young，1883，92 N.Y.56.

② George Gleason Bogert’s，George Taylor Bogert，Amy Morris Hess，“The Law of Trusts and Trustees，” June 2017：542，Exculpatory or immunity clause.

的行为"[1]，结合前述提及至今对英国信托审判实践发挥指引作用的 Armitage v.Nurse 案，我们可以看到，英国法一般肯定豁免重大疏忽行为免责条款的效力。

但是，一些英国金融特别法，如《金融服务法》《养老金法》，对免责条款的效力作了特别规定，在这种情况下，特别法的效力优先。

2. 否定重大疏忽行为责任的免责条款效力。

（1）成文法。值得注意的是，现在越来越多的国家的信托法规定受托人应对重大疏忽行为承担法律责任。例如，美国《信托法重述（第三次）》（2012）第九十六条（a）规定：就信托（文件）中免除受托人违反信托的法律责任条款而言，如其不涉及受托人滥用信托关系或信义关系，具有可实施的法律效力，除非该条款尝试免除受托人的责任属于如下类型：

违反信托的行为基于恶意或对所承担的信义义务、信托条款或目的；（b）受益人的利益漠不关心（Indifference）。该条款的官方评论明确表示，上述规定所对应的免责适用的责任标准取决于委托方对受托人履行职责能力、技术和装备的期待值，以及制定该条款时对特定风险或其他方面的考虑。

在这里，需要加以关注和讨论的是，该条款中"漠不关心"在主观方面是否等同于"重大疏忽"。由于不同法域对重大疏忽的界定不同，在适用时也不能适用同一标准。美国《信托法重述（第三次）》第九十六条的评论（c）明确指出，该条款中的"漠不关心"，意指受托人在行为时没有以"合理的努力"来理解并遵从相关信义义务的行为标准。由于重大疏忽的主观恶意显然低于"合理注意"，由此来看，此条款已经排除了受托人的重大疏忽受免责条款保护的机会。

（2）判例——米德兰银行信托（泽西岛）（Hambros）公司诉联邦养老金服务公司（FPS）案[2]。

在 Hambros 诉联邦养老金服务公司中，法官基于受托人的重大过失，判定其不受免责条款的保护，须向受益人承担赔偿责任。被该案所涉职业养老金计划的唯一受托人，其签订的信托文件第二十七条明确规定，FPS 拥有广泛的管理投资信托资金的权利，第二十九条为费用补偿和免责条款，内容如下：

受托人在执行本信托过程中，以及管理和实施养老金计划的过程中所产生的一切费用均应得到补偿，并就补偿金额对信托财产享有留置权。同时，受托人不对任何有意或明知违反信托之外的行为承担赔偿责任。

受托人 FPS 和委托人 Hambros 约定，自 1988 年 12 月起，Hambros 担任养老金

---

① 英国 1925 年《信托法》第三十条规定，受托人仅对其收到的金钱和证券承担责任，而不论是否签署收据，只对自己的行为、疏忽或不作为承担责任；不对其他受托人、银行、经济人或其他信托财产可能被存放人的行为承担责任；也不对证券金额的不足或损失承担责任，除非该行为可归因于受托人的有意行为。

② Midland Bank Trustee（Jersey）Ltd v. Federated Pension Services Ltd.[1996] PLR 179.

计划的投资经理。然而，在信托实施过程中，FPS 未能按照约定将已经到账的投资资金（总计超过 1200 万英镑）划转给 Hambros。FPS 错误地认为，在资金划转之前必须与养老金提供者（地方政府）签订客户协议以符合投资管理监管组织的要求。虽然未转移资金可能带来严重后果，但是 FPS 并没有就该问题寻求法律建议，也没有联络地方政府或 Hambros 关于客户转移资金的问题。由于资金未能及时到位，Hambros 无法及时投资，错过了 1989 年年初开始的市场上涨机会，从而导致委托人超过 79.3 万英镑的损失。FPS 承认，由于未能按约定将资金转移给 Hambros 违反了信托义务，但请求根据信托文件前述费用补偿和免责条款来获得责任免除。

泽西岛上诉法院参考了英国、加拿大和新西兰关于信托受托人重大过失所涉免责条款的核心案例，得出结论，他们的制定法并没有禁止免责条款保护受托人的重大过失行为，并同意对受托人所确定的责任范围和责任的履行必须根据受托人的类别而区别对待。

对于信托文件第二十九条的法律效力，法官适用修正后的 1984 年（新泽西）《信托法》第二十六条（9），裁定 FPS 因重大过失而须承担法律责任，该条款内容是：信托文件中的任何规定均不得减轻、豁免或免除受托人因其自身的欺诈行为、故意的不当行为或重大过失行为而造成的违反信托的责任。

在法官看来，FPS 未转移信托资金的行为，被认为是一种严重的、不寻常的和明显背离了有偿职业受托人的正常执业标准的行为，达到法条所指“重大过失”的程度。基于此，FPS 被裁定对信托资金的损失承担责任，并且不受信托文件中免责条款的保护。尽管 FPS 积极地采取措施向枢密院的司法委员会上诉，但上诉却被驳回。

3. 对重大疏忽作为责任标准合理性的逻辑分析。

笔者认为，重大疏忽涉及对信托义务中注意义务的违反，除非得到委托人的符合法定程序的特别认可，涉及受托人对重大疏忽行为免予承担法律责任的免责条款一般不具有法律效力。一方面，注意义务是信义义务的核心内容，不应轻易予以否定和免除。另一方面，疏忽是信托实践中，受托人被要求承担责任的常见理由，让受益人承担受托人的疏忽行为所产生的损害后果显然有失公平。特别是在职业人士担任受托人的情形下，允许职业受托人免予对重大疏忽承担法律责任更有悖于公共利益。

对于少数学者和法官提出“难以准确界定‘重大疏忽’”，并基于此反对以“重大疏忽”作为受托人免责例外事项的理由的主张，一些法官提出了批驳意见：[①]“有人称界定重大疏忽具有很大难度，但是……‘当疏忽达到某种程度时，人人都

① [1864] 3 H & C 337.

会对它予以强烈谴责’。因为难以在一般疏忽和重大疏忽之间划出严格界限，就反对对两种类型的疏忽产生的法律后果进行区分，是错误的。”

四、从程序和受托人身份角度认定信托免责条款效力

将程序问题纳入信托免责条款效力的考虑范畴，是以美国为代表的一些国家信托法的共同实践。在程序层面上，可以考虑的因素包括免责条款加入信托文件的过程、免责条款的措辞表述应当明晰具体、要求受托人承担相应的举证责任等。

（一）免责条款加入信托文件过程的考量

鉴于免责条款所产生的免除受托人法律责任，并由此使受益人承担重大法律风险的严重后果，有必要对免责条款加入信托文件程序的公正性进行考察。对于如何确保免责条款加入信托文件过程的公正性，塔玛·弗兰科教授认为，第一，委托人必须收到加入免责条款法律后果的明确通知，亦即在加入免责条款后，委托人不能再指望受托人为受益人的利益行事，受益人需要采取措施维护自身权益。第二，受托人必须向委托人提供充分的信息，以使委托人能够基于所获得的信息作出审慎的决策①。第三，委托人所作出的认可的意思表示应是明确的，谈判内容必须是无歧义的。②

美国《信托法重述（第三次）》第九十六条的评论（d）对免责条款加入信托文件的情形进行了考量，其内容是：

“如果信托文件中的免责条款是由受托人所起草，而如若免责条款是由受托人加入信托文件中，该条款将被假定不具有执行力。但如果受托人能够证明其在信托文件中加入免责条款是公正的，这一假定可以推翻。

在认定是否推翻假定时，可以考虑如下因素：该信托文件是完全由受托人独立草拟的，还是由他人代表受托人拟定；在信托创设前，信托受托人是否已经与委托人形成信义关系，比如担任委托人的律师；委托人是否已经得到有能力对信托文件条款作解释的专业机构的独立、适格解释；委托人是否已经知悉信托文件的内容，并能对免责条款的内容进行判断；免责条款内容的合理性和张度。”③

这一条款相关内容原见于美国《信托法重述（第二次）》第二百二十二条第三款④，

---

① Tamar Frankel, “Fiduciary Duties as Default Rules,” 74 *Or.L.Rev.*（1995）：1209，1212.

② Tamar Frankel, “Fiduciary Duties as Default Rules,” 74 *Or.L.Rev.*（1995）：1209，1234-1235.

③ 美国《信托法重述（第三次）》第九十六条，报告人评论之（d）部分。

④ 美国《信托法重述（第二次）》第二百二十二条规定了判定免责条款效力的六个要素：（1）受托人在创造信托之前，是否与委托人之间存在信义关系，例如受托人是不是委托人的监护人；（2）信托文件是否由受托人起草，或完全或部分由代理受托人行事的他人起草；（3）委托人是否得到关于信托文件条款的独立的指导意见；（4）委托人是否具有专业经验和判断力，或不熟悉信托业务，或不具有此类判断和理解力；（5）信托文件的加入是否基于不恰当的压力或受托人其他不当行为；（6）信托条款的张度和合理性。

其主要从信托文件的拟定过程、委托人获得的关于免责条款内容的专家意见、委托人对免责条款的理解和判断力、免责条款内容的合理性等方面来对免责条款的效力进行判定。

另外需要指出的是，法院在审查相关案件时，委托人是否知悉信托文件中的免责条款以及受托人的职业受托人身份均是考虑因素。那么，如果立法要求专业信托受托人在委托人签署信托文件之前，对委托人解释信托免责条款的内容，是否有助于补正信托法的立法天平因免责条款而偏向于受托人的缺憾呢？一些评论家对此提出质疑。即使立法增设此要求，受托人对委托人的解释一般也只是寥寥数语。通常在商业信托中，委托人签署的是格式合同，对于其中的免责条款，委托人要么接受信托，要么放弃信托，几乎没有议价的空间。

为平衡受托人与委托人之间的强弱地位差异，美国《信托法重述（第三次）》[①]与《统一信托法》均规定，由受托人对免责条款加入信托文件过程的公正性承担举证责任。例如，《统一信托法》第一千零八条（b）规定，“由受托人所起草的免责条款被认为是滥用了（委托人与受托人之间的）信义法律关系，是无效的，除非受托人能够证明免责条款在所处的环境下是公正的，且免责条款的存在与内容均向委托人进行了恰当的沟通”。

（二）免责条款内容应细致具体

对于免责条款内容的具体性要求，可以归入实体问题。但考虑到对免责条款内容明晰化的要求，目的是更好地保证当事人双方的谈判过程公正并具有合理性，本文将其纳入程序问题进行梳理。对免责条款内容明确化的法律规定借鉴了合同法的理论逻辑，即如果双方议价的结果极不公正和不合理，那么弱势方对于合同条款所作出的同意的意思表示就值得深度怀疑。[②]在信托关系中，由于加入免责条款的保护显然不利于委托方，委托方对免责条款所免除受托人责任的意图必须清晰地表达出来。

由于免责条款所涉及的责任免除为内容宽泛的受托人的忠实义务和注意义务，涉及免责条款法律效力的规则内容应当具体明确，从而能够为当事方提供磋商的范例，便于当事方围绕条款进行磋商。而信托当事人在信托文件中所制定的免责条款亦须具体清晰，以避免事后可能引发的争端。信托文件中免责条款的确定有助于减少双方对于免责条款内容可能产生的误解。内容宽泛的免责条款具有更大的模糊性和不确定性。如果免责条款内容宽泛，则可能导致受托人不对委托人阐明所有免责条款将引发的法律后果，以及受托人的投机行为。而如果免责条款细致具体，则可

---

① 美国《信托法重述（第三次）》第九十六条的评论（d）（2012）关于免责条款举证责任的表述与《统一信托法》第一千零八条（b）基本相同。

② Tamar Frankel，“Fiduciary Duties as Default Rules，” 74 *Or.L.Rev.*（1995）：1209，1237.

以避免上述缺陷，其效力容易得到法院的支持。内容明晰的免责条款还有助于法院辨别受托人违反职责的性质及程度，进而确定其法律责任。总而言之，相对而言，内容宽泛模糊的免责条款难以得到法院的支持，因为受托人对委托人的财产管理享有广泛的自主权，并可能滥用这种自主权侵害委托人的权益。①

假设在某信托中，委托人与受托人尝试围绕着这样一个免责条款来解决他们之间的争端："本文件所任命的受托人不对受托人自身的作为或不作为承担责任，除非其行为是有意为之或重大疏忽。"虽然职业受托人能够完全理解此条款的内涵，但不具备信托专业知识的委托人在签署信托文件时，可能认为此条款旨在保护受托人不承担高风险投资的责任。考虑到委托人有限的前瞻性，他可能不能预计受托人可能将此条款作为受益人指称其违反信托义务的对抗武器。由于信息不对称，内容宽泛的免责条款并不必然带来财富增值效应②。

（三）对职业与非职业受托人区别设计法律

职业受托人与非职业受托人在履行职责过程中，相对于委托人的信息不对称程度存在差异，同时委托人对受托人的执业期待亦有显著区别。在制定相关法律适用规则时，应充分考虑这种差异并作出选择。

1. 域外立法的基本态度。

对于应区别不同类型受托人而适用不同的信托责任条款，信托法律实务界和理论界多年前就已经达成共识。早在 1880 年的 Armitage v. Nurse 案中，法官就在判决意见中表明其反对职业疏忽行为免责的基本态度。"我们必须注意到这些（免责）条款已经走得太远，那些提供收费服务的职业人不应当幻想可以对一般意义上的职业疏忽免责，不能在重大疏忽的情形下援引信托文件中的免责条款，要求免予承担责任。"③

而英国信托法委员会作出的信托文件免责条款法律报告中，建议将受托人划分为职业受托人、有报酬的非职业受托人和无报酬的非职业受托人三种类型，并主张有报酬的非职业受托人应适用与职业受托人同样的法律规则。④

英国针对特别主体制定的信托法体现了对职业受托人更高的注意标准要求。例如，英国 1986 年《金融服务法》第八十四条涉及单位信托（Unit Trust）文件免责条款的效力问题，将受托人的免责标准设定为"未尽合理注意"，高于"重大疏忽"："基于授权的商业信托文件中的任何条款，如果其内容具有免除管理者或受托

---

① Tamar Frankel, "Fiduciary Duties as Default Rules," 74 *Or.L.Rev.*（1995）: 1209, 1237-1238.

② Melanie B. Leslie, "Trusting Trustees, Fiduciary Duties and the Limits of Default Rules," 94 *Geo.L.J.*（2005）: 67, 103.

③ [1880] Ch 241, at 256.

④ （U.K.）British Report on Exculpation Clause in Trust Instrument, 22 Est. Tr. & Pensions J. 55（2002）.

人基于未尽注意义务的法律责任的效果，则相关内容无效。”英国 1995 年《养老金法》中具有同样的规定。该法第三十三条涉及受托人投资行为承担的法律责任能否给予免除的法律规定。第三十三条第一款规定：“在履行投资职责的过程中谨慎或应用技能的义务而承担的法律责任不得免除，或由任何的书面文件或协议予以限制。”从上述内容来看，英国专业信托服务法事实上对职业受托人设定了合理谨慎的最低行为标准，即便在信托文件中加入免责条款，也无法免除职业受托人因一般疏忽行为引发的法律责任。

值得注意的是，不同国家立法对非职业受托人的行为应适用何种水平的谨慎标准法律规则持不同态度。苏格兰法律委员会主张非职业受托人重大疏忽的行为不应受免责条款保护[①]，职业受托人应当对其执业过程中产生的过失承担责任，而不论免责条款如何规定。[②] 在英国，除特别法另有规定外，只要受托人行为并非基于欺诈，无论是否达到重大疏忽的程度，无论受托人是否为职业受托人，均可受免责条款保护。[③]

2. 区别立法的逻辑分析。

（1）受托人的选任基础。在职业信托中，委托人对受托人的选择是基于对受托人拥有资产管理专业技能的信赖，这其中包括信赖受托人事前广告宣传的内容。而非职业受托人多是委托人的家庭成员，或与委托人之间存在其他亲密关系，或与受益人存在特定关系，或委托人需要借助受托人的特有技能从事资产管理活动。委托人能够基于对受托人的了解，谨慎作出选择。在此情况下，对受益人的权益保护在相当程度上依赖于委托人对受托人选任的过程。

（2）信息的对称性。在职业受托人与非职业受托人的谈判环境中，存在严重的信息不对称情况。职业受托人对于其所从事的职业活动有多年的执业经验，对信托文件条款的法律意义及内容的了解享有规模经济利益。而绝大多数委托人非专业人士，对于信托条款的内容及相关条款如何在未来信托实践中运用可能存在理解上的困难[④]。职业信托受托人相对于委托人所存在的信息优势，进一步加剧了二者之间的实力悬殊，处于强势的受托人不应当利用自己的优势地位，借免责条款维护自己的利益，从而损害处于弱势的委托人及受益人的权益。

---

① Scottish Law commission Discussion Paper No.123，“Breach of Trust”（2003），para 3.43 and 3.46.

② Scottish Law Commission，Report on Trust，Aug 2014，chapter 12.

③ England Law Commission Consultation Paper Law Com. No.171，“Trustee Exemption Clauses”（2003），para.3.20.

④ Melanie B. Leslie，Common Law，Common Sense，“Fiduciary Standards and Trustee Identity，” 27 *Cardozo L.Rev.*（2006）：2713，2715.

而当受托人为非职业信托人时，由于委托人对受托人的选任一般是基于彼此之间的友好关系，特别是委托人对受托人品质的信任等原因，交易双方在信托财产管理方面经验可能都不甚丰富。换言之，双方之间并不存在信息不对称问题。

（3）职业受托人的专业技能和职业伦理。职业受托人通常拥有较丰富的资产管理经验，且在宣传广告中对自己的专业技能及将尽全力履行职责的承诺进行了推广。委托人正是基于对受托人所拥有专业技能的信任，将信托业务委托受托人。在这种背景下，受托人不应借信托文件中的设定免责条款为自己的履职要求进行辩护，进而逃避法律责任。这是基于职业伦理道德，对信托受托人所提出的基本要求。

人们将自己的财产委托职业受托人管理是基于对职业受托人履行职责能力的信任，是基于其能够提供更高水准服务的预期。其他职业服务提供者，如律师、医生、会计师在执业过程中均不得对疏忽免责，受托人也不应当免责。[①] 虽然某些职业受托人可能因信托文件中的免责条款不能对其提供有力保护而退出信托执业市场，但这类受托人正是规范信托市场所需要清理而非挽留的对象。

五、信托免责条款法律效力的逻辑探讨

总体而言，反对一概支持信托文件中免责条款有效性的观点在学术界和司法界占主流地位。而人们争议的焦点在于可以在多大程度上认可免责条款的有效性，换言之，哪些类型的免责条款可以得到法律的支持，哪些类型的免责条款应当被认定为无效。

在追究免责条款保护效力的内容和程度时，一个先决问题是，应当怎样看待免责条款？毫无疑问，免责条款是保护受托人权益，而阻却受益人求偿权的条款，那么我们是应当从受益人权益保护角度出发，立法天平倾向否定免责条款法律效力的一端，还是应当从保护受托人执业积极性角度出发，从宽认定免责条款法律效力？以下笔者尝试从委托人设立信托文件自主权的界限、信义义务规则的强制属性等角度探讨上述问题。

（一）委托人设立信托文件条款自主权的界限

从尊重委托人与受托人基于合意而达成的信托文件条款的角度出发，我们应充分认可和尊重信托免责条款的法律效力。另外，我们也要看到，虽然免责条款的法律效力在合同法中得到法官的高度尊重，但信托毕竟是有别于合同的一种资产管理机制。合同法律规则的设定前提是当事人的议价能力和缔约地位平等。而在信托中，受益人作为相对于受托人的弱势群体，其利益应当得到比合同法更强力度的法律保护。信托制度的实质是受益人享有要求受托人为其利益而管理信托财产的权

---

① Scottish Law Commission，Report on Trust，Aug 2014，chapter 12.

利，如果完全认可免责条款的法律效力，则受益人的基本权利将不能得到法律保护，信托制度的基本精神和要旨将被否定。况且，在当代商业信托中，免责条款可能是以格式条款的形式加入信托文件中，并非委托人与受托人协商的结果。

支持信托免责条款法律效力主张的一个核心理由是其侵害信托委托人的自主权。持这一观点的学者认为，既然委托人愿意接受信托免责条款，基于当事人意思自治原则，他们的意愿应当得到立法的保护。在信托中，受益人所得来自委托人的馈赠，因此，他们承受委托人所施加的免责条款的不利后果也理所应当。

笔者认为，对信托文件中的免责条款完全免除受托人的法律责任的理解，超越了信托概念本身的应有之义。如果设立了信托，而受托人可以任其喜好管理信托财产，这几乎等同于并未创设信托。比如，如果在合同中规定一方当事人可以随性而为，或规定如果一方当事人未履行合同义务不需要承担任何合同责任，这无异于未创建合同。因为，事实上当事人并未承诺做任何事。正如在 Firestone Tyre & Rubber Co. v Vokin & Co Ltd 案中法官所指出的，“在涉及合同纠纷时，如果我们一方面说我承诺做某事，而另一方面，如果我们未能将承诺付诸实践同时又不承担责任，那么这个承诺就没有存在意义”。①

如果信托法不对受托人诸如恶意履行信托职责类的违反信义义务的行为进行法律制裁，就如同否认受托人在信托法项下承担任何具有可强制实施效力的法律义务，信托将无存在的意义。正如特拉华州高等法院法官所指出的，如果在信托项下受托人不承担具有法律约束力的义务，那么这种信托将徒有信托之名，受托人实质上可以视为并非代管他人财产，而是享有对信托财产的绝对权利，或者说受托人受赠信托财产。②

加拿大著名信托法学者 Water 教授提出，某些信托免责条款严重削减甚至可能根本否定信托制度的实质内核，并对此做了如下经典评析：“如果委托人在设立信托的同时，试图更进一步免除受托人基于给信托财产带来的损失而承担的赔偿责任，而不论这种损失发生的原因为何，那么这种免责条款毫无疑问应当被认为是无效的。虽然委托人可以随心所欲地在信托文件中加入任何条款，只要委托人有明确的意愿，委托人的意愿就会为信托法所尊重和认可，但完全免除受托人的责任，包括善意行事的责任，是有悖于公共政策的。信托受托人作为信义受托者，其担当这一角色所应具备的核心特质不应当被剔除。进而言之，信托的实质是受益人享有要求受托人适当管理财产的权益，如果受益人被完全否定该权利，我们深度质疑委托

① J. Penner，“Exemptions，” in P.Birks & A. Pretto，ed.，*Breach of Trust*（Oxford：Hart Publishing，2002），p.251.

② John H. Langbein，“Mandatory Rules in the Law of Trusts，” 98 *Nw.U.L.Rev.*（2004）：1105，1124.

人是否真正创设了信托。我们可以认为委托人并无创设信托的意愿。”①

保护受益人利益长期以来一直是信托法的核心价值取向。受益人权益优先规则事实上构成了对委托人设定信托条款自主权的限制。②虽然信托法中的绝大多数规则是授权性规则而非强制性规则，但这并不意味着委托人可以随意避开信托法中的授权性条款，委托人设定信托文件条款权自主权的外部界限在于不侵害受益人的权益。而信托法对委托人自主权的尊重建立在委托人所发布的指令充分尊重受益人权益的假设前提之上。③

对于应尊重委托人自主设立的信托文件内容，并基于此主张完全支持信托免责条款法律效力的观点，学者驳斥道，虽然设立信托条款的自主权属于委托人，但信托文件应以让受益人获益为要旨，且受益人是受托人违反信托的风险承担者。况且，信托条款的拟定通常并非委托人与受托人协商的结果，而是受托人以格式条款的方式加入信托文件中，并以要么接受格式条款成立信托，要么拒绝格式条款不成立信托的方式迫使委托人接受免责条款。事实上我们也看到，一般而言，在商业信托中加入免责条款并非出于委托人的自主意愿，而是委托人对信托行业惯例的接受。

为维护委托人设立信托条款的自主权，当信义义务所提供的法律保护并非委托人拟订立的信托文件条款的理想选择时，委托人可以根据自己的需要设计信托条款，并在信托文件中添加，而不必依赖宽泛免除受托人责任的免责条款。换言之，否认免责条款的法律效力并不一定会侵害委托人的自主权。

（二）信托法中的信义义务规则应否为强制性规则

信托免责条款的法律效力问题，可以在很大程度上归结为受托人信义义务是否应为信托法的强行性规则。笔者主张，如果把受托人的信义义务制度设定为授权性规则，这几乎相当于把信托法等同于合同法，而未考虑信托法和信托法律关系所具有的独特属性，特别是市场机制不能对信托受托人发挥明显的监督作用。从受益人权益保护角度出发，有必要将信义义务规则整体设定为强制性规则。

美国2016年的《慈善非营利型组织法重述》中涉及的管理者的义务为信义义务，其内容非常接近信托义务。该重述中关于慈善管理者的免责条款清楚地展现了立法者对于当事人拟定的免除信义义务条款的基本态度，值得我们关注。该条款内容如下：“慈善机构的管理性文件所包含的条款可以修改受托人的信义义务，但不得以如下方式修改或免除受托人的信义义务：（a）允许故意、明知、漫不经心、重

---

① D.M.W. Waters, “Law of Trusts in Canada,” 2nded.（Toronto, Carswell 1984）, pp.756-757.

② John H. Langbein, “Mandatory Rules in the Law of Trusts,” 98 *Nw.U.L.Rev.*（2004）: 1105, 1107-1111.

③ John H. Langbein, “Mandatory Rules in the Law of Trusts,” 98 *Nw.U.L.Rev.*（2004）: 1105, 1112.

大疏忽或非法的行为；（b）允许任何恶意或罔顾慈善机构设立目的的行为；或（c）完全废止注意义务或忠实义务。”

在美国，公司董事信义义务中的忠实义务被公司法设定为强行性规则，而注意义务则允许由当事人自主约定。信托受托人信义义务制度的强制程度应当高于公司法中董事的信义义务制度，因为信托受托人的行为受到更低程度的外界监督和约束。

在信托法律关系中，受益人权益具有极容易受侵害的脆弱性。一方面，受托人行使管理信托财产权利的充分自主权，这种自主权受到很低的来自委托人和受益人的约束。委托人和受益人受制于他们知识、技能、时间的局限性，囿于信息不对称的困境，无法对受托人进行有效监管。事实上，受托人履行职责过程中的欺诈行为在信托实践中往往难以被发现。另一方面，信托受托人的行为不受市场约束机制，如公开证券交易市场机制、公开的信息披露机制等约束，也不必顾虑融资、股票价格、敌意收购等问题，即便受益人对受托人的行为不满，也无法用脚投票，在证券市场上卖出股份或告知其他受益人。

基于在信托法律关系中受托人权益受到较低程度的外界约束和受益人权益易受侵害的考虑，在信托法免责条款法律效力制度构建中，有必要引入保护受益人权益的父爱主义立法理念。[①] 法律父爱主义原则广泛存在于多个部门法，包括合同法中。父爱主义的理念根源于许多社会群体并不具备充分的自保能力或议价能力，因而不具有对事关个人法律保护及相关谈判作出独立意思表示的能力。[②] 引入父爱主义立法理念，在免责条款的效力认定过程中，将立法天平倾向处于弱势的受益人，用强制性的法律条文来平衡委托人与受托人之间实力不对等的状态。

（三）其他因素

一些评论家从信托免责条款能对受托人提供保护，减少受托人的执业风险，进而降低信托管理费用（减少信托受托人购买职业保险支出），有助于促进信托业整体发展的角度，主张立法应当放宽对免责条款的监管。完全禁止信托文件中免责条款的使用可能带来的消极影响是愿意从事信托受托人职业的人数减少。免责条款的益处在于鼓励受托人接受其本不愿意接受的因可能引发赔偿责任的具有风险的信托业务，受托人可以因此适度快速作出决策，不因过度谨慎拖延而降低决策效率。操纵较大规模资金的机构投资者往往难以获得执业保险的保障，在投

---

① 法律父爱主义，又被称为“法律家长主义”，是一种法律干预模式，它强调在某些特定的情况下，“不管”“不顾”当事人的心理状态乃至对个人自由进行一定程度的限制，其法律价值在于通过对个人自治的干涉，以保障或提高当事人的利益。参见郭春镇：《论法律父爱主义的正当性》，载《浙江社会科学》2013 年第 6 期。

② Tamar Frankel，“Fiduciary Duties as Default Rules，” 74 *Or.L.Rev.*（1995）：1209，1244.

资环境不确定性和挑战性日益增强的背景下，免责条款能够为受托人提供有力的法律屏障。

然而事实上，一些职业受托人并不愿意借助免责条款的庇护开展信托业务，因为这可能对受托人与委托人（顾客）之间的关系产生不利影响。依赖信托免责条款逃避责任会导致客户流失，并不经济。另外，在信托实践中基于违反信托而提起诉讼的案件并不多，因而无法评估免责条款对潜在客户的阻却效应[①]。而严格规范的业务管理机制有助于授托人在竞争激烈的信托市场中赢得更多委托人和受益人的信赖，并获得更大范围的信托业务。

六、对我国信托免责条款立法构建的思考和建议

信托免责条款形式多样，要准确判定各种类型免责条款的法律效力，须以深度了解信托法律责任的实质为前提，即在信托的法律框架下，哪些自主权和决策失败是信托制度赋予信托受托人的合法权限，而哪些又是信托法认定为违反信托并需要承担法律责任的行为。对免责条款有效性更深入的认识应建立在对信托的性质、信托受托人法律义务的范围与内涵、信托受托人法律责任的基本构造的深入了解的基础上。正如 Millett 法官及其他学者所言，内容过于宽泛的免责条款事实上解除了信托制度对受益人设定的根本保护机制，从而侵蚀信托制度的实质内核。

总体而言，与公司法中的经营判断规则一样，从保护受托人执业积极性角度出发，信托法认可受托人不对投资和决策判断失误行为承担法律责任。此外，从保护受益人角度出发，信托受托人除向受益人（委托人）进行充分信息披露并得到受益人（委托人）的明确认可，不得变更受益人可以得到的法律保护力度。在具体的制度设计方面，我国立法应在力求维持委托人设定信托条款的自主权，保护受托人免予承担其不应有的法律责任与受益人权益保护这几种利益之间寻求平衡点。

首先，我国信托法应将不诚实的信托管理行为排除在免责条款的保护范围之外。欺诈式的履行义务是最严重且不可宽恕的，不能为免责条款所豁免。试图豁免此类法律责任的免责条款应被认定为无效。

其次，受托人违反注意义务的情形可以区分为严重疏忽与一般疏忽两种类型。笔者主张，信托受托人履行职责的行为标准应是合理谨慎。豁免职业受托人的严重疏忽行为法律责任的免责条款无效。而在信托文件拟定程序完全合规且免责条款内容细致明晰的情况下，免除一般受托人严重疏忽法律责任的免责条款效力可以得到法律支持。

---

① The Law Commission, "Trustee Exemption Clauses," Consultation Paper No.171, 2002, https: //www.lawcom.gov.uk/project/trustee-exemption-clauses/.

最后，受托人不应对管理信托财产过程中的决策和判断失误所导致信托财产减损的法律后果承担法律责任。换言之，免除决策和判断失误行为法律责任的免责条款效力应当得到法律支持。

结语

信托文件中的免责条款在本质上是受托人与受益人之间的一种风险分摊机制。虽然委托人设立信托条款的自主权应当得到尊重，但这种尊重不应当超越受益人的保护，因为受益人权益保护应当是信托法关注的首要问题。事实上，即便是在合同法中，契约自由也受到多种保护弱者权益的法律机制的限制。

通过设定信托免责条款法律效力的认定标准，立法得以平衡委托人保护、受托人免予承担法律责任的意愿与受益人在规范受托人管理信托财产行为的利益。事实上，受托人所享有的管理信托财产的权利受到多种法律机制的控制，不同的控制机制均在尝试在互相对抗的目标之间寻求一种平衡。这些控制机制必须尝试削减权利拥有者对相对方所带来的损害，同时谨慎避免削弱权利持有者所享有的自由裁量权。①

① R C Nolan，“Controlling Fiduciary Power”，*Cambridge L.J.*（2009）：293.

移植追踪原理保护信托财产独立性

汪其昌[1]

一、信托财产与信托财产的独立性

(一) 信托财产的独立性和核心内容：CATS

《中华人民共和国信托法》(以下简称《信托法》)第十四条定义信托财产为：受托人因承诺信托而取得的财产是信托财产。受托人因信托财产的管理运用、处分或者其他情形而取得的财产，也归入信托财产。这就把大陆法系中的同一性和代位性概念很好地消化为信托财产的内涵，但是这一定义只是法定信托财产的含义，没有涵盖推定信托或者拟制信托的信托财产。如果信托财产被转移到第三方，则不能运用信托法律关系追索。

本文把信托看成是一种交易，信托原理运用于信托财产的保护体现了交易安全和效率的理念。这一理念用每一个原则的第一个英文字母表示就是 CATS (猫)。

第一个字母 C 就是保密性 (Confidentiality)。这体现在《信托法》第二十五条、第三十三条。

第二个字母 A 就是资产保全 (Asset protection)。这体现为:(1) 独立于委托人、受托人与受益人 (《信托法》第十五条、第十六条)。(2) 混同的限制 (第二十九条)。(3) 强制执行的限制 (第十七条)。(4) 禁止抵销 (第十八条)。(5) 破产清算隔离 (第十五条、第十六条)。

第三个字母 T 就是信托义务 (Trust duties)。这体现在《信托法》第二十五条、第二十六条、第二十七条、第二十八条、第三十三条、第三十六条。信托义务的核心是忠实义务和谨慎义务。忠实义务的要点是：不得有利益冲突，不得自我交易，不得自我授权获取受益人利润，不得利用其身份、地位、知识或者机会

---

① 汪其昌，上海对外经贸大学副教授。

为自己或者第三方谋取利益，为受益人最佳利益服务。谨慎义务的要点是：具有专业技能，像对待自己的财产一样小心谨慎。

第四个字母S就是受托人和受益人的传承性和继承性（Successional Planning）。这体现在《信托法》第四十条、第四十一条、第四十二条、第四十四条、第四十六条、第四十八条。

（二）缺陷

我国信托法上述保护信托财产独立性的法律移植还少了一个非常重要的原理：追踪（Tracing）。缺少这个原理的移植，则不能很好地保障信托财产的独立性、交易安全与效率。因为信托财产经常被有意和无意非法转移与侵占，虽然用大陆法系的物权性和债权性救济方式可部分弥补这一缺陷，但没有体现把信托原理贯彻到底的原则，也不能在跨国诉讼中与国际惯例进行接轨从而获得广泛认同。这一原理对于国内外的知识产权贸易、金融服务贸易、追缴贪腐财产、资产管理等，有特别的操作必要性。

二、普通法和衡平法下追踪原理

（一）什么是追踪

信托财产不管因何种原因、以何种形式转移到第三方，仍为信托财产，受让第三方被推定为受托人，对原受益人负有信托义务，一直追索到最后一个人，但支付对价的不知情者除外[①]。对此，英国著名国际金融法学家Wood有一个非常形象的说法，“一个不诚实的公司董事从他的公司那里‘借来’了一幅毕加索的画挂在自己的餐厅里，这位董事有位不诚实的太太，她卖掉了这幅画，并且把卖画所得存入了她儿子的账户里。这个不诚实的儿子用这笔钱给他不诚实的女友买了一枚钻戒。后者把这枚钻戒卖掉把钱存在另一个男友的联名账户里。这个不诚实的男友用此钱买了一辆法拉利跑车。他们都很清楚自己的行为是欺骗行为。后来，他们都破产了，最初的毕加索名画成了现在的法拉利。但是谁拥有这辆法拉利呢？是那家公司还是最后买了法拉利跑车的那个不诚实男友的债权人呢”[②]？法拉利的所有权人应该是最初拥有毕加索名画的公司，因为从名画到资金账户及其资金和名车法拉利都是信托财产。

需要特别说明的是，追踪救济除了上述衡平法追踪救济外，还有普通法追踪救济。无论哪种救济，都不因为财产的外部形态改变而失效，受益人追踪须要存在信

---

① 相关的经典判例有Clayton's Case（1816）、Re Hallett's Rstate（1880）、Re Diplock's Estate（1948）、Attorney-general for Hong Kong Kong v. Charles Reid（1994）等。

② Philip Wood, *Maps of World Finacial Law*（*6th edition*）（Sweet & Maxwell, 2012）, pp.158-159.

义关系，舍此无实质区别[①]。

（二）普通法追踪

受托人追踪救济是普通法追踪。普通法追踪被限制于被非法侵占财产的清楚的替代物，对其最具有约束性的限制是普通法没有能力追踪混合的资金。

对于追踪的学术和司法的争论聚焦于对传统是否认同，即普通法上的追踪只是辨识持有该财产的被告的程序，在该程序之后必须提出一个权利主张，而衡平法上的追踪本身是一个财产性的和对人的救济，该财产被辨识为信托财产，因此仍然受制于信托。如果原告已经证实被告拥有他的财产，或者某些他拥有受益权益的代表财产，原告就拥有财产性的权利主张。此时，原告可以选择或者收回该财产，再加上所有价值的增值，或者他可以根据对被告的财产衡平法上的留置权（equity lien）。如果该权利主张并非财产性的，可能存在返还金钱之利的权利主张（a claim for money had and received）。这一普通法诉讼已经被纳入模糊不清的赔偿法，那些拥有民法背景之人对此可能更熟悉。

（三）衡平法追踪

1. 基本要求。

衡平法的追踪可直至该财产到达衡平法宠儿——不知衡平权益在先且支付对价的善意购买人的手中。衡平法不会追索衡平法宠儿手中的财产。利用衡平法上的弹性追踪规则有三个要求：（1）必须存在一个最初的信义关系；（2）该财产必须表现为可追踪的形式；以及（3）追踪必须是衡平的。第一点是 Re Diplock 案（1948 年）确立的。衡平法这么做时遵循一个主要原则，即受托人或者受信人总是被推定为了信托或者他的委托人的最佳利益行事。

衡平法追踪原理主要有追踪至混合资金、银行账户，衡平法追踪的限制和对衡平法追踪主张的抗辩三种情形。

2. 追踪至混合资金。

衡平法上的追踪源自 Re Hallett's Estate（1879 年）。[②] 衡平法上追踪的长处在于已经被发展为允许财产在与其他财产混合后被追索的全套规则，即以下三种情形：财产已经与不法行为者的财产混合时；该财产已经与无辜的第三人的财产混合时；混合资金在价值上已经减少或者增加时。

衡平法这么做，遵循一个主要原则，即受托人或者受信人总是被推定为了信托或者他的委托人的最佳利益行事。因此，尽管在普通法上，资金的混合通常受制于共同所有权，[③] 在衡平法上，因为受托人总是应当保持信托资金与他自己资金的分

---

① Mohamed Ramjohn, *Equity and Trusts*（2013-2014）, Routledge, 2014, pp.216-236.

② （1879）13 Ch D 696.

③ Indian Oil Corpn v. Greenstone Shipping SA [1988] QB 345, [1987] 3 All ER 893.

离，如果受托人将信托资金与他自己的资金混合，则该混合资金被视为属于信托，受托人负有反驳这一点的证明责任。[①] 追踪银行账户之外的混合资金在 Foskett v. McKeown 案（2001 年）中得到了最佳例证。[②]

Foskett v. McKeown[③] 案中，墨菲（Murphy）和一位合伙人迪希（Deasy）先生开了一家欺诈性的房地产开发公司。他们声称以信托形式持有 260 万镑，这笔钱是从 220 位希望购买葡萄牙阿尔加夫房产之人那里欺诈性地获得的。该开发从未进行，墨菲及其合伙人自己使用了这笔钱。墨菲购买了一个 100 万镑的终身人寿保险单，他使用部分信托资金支付了数笔保险年费，每笔超过 1 万镑。对于保险费是否可以作为信托资金追踪存在一些问题，但是法院最终认可前两笔保险费是从墨菲的资金中支付的，不确定谁的资金被用于支付第三笔保险费，但是第四笔和第五笔是从信托资金中支付的（20440 镑）。1991 年，墨菲自杀。保险公司按时将保险费给予墨菲的妻子和孩子，他们是保险单指定的受益人。原告作为投资人的代表起诉保险单的受益人，主张按比例分享保险单的收益。

在初审中，法官因为保险费的混合而认可投资人对该保单拥有权益，并且授予投资者该保单收益 53% 的份额。墨菲的子女上诉，上诉法院以多数[④] 推翻了初审判决，认为投资人仅对代表他们被非法侵占资金的留置权拥有权利，因此仅对 20440 镑拥有权利，因为他们对保单没有权利。上议院以多数推翻了上诉法院的判决[⑤]，认为受托人通过从投资人资金中支付第 4 笔保险费的方式错误地将信托资金和他自己的资金相混合。因此，他已经将保险费的价值与保单的价值相混合，因而投资人对该保单拥有可追踪的权益。

米利特勋爵认为，当追踪一笔混合资金时，原告被限定于留置权的范围内，不能选择主张衡平法上的所有权以及获得按比例的份额：[⑥]

“在我看来……它与受托人不得从其信托中获益的原则相冲突……在受托人错

① Re Tilley’s WT [1967] Ch 1179；R v. Clowes（No 2）[1994] 2 All ER 316，由沃特金斯上诉法官判决；Sinclair Investments（UK）Ltd v. Versailles Trade Finance Ltd（in administrative receivership）[2011] EWCA Civ 347 at 138，per Lord Neuberger.

② [2001] 1 AC 102.

③ [2001] 1 AC 102.

④ 由副大法官理查德·斯科特爵士（Sir Richard Scott V-C）以及霍布豪斯上诉法官判决；莫里特上诉法官（Morritt L.J.）持有异议。

⑤ 由布朗尼·威尔金森勋爵（Lord Browne-Wilkinson）、霍夫曼勋爵（Lord Hoffman）以及米利特勋爵（Lord Millett）判决；斯泰恩勋爵（Lord Steyn）和克雷格黑德的霍普勋爵（Lord Hope of Craighead）持有异议。

⑥ 该推定建立在卷宗主事官杰塞尔的附带意见的基础上，Re Hallett’s Estate（1879）13 Ch D 696，709。

误地使用信托资金提供部分费用来获得一份资产的情况下，受益人有权自行选择是主张该资产的按比例份额，还是强制对该资产执行留置权，从而获得他对受托人提出的对其被非法侵占金钱数额的人身性权利主张。受托人是在使用信托资金以获得该资产之前将信托资金与他自己的资金混合在一起，还是从不同人拥有的资金中进行了独立的付款（无论是同时还是连续地）以获得一份资产，并不重要。"①

墨菲的子女是无辜的无偿取得之人，规则是信托资金与无辜的第三方的资金或者其他资金相混合是同等地（按比例）享有的。② 因此，因为投资人能够将他们③的资金追踪至五份付款中的两份，他们对保险支出享有按比例的权益，即 40%。

3. 追踪至银行账户。

具体分为下列四种规则：

（1）享有押记权。不法行为人通常非法侵占了资金并且试图通过将其在银行账户中转手以及将其与其他资金相混合而藏匿它们。衡平法上的追踪允许追踪这些资金至不同的账户，即使它们已经与不法行为人自己的资金或者其他当事人的资金相混合。追踪至混合的银行账户受制于一系列证据推定，这些推定以受托人总是被假定为了信托的最佳利益行事以及受托人绝对不从其作为受托人的地位中获益的原则为基础。在普通法上，财产的混合通常受制于共同所有权。④ 但是，"在受托人将信托资金与他自己的资金混合的情况下……受益人享有对混合资金的第一押记权（first charge）"。⑤

这个规则起源于 Re Hallett's Estate（Knatchbull v. Hallett）（1879）案。当受托人将来自信托的资金与他自己银行账户中的资金相混合时，衡平法已经发展出了规则，以决定当从账户中付款时，谁的钱会被使用。

Re Hallett's Estate 案中⑥，哈利特经其他婚姻定序授予的受托人允许可以控制信托资金，该信托以他妻子为终身受益人，继而是他自己终身受益，接着被给予其婚姻的任何子嗣。他使用该资金购买了俄国债券，其中一些继而被转入他的账户。哈利特是一名事务律师，并且代表科特里尔夫人行事。他用她资金的一部分购买了俄国债券，并且再度将这些债券存入自己的银行账户。哈利特指令他的银行账户出售以该信托和科特里尔夫人的钱购买的债券。哈利特继而在账户中进行了多次付进与

---

① [2001] 1 AC 102，131. 为以下案件所遵循：Serious Fraud Office v Lexi Holdings plc [2008] EWCA Crim 1443；[2009] 1 All ER 586。

② Re Diplock [1948] Ch 465.

③ 事实上，上议院的多数意见对于这一分配方案存在分歧，但是最终这一数字被接受。

④ Indian Oil Corpn v Greenstone Shipping SA [1988] QB 345，[1987] 3 All ER 893.

⑤ R v Clowes（No 2）2 All ER 316，由沃特金斯上诉法官判决。See also Re Tilley's WT [1967] Ch 1179.

⑥ Re Hallett's Estate（Knatchbull v Hallett）（1879）13 Ch D 696.

付出。当他去世时，该账户拥有符合该信托以及科特里尔夫人的索赔要求的资金，但是无法满足他的一般债权人的索赔要求。哈利特的遗产代理人和利害关系人请求明确账户中的金钱的地位。他们想知道哈利特是否首先花了受益人和科特里尔夫人的钱。

上诉法院认为，从账户中所取的款项是哈利特自己的钱，因此剩下的钱是信托财产和客户的财产。受益人就其权利请求的范围拥有对该账户的押记权（charge）。上诉法院（著名的卷宗主事官杰塞尔）否认了哈利特本会首先花费信托资金这一观念，因为必须假定他会诚实行事并且将保护信托资金和客户资金。

（2）混合资金账户中，推定信托资金购买的财产增值为受益人利润。僵硬地适用 Re Hallett 规则也会导致不公正。例如，如果受托人混合了资金，继而从混合资金中花钱购买了一项资产，如股票，继而挥霍了剩余资金，推定他首先花他自己的钱购买资产继而挥霍信托资金是不衡平的。于是通过 Re Oatway（1903 年）案确立了这一规则。

Re Oatway 案中[①]，奥特韦是一名受托人，他将3000镑信托资金存入他的个人账户，该账户中也包含了他自己的一部分钱。他继而购买了 2137 镑奥希阿纳有限公司的股份。在他支取后，账户的资金总额仍然比信托资金存入之前多；奥特韦又存了更多笔钱到该账户，但是此后取出了所有资金，并将这些钱挥霍一空。股票卖了 2474 镑，剩余债务奥特韦去世时无力偿债。信托的受益人主张，出售股票所得的收益代表了他们的钱。奥特韦的遗产代理人主张，因为在购买股票时奥特韦的账户中有足够的钱来偿还受益人的诉请，该购买必须是以奥特韦自己的资金来进行的。因此，股份是他的，他已经将信托资金挥霍一空。

法院判决，股份以及它们后来的售款，代表了信托资金。除非奥特韦已经清偿了债务，否则他不能自由地从信托资金的押记权中取走并且使用金钱。

这一规则仍然建立在受托人被推定为了信托的最佳利益行事，并且不得从信托中获益的原则的基础上。即使当受托人明显不诚实时，他仍被推定为诚实行事。如果受托人将信托资金与他自己资金的混合并用来购买股票，尽管信托资金可追踪至混合资金的购买，所有股票都可能被认定为有利于信托，但显然只有能够以信托资金购买的股票是可追踪的。以信托资金购买的财产在价值上已经增值。仍然是信托资金和信托获得利润，而非受托人获得利润。

（3）先进先出。当不法行为人将信托财产与另一个信托或者无辜当事人的财产混合时，该混合资金按比例在他们之间分割［Re Diplock（1948 年）案］。[②]但是，当不同信托或者无辜当事人的资金被混合于一个银行账户，继而从这笔混合资金中

---

① [1903] 2 Ch 356.

② Clayton's Case，Devaynes v Noble（1816）1 Mer 529.Re Diplock [1948] Ch 465.

付款，就会出现使用的是谁的钱的问题。传统上，源自 Clayton's Case[①] 的银行法规则适用于银行往来账户。这就是“先进先出”规则（FIFO）。

（4）按比例分担。“先进先出”规则在 Re Hallett's Estate 案中并不适用[②]，当受信人将受制于另一个信义义务的信托或者资金存入一个银行账户，继而将他自己的资金存入该账户，并挥霍了部分混合资金时，上诉法院拒绝适用该规则。上诉法院认为，该受信人首先挥霍了他自己的资金。在 Sinclair v. Brougham 案中，该规则被适用于与无辜的无偿受让人的金钱的混合问题[③]。上议院认为，在这种情况下，无辜的当事人对于剩余的混合资金享有按比例份额的权利。他们对该资金的权益，以及对损失的承担，是同等的，即根据其出资平等享有。对于这一原则存在一些质疑，因为 Sinclair v. Brougham 案这一先例在 Westdeutsche Landesbank Girozentrale v. Islington L.B.C. 案中被推翻。[④] 在该案中，布朗尼－威尔金森勋爵形容其为“令人困惑的先例：找不到一个判决理由；所有的推理都遭到严厉的批评”。[⑤] 但是，按比例的进路在 Barlow Clowes International Ltd v. Vaughan 案中得到了支持，[⑥] 在该案中受托人多年来都混合了投资人的资金，并且从混合资金中付款。如果“先进先出”规则被适用，那么投资最长之人所受损失就最惨重。那些新近投资人将会拿回他们大部分的钱。这似乎是不公平的，因此上诉法院提议“先进先出”规则将适用，除非相反意图是明显的。在这个案件中，投资人的意图是共用他们的资源，并且按比例分享收益。因此，他们也应当按比例分摊损失[⑦]。受托人的意图是重要的，如果受托人意图花掉某个信托的资金，那么就可能排除按比例的方法。

假如特雷西是信托 A 和信托 B 的受托人。在某年 3 月，信托 A 的 3 万镑被付进了一个往来账户，继而 B 信托的 1 万镑在 4 月也被付进了该账户。同年 5 月，特雷西从该账户中取走了 1 万镑并且将其挥霍一空。剩余的 3 万镑将按照 3∶1 同等分配，因而信托 A 获得 22500 镑，信托 B 获得 7500 镑。信托 A 与信托 B 按比例承担损失。

4. 增值处理。

由于衡平法上的追踪至被非法侵占的信托财产或本金，因此该财产代表了信托

---

① Clayton's Case，Devaynes v Noble（1816）1 Mer 529.

② （1879）13 Ch D 696. Clayton's Case，Devaynes v Noble（1816）1 Mer 529.

③ [1914] AC 398.（1879）13 Ch D 696.

④ [1996] AC 669.

⑤ Westdeutsche Landesbank Girozentrale v. Islington L.B.C. [1996] AC 669，713 per Lord Browne-Wilkinson. 在 Re Diplock [1948] Ch 465 案中，据说 FIFO 规则会适用于同一个账户中混合的无辜方的金钱。

⑥ [1992] 4 All ER 22.

⑦ Confirmed in Foskett v McKeown [2001] 1 AC 102，at 132，per Lord Millet.

财产，任何替代财产的增值部分都属于信托财产。如果受托人混合了无辜当事人的资金，并且用部分资金购买了资产，如股票，这些股票此后增值，那么原告可以主张对该资产的按比例份额。

如果受托人将信托资金与他自己的资金混合，并且购买了资产，则该资产被认为代表了被非法侵占的信托资金，那么该信托对于该资产和所有增值都享有权利。

Re Tilley' Will Trusts 案中①，立遗嘱人于 1932 年去世，将财产留给他的遗孀，由其遗孀终身享有，并且其遗孀还作为该信托的唯一受托人，剩余遗产被留给查尔斯和马博（他之前一次婚姻的子女），这两人享有同样的份额。该信托财产在 1933—1952 年被变现，总额为 2237 镑，这笔钱付进了遗孀的账户，并且与她自己的资金混合。至 1951 年，该遗孀的银行账户多次完全透支，例如 1945 年为负 25536 镑。此后，该遗孀以她的透支额来融资购买了投资。1951 年，她的账户去除她自己的个人份额外尚有结余。1959 年，该遗孀去世，她的遗产价值为 94000 镑。马博在该遗孀之前去世，她的遗产管理人起诉该遗孀的遗产代理人，主张马博的遗产对该遗孀所获得的半数利润拥有权利。

该信托资金并未由该遗孀用于购买资产，而仅被用于减少她的透支，这是下文讨论的最低中间余额规则的适用，因此信托资金不能被追踪至该遗孀的遗产。因此，该信托仅有权提起对遗产的对人诉讼，而非财产性诉讼，因此仅能够寻求信托资金的返还。但是，昂戈德·托马斯（Ungoed Thomas）法官并未表明，如果原告已经有权利追踪资产，他们能够获得增值的部分。

我们已经看到这一规则在 Foskett v. McKeown 案中的适用。② 在该案中，投资者出资 2 万镑，用于支付保单的保险费，但是他们的财产性权益被认为价值约 40 万镑。这再度建立在这一基础上，即受托人被推定为了信托的最佳利益行事，并且也不得从他作为受托人的地位中获利。因此，如果资产增值，那么受托人被推定想要从信托中获益，但受托人也不得获得增值，因为他不能从其地位中获利。

5. 衡平法追踪的限制。

（1）最低中间余额规则。追踪之诉是原告寻求确立被告手中的财产代表了他们的财产。如果该财产来自于另一个源头，它就不代表被非法侵占的财产，因此就不受制于财产性诉讼，而只是一个对人诉讼，如上文所讨论的 Re Tilley's Will Trusts 案。③

Roscoe v. Winder 案中④，威格汉姆先生购买了一家企业的商誉，同意收债并将其支付给该公司。威格汉姆收取了 623 镑 8 先令 5 便士，将 455 镑 18 先令 1 便士

① [1967] Ch 1179.

② [2001] 1 AC 102.

③ [1967] Ch 1179.

④ [1915] 1 Ch 62.

存入他自己的银行账户，对该债的剩余部分未予说明。威格汉姆提取了资金并将其挥霍，直至他账户中的贷方余额为 25 镑 18 先令。后来他存入了更多他自己的钱，至其去世该账户中的余额为 358 镑 5 先令 5 便士。原告希望主张对该账户中余额的押记权，如同在 Re Hallett's Estate 案中那样。

法院判决，原告能够主张一个押记权，但仅是针对 25 镑 18 先令。这代表了在金钱已经被提取之后的最低中间余额。此后存入的款项显然不受制于该信托。

（2）财产不再可辨识。如果信托财产被换成了不可辨识的其他财产，那么受益人将无法追踪。因此，如我们在 Re Goldcorp Exchange Ltd 案中[①]看到的，只有其金条已经被隔离的顾客能够追踪并且证实信托。[②]其他资金并未被用于购买可辨识的金子的顾客不能追踪。这些后来的顾客不能提起财产性诉讼，只能对该公司提起契约上的对人诉讼。这笔钱本身被存入了一个被透支的银行账户，因为它不再能被辨识，所以它不能被追踪；这与当财产被挥霍时衡平法上的追踪不再可能的原则相联系[③]。

（3）财产被挥霍。如果资金被挥霍，它就消失了，因而不再可辨识。因此，如果受托人将信托资金用于大餐或者度假等享受，那么不可能追踪至大餐或度假的资金，因为它已经被用掉了。不可能追踪信托资金至餐厅或者旅行社的手中，除非他们明知这违反了信托。否则，他们就是衡平法宠儿，免予任何追踪。受益人仍然可以对受托人提起对人诉讼，但是如果受托人不法侵占了信托资金，这通常是因为他自己没钱，因此不大存在成功的可能。

如果信托资金被用于清偿债务，通常被视为挥霍掉了，因为债权人对债务的解除是金钱的对价，因此他是衡平法宠儿。因而存入一个透支的银行账户的金钱是被挥霍掉了，即使该账户有一个达成协议的透支服务，其透支金额后来被用于购买了资产[④]。只要它们不代表信托资金[⑤]，都不可能追踪至此后存入该账户的资金。

但是，应当指出，如果信托资金被用于清偿对财产的法定押记权（legal charge），那么该信托可能被该承押记人（chargee）代位取得。[⑥]

---

① [1995] 1 AC 74.

② 对于信托，信托财产的辨识或者隔离是必要的：In the Matter of Lehman Brothers International（Europe）（In Administration）and in the Matter of the Insolvency Act 1986 [2012] UKSC 6.

③ See Mark Pawlowski，"Tracing into Improvements，Debts and，Overdrawn Accounts，" *Trsuts & Trustees*（2011）17（5）：411-414.

④ CY Foundation Group v Cheng Chee Tock [2011] HKEC 1629；[2012] 1 HKKLRD 532 at [21]-[27]，per Barma J.

⑤ Roscoe v. Winder [1915] 1 Ch 62；Re Diplock [1948] Ch 465；Re Tilley's Will Trusts [1967] Ch 1179；Bishopsgate Investment Management Ltd v. Homan [1995] Ch 211.

⑥ Boscawen v. Bajwa [1996] 1 WLR 328. 代位是一种原则，它允许一人取代法定权利持有者的地位，例如一个保险公司可能根据一份保单以被保险人的名义诉请获得金钱赔偿。

6. 对衡平法追踪主张的抗辩。

被告可能寻求依赖于衡平法上的追踪主张的两个抗辩：他们是衡平法宠儿（善意购买人），或者追踪他们有违衡平。

（1）衡平法宠儿——未被告知且支付合法对价的善意购买人。例如，梅特兰所言："衡平法不能触及他，因为，用老话来说，他的良心未受信托的影响。"如果衡平法宠儿使契约无效，他们可能会失去衡平法的保护。

Independent Trustee Service Ltd v. Susan Morris 案中[①]，一个骗子违反信托从他控制的大量职业养老金计划中取走了大约 520 万镑。他的妻子已经接受了 148 万镑，这笔钱代表了可追踪的养老金资金，被用于支付一个附属救济命令（ancillary relief order）。因为该命令已经被清偿（discharge），他的妻子因此被认为已经给予该资金对价。因而她是衡平法宠儿，这笔钱不能追踪至她的手中。但是，此后她发现他的丈夫比他已经表露出来的更富有，于是她撤销了该命令，理由是欺诈以及不披露。养老资金的受托人寻求一个命令，以宣告该 148 万镑现在又可以被追踪了。

法院判决，英国上诉法院批准，可以针对该已经为其妻子所获得的 148 万镑提出追踪诉请。因为她已经成功地撤销了该命令，所以她不再给予这笔钱对价；她不再是衡平法宠儿，只是一名无辜的无偿取得人。这笔钱可以为养老资金所追踪，她必须返还这笔钱。[②]

（2）追踪有违衡平。在 Re Diplock 案中[③]，上诉法院并不允许对获得错误付款的慈善机构提出追踪的诉请，因为在一些案件中，这么做有违衡平。

在 Re Diplock 案中[④]，加勒·迪普洛克在其遗嘱中指令其遗嘱执行人使用他遗产中的剩余遗产，大约 26.3 万镑："给予我的遗嘱执行人自由选择的英格兰的一个或多个慈善机构或者用于其他的一个或多个慈善的馈赠对象，如果不止一个机构和馈赠对象，由我的遗嘱执行人决定适当的比例。"

他的遗嘱执行人假定该遗嘱设立了一个有效的慈善信托并且在该处分的有效性遭到挑战之前将 20.3 万镑在 139 个不同的慈善机构间予以分配。在 Chichester Diocesan Fund v. Simpson 案中[⑤]，上议院认为，由于慈善目的的不确定性以及该资金可能被用于非慈善的目的，所以不存在慈善信托。该信托不成立，这些资金本应当归入剩余遗产，由加勒·迪普洛克的最近亲属继承。该最近亲属起诉遗嘱执行人违

---

① [2012] EWCA Civ 195.

② See Jonathon Hilliard, "Tracing into Orders made on Divorce：Independent Trustee Services Ltd v Susan Morris," *Trusts & Trustees*, [2012] EWCA Civ 195（2012）18（7）：696-699.

③ [1948] Ch 465.

④ [1948] Ch 465.

⑤ [1944] AC 341.

反了信托。对于遗嘱执行人的诉请最终和解。但是，原告坚持对于获得错误付款的慈善机构的两项诉讼：针对接收机构的对人诉讼，对于这些机构作为无辜的无偿取得之人的对物诉讼。

法院判决，上诉法院解释了追踪权的限制：衡平法救济不影响已经由支付了合法对价并且未被告知的普通法地产权的善意受让人（衡平法宠儿）所取得的权利；针对这类人的所有衡平法诉请全部无效；如果追踪会产生不衡平，那么追踪就不被允许，因为“求助于衡平法之人须自身清白”。

因此，如果无辜的无偿取得之人花钱改进了他的土地，就不会存在对该土地的押记权的宣告，因为强制执行押记权的方式是下令出售。强制无偿取得之人转让他的财产将是有违衡平的，并且因为衡平法不做徒劳之事，在这种情况下，衡平法不会授予救济。

因此，如果并未以下令返还财产就会有违衡平的方式使用财产，那么追踪至一名无辜的无偿取得之人所持有的财产是有可能的。只是将钱存入了银行账户的慈善机构必须返还这些钱。那些已经将钱用于改进它们财产的慈善机构则无须返还。任何针对无偿取得之人提起的对人诉讼将依赖于已经首先起诉了受托人并且不能收回所有被非法侵占资金的原告。

（3）地位改变抗辩。当我们考虑普通法上的追踪以及 Lipkin Gorman v. Karpanle Ltd 案时，我们已经思考了地位改变抗辩。① 米利特勋爵在 Foskett v. McKewon 案中指出，② 地位改变抗辩仅适用于被告对金钱拥有普通法权利和受益权利的诉请，因而不适用于衡平法上的诉请。在该诉请中，原告主张她仍然拥有对这笔钱的衡平法权益。

一个简单原则可以支持普通法和衡平法上的追踪规则的继续分离，以及信义关系对衡平法上的追踪的必要性，这是所有衡平法上的追踪规则的推定，即不法行为者已经作为一名受信人行事；他总是将被非法侵占财产的所有人的最佳利益置于自己的利益之前。这是衡平法上的追踪规则的正当理由。衡平法上的追踪总是要求信义关系的存在，或者可能更恰当的说法是，衡平法上的追踪规则仅适用于存在对信义关系的违反时，由此受信人总是为其委托人之最佳利益行事的原则得以实施。

衡平法上也发展出了新规则，用以支持那些如果拒绝适用衡平法规则将导致被告从其昧良心的行为中获益的案件，因为如 Re Diplock 案中 ③ 所表明的，衡平法的介入“不是为了毁灭普通法，而是为了实现普通法”。因而，衡平法会在普通法

---

① [1991] 2 AC 548，[1992] 4 All ER 512.

② [2001] 1 A.C. 101 at 129.

③ [1948] Ch. 465 at 481，援引自梅特兰。

无法发挥作用时予以干预，但是这必须是当“历史上和实践中不乏先声，以及存在法院实施衡平法管辖权的先例时”。这并不意味着衡平法不能发展新的救济，如杰塞尔卷宗主事官在 Re Hallett's Estate 案中①所指明的：“因此，只有确立信义关系时，方适用关于追索信托资金的现代衡平法规则。我特意强调是（468）现代规则，因为不能忘记的是，衡平法院的规则并不像普通法规则那样被视为在法律无法追忆的年代已然确立了。”众所周知的是，衡平法规则是被持续确立的——被不断地修正、改进以及完善。在许多案件中，我们知晓创设衡平法规则的大法官的名字。无疑，衡平法规则是为了实现更好的司法实施而被创设出来的，但它们仍然是被创设出来的。此类情况有：已婚女子的独立用益，对转让（Alienation）的限制规则、禁永续规则以及衡平法上的毁损规则。我们可以指出首位创设这些规则的大法官的名字，并且说出它们被引入衡平法中的确切日期；而且，在这种情况下，衡平法上的更古老的先例并不具有更大的价值。原则是被发展、被完善以及被改进的；如果我们想要知道何为衡平法规则，当然就必须留心现代的而非更古老的案例。②

因此，关于衡平法上的追踪的法律得以发展，其使用被扩张，但是因为衡平法上的追踪规则背后的原则是不法行为人总是因为其善意义务而被推定为是为了保护被非法侵占的财产而行事，所以很难看到对于信义关系的要求（这一要求经常被主张）被取消。

三、引入衡平法上追踪救济要解决两个问题

（一）账户是否信托财产

我国的信托法没有规定信托账户、监管账户及其资金是信托财产，但是我国原银监会颁布的《信托公司集合资金信托计划管理办法》第十八条规定，“信托计划成立后，信托公司应当将信托计划财产存入信托财产专户”；第十九条规定，信托计划的资金实行保管制，“信托财产的保管账户和信托财产专户应当为同一账户”；第二十一条第二项规定，保管人要“对所保管的不同信托计划分别设置账户，确保信托财产的独立性”。这说明监管层意识到信托财产独立性与信托账（专）户的关系，但是没有明确信托账（专）户是信托财产。然而，原银监会的行政法规不具有强制法律效力。从多个法院的判决案例来看，法院显然不认为监管账户与信托账户是信托财产，因为它们不具有信托财产的独立性。这就突显了我国信托立法的缺陷。显然，如果专用账户和托管账户不是信托财产，那么账户内的资金就很难受信托法的保护。但它们具有独立信托财产的特征：如上述破产隔离，独立于受托

① （1879）13 Ch D 696.

② （1880）13 Ch D 696 at 710，由卷宗主事官杰塞尔（Jessel M.R.）判决。

人、委托人和受益人，法院查封的禁止，混同的禁止等。在国内曾出现杭州市中级人民法院不把账户看成信托财产从而不把账户内资金当作信托财产的判例。账户是“皮”，账户内资金是“毛”，“皮之不存，毛将焉附”？再者，在英美，根据判例法，账户及其资金一直被看成是衡平信托财产①，并称为The Quistclose Trust②，这点被国内许多信托公司所忽略。如果我国法院不承认账户是信托财产，则我国的资产管理无法走向世界。

由于电子信息技术和互联网技术发展，现在的账户不仅有银行账户，还有众多专用第三方账户，如微信账户、支付宝账户、煤气账户、水电费账户、广播电视账户等。如果将受托人和第三方这些账户内财产视为信托财产，那么其账户也应该视为信托财产，否则信托财产的独立性难以得到保护。

（二）信托是法律行为还是法律关系

在我国，移植追踪原理，把《信托法》第十四条落实，还涉及《信托法》第二条的缺陷。第二条认为，信托是“委托人基于对受托人的信任，将其财产权委托给受托人，由受托人按委托人的意愿以自己的名义，为受益人的利益或者特定目的，进行管理或者处分的行为”。我国信托法将信托视为法律行为而不是法律关系③，既违反了信托是在法律关系下谈权利义务和法律行为的一般法理学常识，又背离了对违反信托进行救济的衡平法理基础，即排除了推定信托，同时也就排除了追踪救济。

如果这一条不从法律关系去定义信托，不仅前述体现信托财产独立性原理的各法条难以落实，而且无从保障受益人权利。如果我国信托法引入了追踪原理，受托人和受益人就可以根据推定信托，除衡平法宠儿外的受托人和受益人也可以申请追踪对人对物的救济，同时对受托人追责，法院判决时可根据追踪原理判决。

结论

我国移植信托财产独立性原理时，缺少追踪原理保护，难以将信托交易安全和效率价值理念贯彻到底。

---

① Sarah Worthington，on Equity，2003.

② William Swadling，*The Quistclose Trust*：*Critical Essaya*（Hart Pulblishing，2004）；Sue Tappenden，“Commercial Equity：the Quitclose Trust and Asset Revovery，” *Journal of Politicalstand Law*，vol.2，No.3，2009：11-19.

③ 对此，国内众多的论文论著纠缠于“委托给”与“转移给”的分辨，没有抓到问题的实质。这源于对信托法理形成的历史和法哲学缺乏实质理解和研究。笔者猜想这条深受日本《信托法》第六条的影响。其实翻开任何一本英美关于信托的教科书和查阅英美推定信托的经典判例，我们都不难发现我国《信托法》第二条的根本缺陷。

追踪原理总结如下：

第一，追踪是辨识被非法侵占的财产或者其替代物的程序。普通法追踪主体是受托人，但是普通法不能追踪至被非法侵占财产与其他财产的混合物。衡平法追踪的主体是受益人，比普通法追踪更有力，因为它已经发展出了处理混合资金的规则。

第二，适用衡平法上的追踪规则，需要推定信义关系或者权益。这一信义关系允许衡平法自受托人地位的信义性质发展出原则；每位受托人被推定诚实行事并且为了信托的最佳利益行事，即使他显然并非如此。受托人也不被允许从其地位中获利。因此，如果受托人将信托资金与他的资金混合，衡平法将推定有利于该信托的对该混合资金的第一押记权。如果受托人消费了混合资金中的金钱，衡平法将推定他首先消费的是自己的资金，除非这么做对于该信托是不公正的。如果受托人混合了无辜当事人的资金，衡平法将推定该混合资金是被按照出资比例持有的。如果从混合资金中付款，那么所购买的资产将被按照比例持有，由此产生的损失也被按照比例分担。

第三，衡平法追踪的限制。一是衡平法仅追踪至一个账户的最低中间余额，因为这是一个辨识程序。对一个账户的后续付款仅在其代表信托资金的情况下被追踪。二是衡平法不会追踪落入衡平法宠儿手中的资产和有违衡平的抗辩，但是会追踪落入无辜的无偿取得之人手中的资产。衡平法会追踪由衡平法宠儿给出的对价，但是当这么做有违衡平之时，衡平法不会这么做。

第四，衡平法追踪至信托财产消灭。当无法再提起财产性诉讼时，有可能对受托人提起对人诉讼，如果受托人拥有可轻易获得的资产，并且起诉受托人更容易，后者也可能更受偏爱。当然，通常受托人没有资产，这就是我们追索财产并且追踪其替代物的原因。

我国移植追踪原理，一是要修改《信托法》第二条，将信托行为改为信托法律关系，否则法院和受益人无法拟制信托进行追踪；二是要将账户视为信托财产。

信托业转型背景下信托财产所有权的归属

孟 珍[①]

信托财产作为信托的核心，其所有权归属问题，一直是大陆法系学者关注的焦点并力图加以解决的关键问题。信托最早起源于英美法系，在英美法系国家“双重财产权说”的影响下，受托人对信托财产的权利被称为“普通法上的所有权”，受益人对信托财产的权利被称为“衡平法上的所有权”。[②]大陆法系国家移植信托制度后，由于其并无“双重所有权”制度，这对大陆法系国家民法上的所有权概念以及物权法定原则带来较大冲击。[③]因此，如何对信托财产权制度加以改造、衔接，又不从根本上动摇和危及现有的民法体系和框架，一直为大陆法系学者所关注。中国信托法在立法过程中回避了这一问题，故信托财产的所有权归属一直悬而未决，成为立法中的真空地带。

众所周知，法律的确定性原则是最基本的法律价值之一。在大陆法系国家，“确定性”具有至高无上的价值，由于有着悠久的制定法传统，人们往往是在立法的意义上来强调法律的确定性的，即认为法律本身应当具备统一、完整、清晰、稳定等要求，以便能够为司法者和一般公民提供一个全面和易于把握的行动指南。[④]而我国信托法关于信托财产所有权的归属这一根本性问题采取了模糊化的立法方式，造成了信托财产所有权归属的不确定，学术界对此众说纷纭，司法审判实践中亦出现莫衷一是的现象。

---

① 孟珍，南京理工大学法学系。

② Restatement (Third) of Trusts (US, 2003), Part 1 Chapter 1 IN NT.

③ 王涌:《论信托法与物权法的关系——信托法在民法法系中的问题》，载《北京大学学报》(哲学社会科学版) 2008 年第 6 期。

④ 周少华:《法律之道：在确定性与灵活性之间》，载《法律科学》(西北政法大学学报) 2011 年第 4 期。

然而，即使是在信托财产所有权归属不确定性的背景下，通过对我国信托行业现状分析也可了解到，我国的信托业从2007年开始步入高速发展阶段，目前按管理资产的规模已经成为仅次于银行业的第二大金融行业。但是从2014年开始，信托兑付风险增加，信托业增速放缓，模式业务面临转型。本文并非意在根据传统民法的基本原则为我国信托法关于信托财产所有权的模糊性规定作出解释，进而回答“信托财产归谁所有”的问题，而是旨在从社会资本的视角解释在信托财产所有权归属不确定的情况下我国信托业高速发展的原因，以及在信托业转型背景下信托财产所有权归属的确定性何以成为必要。

一、我国信托财产所有权归属的不确定性

（一）理论背景：信托财产“双重所有”与大陆法系所有权制度的冲突

信托财产所有权的归属问题，主要源于英美法上信托财产“双重所有权”和大陆法系民法基本原则的冲突。传统民法的所有权权能理论以占有、使用、收益、处分等权能列举的方法界定所有权的概念，而英美信托法上的“普通法上的所有权”和“衡平法上的所有权”都无法被称为此种意义上的所有权。同时，信托受益权具有一定的物权效力，但信托受益权并不是大陆法系物权法所规定的物权，这与传统民法上的物权法定原则相背离。[①] 因此，如何在大陆法系民法的固有制度中重构信托财产权利，成为各国比较法学者重点讨论的问题，近年来形成了丰富的研究成果。

在移植信托制度的大陆法系国家以及混合法系国家中，对信托财产所有权归属问题的解决途径大致分为以下几类：（1）信托财产所有权归属于受托人，但是受托人的该所有权受到信托法以及信托合同的制约；[②]（2）信托财产由受益人所有，但是该所有权受制于受托人对信托财产的管理权；[③]（3）信托财产不归属于信托当事人的任何一方，而是由一个独立的总体财产（patrimony）所有，受托人对信托财产享有管理权，受益人对信托财产享有收益权。[④] 由此可见，大陆法系国家基于本国的现实，能够利用固有的法律制度对信托财产权进行重构，而不必囿于英美法系信托法中“双重所有权”概念。这一理念的合理性也被英美信托法学者的研究所佐证。有

---

① 张天民：《失去衡平法的信托——信托观念的扩张与中国〈信托法〉的机遇和挑战》，中信出版社2004年版。*Lusina Ho &Rebecca Lee*，*Trust Law in Asian Civil Law Jurisdictions*：*A Comparative Analysis*（Cambridge University Press，2013），p.22.

② 采用这种途径的国家以及地区，如苏格兰、日本、韩国以及我国台湾地区等。

③ 南非是采用这一模式的主要国家。

④ 加拿大魁北克民法典采用该模式，参见1991年魁北克民法典第一千二百六十一条。

学者提出"双重所有权"并不是英美法信托的核心内容，[①]"双重所有权"概念有其独特的发展背景，"衡平法上的所有权"是在特定历史条件下对受益人的一种救济方式，而非信托法的应有之义。[②] 因此，对于继受信托制度的国家来说，信托财产所有权的归属是一个立法选择问题。

（二）《中华人民共和国信托法》第二条的模糊规定及在理论和实践中产生的不确定性

我国于 2001 年制定了信托法，该法第二条在规定信托的含义时，既没有采用英美法系的双重所有权概念，也没有遵循大陆法系的要求，而是将"所有权"称为财产权，并对所有权的"转移"予以回避，改称为"委托给"。同时，我国信托法也未明确信托受益权在性质上属于物权还是债权。这造成了我国信托财产所有权归属的不确定性。

我国的学者们对这一问题的解释呈现多元化趋势，归纳起来大概有 6 种代表性学理解释:（1）信托财产归委托人所有。[③]（2）信托财产归受托人所有。这种观点主张，在信托财产的外部关系上，在确定信托财产上的对外的某种特定的权利和义务的主体时，需要通过明确信托财产所有权人而确定，我国法律应明确信托受托人是信托财产的所有权人。[④]（3）信托财产归受益人所有。[⑤]（4）信托财产归委托人或者受托人所有。持该观点的学者指出，实践中，只要能保证信托财产的独立性，当事人就可以根据信托的目的及信托财产的性质，选择转移或者不转移信托财产的归属。[⑥]（5）信托财产所有权的权能在委托人、受托人和受益人中分配。该观点认为，我国信托法中委托人、受托人和受益人的权利义务关系实质上是信托财产所有权权

① Tony Honoré，"Trusts：The Inessentials，" in Joshua Getzler (ed.)，*Rationalising Property*，*Equity and Trusts*：*Essays in Honour of Edward Burn* (Butterworths，2003)；David Hayton，"The Irreducible Core Content of Trusteeship，" in A. J. Oakley (ed.)，*Trends in Contemporary Trust Law* (Oxford University Press，1996) .

② Thomas Glyn Watkin，"Changing Concepts of Ownership in English Law During the Nineteenth and Twentieth Centuries，" in Martin Dixon，and Gerwyn LL H Griffiths (eds.)，*Contemporary Perspectives on Property*，*Equity and TrustsLaw* (Oxford University Press，2007)，p.139.

③ 张淳:《我国信托财产所有权归属的态度及其法理审视》，载《甘肃政法学院学报》2007 年第 5 期。

④ 于海涌:《论信托财产的所有权归属》，载《中山大学学报》(社会科学版) 2010 年第 2 期。

⑤ 温世扬、冯兴俊:《论信托财产所有权——兼论我国相关立法的完善》，载《武汉大学学报》(哲学社会科学版) 2005 年第 2 期。

⑥ 楼建波:《信托财产的独立性与信托财产归属的关系》，载《广东社会科学》2012 年第 2 期；Losina Ho，"China Trust Law and Practice since 2001，" *Trusts & Trustees* (2010)：124.

能的分割。[①]（6）受托人是信托财产的财产权人，受益人是信托财产的剩余索取权人。该观点认为“信托财产的所有权”这一表述并不恰当，主张采用“信托财产权的归属”进行表述，引入“双财团理论”，将信托财产视为受托人名下的一种特别财团，该特殊财团受信托目的之限制，受托人是信托财产的财产权人。[②]该观点同时认为，传统的物权债权二元划分的模式在分析信托财产权利方面的解释力正在下降，主张引入经济学中的“剩余索取权理论”，将信托受益人视为信托财产的剩余索取权人，享有对信托财产的全部债权性质的请求权都被满足之后所剩余之价值的请求权。[③]

同样，在司法实践中，司法者对信托财产所有权的归属也存在不同的理解。在山东省食品公司诉济南英大国际信托投资有限责任公司案中，法院认为，“在信托法律关系中，受托人是信托财产的权利主体，以自己的名义对外从事活动，其行为所产生的法律后果，由受托人自行承担。信托与委托的区别在于财产所有权的转移与否”[④]。但是，在北京海淀科技发展有限公司诉深圳市新华锦源投资发展有限公司等财产权属纠纷案中，法院认为：“委托人在设立信托时是将信托财产权‘委托’给受托人，而不是‘移转’给受托人。”[⑤]而在中国建设银行股份有限公司青岛经济技术开发区支行与青岛保税区耀来国际贸易有限公司等信托纠纷上诉案中，二审法院认为：“委托人即代收行通过信托收据将货物交由受托人即进口商（间接）占有、使用、处分，而受益权归受益人即代收行享有，将所有权的占有、使用、收益、处分的各项权能在代收行与进口商之间作出分配，有利于发挥物的效用，同时实现代收行贸易融资本息回收的安排，符合我国信托法的制度规制。”[⑥]

在信托业实务中，由于法律规定不明确，在信托产品的设计上也对信托财产所有权的归属有不同的实践。例如，在信贷资产证券化中，为了改善发起人的财务结构（将证券化基础资产从发起人的资产负债表中剥离），发起银行（委托人）必然选择将信贷资产所有权和风险转移给发行机构（受托人）。而对于不动产信托

---

① 胡光志、陈晴：《权能分割：论我国〈信托法〉之信托财产所有权》，载《郑州大学学报》（哲学社会科学版）2006年第6期。

② 赵廉慧：《信托受益权法律性质新解——“剩余索取权理论”的引入》，载《中国政法大学学报》2015年第5期。

③ 赵廉慧：《信托财产权法律地位新解——“双财团理论”的引入》，载《中国政法大学学报》2016年第4期。

④ 山东省济南市市中区人民法院（2001）民初字第1707号；山东省济南市中级人民法院（2002）民二终字第33号。

⑤ 重庆市高级人民法院（2006）渝高法民初字第14号。

⑥ 台州市黄岩区人民法院（2012）台黄商初字第99号；青岛市中级人民法院（2013）青民四商终字第16号。

（REITs），日本和我国台湾地区主张，不动产信托设立后，不动产的权属应该转移给受托人，但这种转移在我国现行立法与实务中存在很大障碍和抵触。因此，住房和城乡建设部在起草有关房地产信托的登记规则时，对信托登记和权属登记进行区分，这就相当于允许当事人约定不转移信托房地产的权属，而只进行信托登记，公示信托财产的独立性。①

在我国深化金融改革的背景下，信托法的上述不确定性对我国信托业的发展正在以及即将产生哪些影响，是研究信托财产所有权归属问题的一个更具有实践性的视角。这将展现法律与实践的互动过程，同时也为解释我国关于信托财产所有权归属问题的立法选择以及可能的完善措施提供帮助。

二、我国信托业的发展现状

（一）高速发展阶段：2007—2013年

我国现代信托业发源于改革开放初期，经历过数次全国性清理整顿，到2002年年底，整个信托业管理的信托资产仅710亿元；到2006年年底，全行业信托资产为3606亿元。2007年“新两规”（《信托公司集合资金信托计划管理办法》与《信托公司管理办法》）发布后，信托业的发展驶入快车道。到2012年年底，全行业信托资产达到7.47万亿元，信托业已成为中国金融业的第二大支柱（见图1）。信托公司在中国的资产管理市场中起着越来越重要的作用。

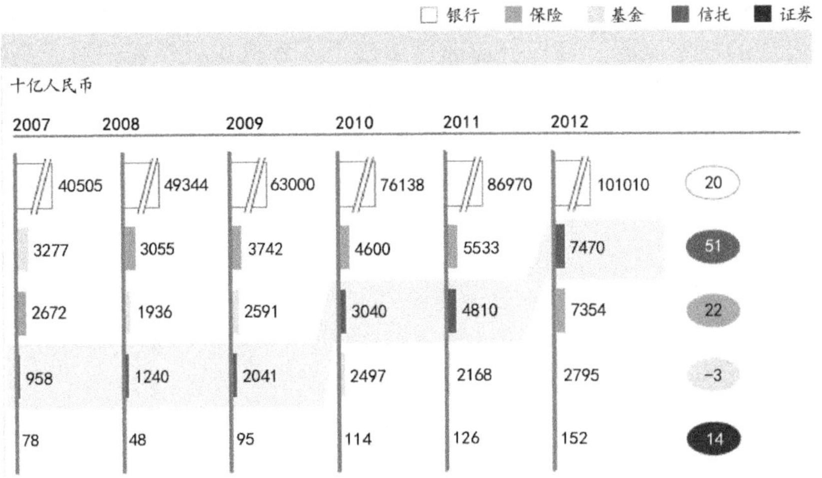

图1 中国金融行业管理资产规模比较②

① 楼建波：《信托财产的独立性与信托财产归属的关系》，载《广东社会科学》2012年第2期；Losina Ho, “China Trust Law and Practice since 2001,” *Trusts & Trustees*（2010）：124.

② 平安信托、麦肯锡：《开启行业转型序幕：重塑商业模式，打造核心能力——中国信托行业发展研究报告（2013）》，http：//vdisk.weibo.com/s/CUOijMZUY6GA，最后访问日期：2017年10月19日。

在这一阶段，我国信托业主要以商事信托为主，而民事信托鲜有发生，信托业务模式主要有以下两种（见图2）:（1）私募投行业务，即撮合有融资需求的较高风险企业客户，和有投资需求的高净值个人客户（个人可投资资产在100万美元或人民币600万元以上）和机构投资者。（2）通道业务，即利用信托牌照，帮助银行和其他金融机构投向某些受限制的资产类别，以此发行理财产品或达到其他目的。在所有金融牌照中，信托是唯一可以进行跨资金市场、资本市场和另类投资（如企业贷款，和非公开交易的股权等）的牌照形式。

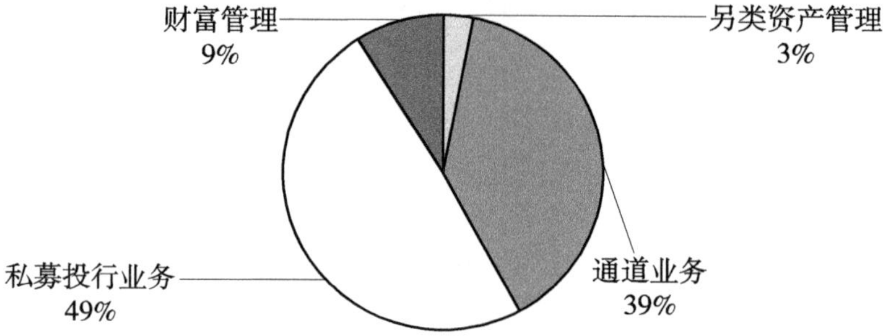

图2 信托行业2012年收入结构[①]

我国信托业在这一阶段的飞速发展有多方面原因，已有学者和信托业界人士从以下方面进行分析:（1）由于种种限制，银行和资本市场无法为飞速发展、资金需求旺盛的某些行业和客户群（如房地产、中小企业）提供足够的融资，是造就信托行业飞速发展的根本原因。信托行业通过承接个人和机构投资客户对于高收益投资回报的需求，广泛接纳社会资金，填补了融资空缺。（2）高净值个人客户对于低存款利率和股票市场长期投资表现的失望，很大程度上促成了信托行业资金端的高速增长（见图3）。[②]（3）"刚性兑付"[③]这一行业潜规则成就了信托产品"高收益，零风险"的神话。

---

① 见前引平安信托、麦肯锡文。

② 《中国大众富裕阶层财富白皮书（2014）》；Bain & Co. and China Merchant Bank，2013 China Private Wealth Report，http：//www.bain.com/Images/2013_China_Wealth_Report.pdf，最后访问日期：2017年10月20日。

③ 刚性兑付是指信托产品到期后，信托公司必须给投资者分配本金以及收益，当信托计划出现不能如期兑付或兑付困难时，信托公司需要兜底处理。

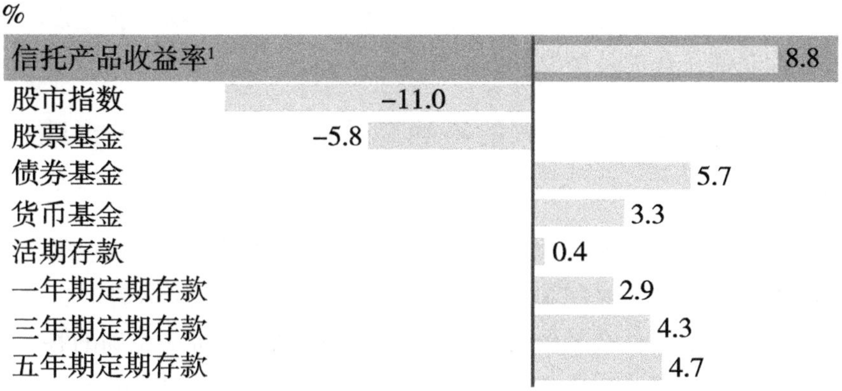

图3 2010–2012年不同投资产品的回报率①

（二）转型阶段：2014年以来

然而，2014 年以来，在我国经济下行和资产管理市场竞争加剧的双重挑战下，信托业自 2007 年以来的高速增长结束了，信托资产增速放缓。②据估算，当前中国信托公司的业务组合中，88% 的业务收入都将在中长期面临严峻的挑战③。2014 年下半年，信托产品迎来持续的集中兑付潮，频频爆出信托兑付危机。信托增速趋缓的根本原因是支撑过去快速发展的主流业务模式，即发挥私募投行业务功能的融资信托业务基础已开始变化，信托业迫切需要加快转型创新。④

信托业的转型发展要经过三个阶段，即财产保值阶段、财富增值阶段、财富传承阶段。后两个阶段是私人财富管理业务中最核心的内容，也是最能体现信托本质的业务。目前，我国信托业还处于第一阶段，即投资人追求多赚钱多获利。就业务模式而言，我国信托业的转型方向有下述三个方面：（1）以专业投资能力为基础的股权直投业务；（2）以资产整合和配置能力为基础的资产管理业务；（3）以财富管理能力和制度安排为基础的家族财富信托业务。⑤

从上述对我国信托业发展状况的描述来看，在信托财产所有权归属不确定的情况下，我国信托业呈现高速增长，是否意味着所有权归属的不确定性对信托业的影

---

① 见前引平安信托、麦肯锡文。

② 中国人民大学信托与基金研究所：《中国信托业发展报告（2015）》，中国经济出版社 2015 年版。我国信托业资产管理规模在 2014 年年末达到 13.98 万亿元，2015 年年末达到 16.30 万亿元，2016 年第三季度末达到 18.17 万亿元。

③ 前引平安信托、麦肯锡文。

④ 中国人民大学信托与基金研究所：《中国信托业发展报告（2015）》，中国经济出版社 2015 年版，第 23 页。

⑤ 中国人民大学信托与基金研究所：《中国信托业发展报告（2015）》，中国经济出版社 2015 年版，第 32~35 页。

响并不大？抑或，其为信托业的发展提供了灵活性？而信托财产所有权归属的不确定性是否会抑制信托业的转型发展？

三、信托财产所有权归属的不确定性对中国信托业的影响：基于社会资本理论的假设

关于我国信托业高速增长的原因，上文所总结的业界各种观点在很大程度上准确地分析了根本原因，但这些功能性原因仅提供了必要非充分条件。根据法律确定性原则，法律的不确定性会导致法律不能为法律纠纷提供唯一正确的答案。[①]在我国，财产所有权被人们认为是非常重要的权利，人们不情愿把所有权也即把对财产的控制权交给陌生人。由于我国缺少信托观念的传统，在我国信托法关于信托财产所有权的归属不确定的情况下，委托人设立信托则存在失去财产所有权的风险，这可以从上文所述的几个信托纠纷案的法院判决得到佐证。在此情况下，委托人为何仍愿意设立信托？在信托业务模式转型过程中，委托人是否依旧愿意冒此风险而设立信托？从社会资本这一概念出发，我们可以为此找到重要的因素。

社会资本是社会学上的概念，它将某些社会元素视作一种可以被社会成员利用从而实现自身利益的资本，比如社会网络（social network）和社会信任（social trust）。[②]从社会资本的视角来看，不同的社会网络结构会产生不同程度的社会信任，密集型的社会网络所产生的社会信任度较高，疏散型的社会网络所产生的社会信任度较低。[③]社会信任可以被理解为，人们愿意把自己置于风险中。[④]

据此，我们对信托财产所有权归属的不确定性对我国信托业的影响作出如下假设：（1）委托人设立信托，即表明愿意把自己置于失去信托财产所有权的风险中，原因在于委托人与受托人之间存在较高的社会信任，这种社会信任由委托人与受托人构成的密集型的社会网络所产生。社会信任成为受托人可以利用的一种社会资本，我国信托业近年来的迅速发展在一定程度上得益于这种密集型的信托行业社会网络结构。（2）我国信托业的转型将会导致委托人与受托人之间的社会网络由密集型转向疏散型。而在疏散型的社会网络中，由于程度较低的社会信任，委托人不愿意把自己置于失去财产所有权的风险中，即不愿意设立信托法律关系。这是我国信托业

---

① 周少华：《法律之道：在确定性与灵活性之间》，载《法律科学》（西北政法大学学报）2011年第4期。

② James S. Coleman, *Foundations of Social Theory* (Harvard University Press, 1994), p.302.

③ Christina Prell, *Social Network Analysis: History, Theory and Methodology* (Sage, 2012), p.62.

④ J. Wiley and others, "Familiarity, Confidence, Trust: Problems and Alternatives," in Gambetta Diego (ed), *Trust: Making and Breaking Cooperative Relations* (Basil Blackwell, 2000).

增速放缓以及未来可能面临的下降趋势的原因之一。如果法律明确信托财产所有权的归属，使这种不确定性消失，则可能增强委托人设立信托法律关系的意愿，从而促进信托业的转型发展。

四、对我国信托业社会网络的定性分析

社会网络可简单地称为社会关系所构成的结构，故社会网络代表着一种结构关系，它可反映行动者之间的社会关系。对社会网络密度的分析可以回答社会网络如何影响个体的行为、态度、表现以及信念等一系列问题。[①] 通过社会网络密度这一概念，可以对我国信托业社会网络进行定性和定量分析，由于数据及篇幅所限，本文并没有展开定量分析，而是根据现有可查的资料进行定性分析，进而借用这些社会学概念解释信托财产所有权归属的不确定性对中国信托业的影响。

（一）高速发展阶段的我国信托业：密集型社会网络

在我国信托业的高速发展阶段（2007—2013 年），信托当事人（委托人、受托人、受益人等）之间呈现密集型的社会网络，理由如下：

1. 单一信托在信托类型中所占比重最大。

单一信托，又称个别资金信托，是指信托公司接受单个委托人的资金委托，依据委托人确定的管理方式（指定用途），或由信托公司代为确定的管理方式（非指定用途），单独管理和运用资金的信托。根据中国信托业协会公布的数据，单一信托占信托资金总额的比例在 2010 年年底约为 75%，2011 年和 2012 年约为 68%，2013 年年底约为 70%。从资金运用方式上，单一资金信托的委托人多数对资金运用对象有相当充分的了解，希望借助单一资金信托的通道借款给资金使用者。不少银行通过与信托公司合作，发行单一资金信托计划，银行资金成为单一信托最重要的资金来源。业界专家统计，70% 以上的单一信托资金来源于金融机构。这一类型的业务涉及的参与者通常很少，投资者与资金使用者往往提前进行过接洽，信托公司只是作为投资者与资金使用者的通道，这些参与者之间形成一个相对封闭的社会网络。

2. 信托公司依赖第三方机构和银行的客户资源。

在信托业务中，与单一信托相对应的是集合信托，其是指受托人把两个或两个以上委托人交付的信托财产（动产、不动产或知识产权等）加以集合，以受托人自己的名义对所接受委托的财产进行管理、运用或处分的方式。这一类型的信托占信托资金总额的比例在 2013 年年底达到 25%。对于集合信托产品的销售，信托行业内除极少数大型信托公司已经建立了自身直销渠道外，其他大部分中小信托公司都

---

① 38 Christina Prell，supranote 116.

依赖于第三方理财或者银行机构代销。[①] 银行机构在客户资源上的优势是信托公司无法比拟的，银行往往把信托公司的信托产品推荐给高净值客户。由此，银行、高净值客户、信托公司之间便形成了关系密切的社会网络。

3. “关系”在信托业务中的作用。

“关系”在我国的融资和资产管理业务中起着非常重要的作用。金融机构往往要求其客户经理与高净值客户通过各种途径保持非常密切的联系，银行、信托公司等机构甚至在招聘人员时便要求其能拥有广泛的关系网。关系网本身是密度非常高的社会网络，加入关系网因素的信托业社会网络也就在一定程度上是密集型社会网络。

密集型的社会网络可以促进成员之间的合作，因为每个成员都拥有可以激发有效行动的社会资本，即社会信任。如果在一个社会网络中，大多数成员之间都相互联系，信息很快会被传播，从而促进合作的建立。在这样的密集型社会网络中，失信的行为会很快被广泛知晓并受到制止。[②] 如果没有信任的存在，人们只会在有正式规则的体制中进行合作。但是，反过来，在一个缺少正式规则的社会中，人们之间的相互信任可以促成个体之间的合作。[③]

在我国信托业的高速发展阶段中，由于信托业社会网络密度较大，因此信托业参与者之间的相互信任程度比较高。由于信托法在信托财产所有权归属上的不确定性，社会信任作为一种社会资本，在委托人与受托人之间成立信托法律关系起着非常重要的作用。正是由于我国信托业参与者之间相互信任程度较高，委托人才在法律不确定性存在的情况下依旧愿意建立信托法律关系，将自己置于可能丧失信托财产所有权的危险中。这促进了我国信托业在法律不确定性存在的情况下高速发展。

（二）转型期的我国信托业：疏散型社会网络

在我国信托业的转型阶段（2014 年以来），信托当事人（委托人、受托人、受益人等）之间的社会网络结构向疏散型转变。如上文所述，我国信托业将着重于向资产管理业务和家族财富信托业务转型。而这些业务主要针对规模越来越庞大的高净值人群。统计数据显示，2012 年，中国的高净值人群数量超过 70 万人，与 2010 年相比增加了约 20 万人，超过 2008 年该人群数量的两倍。就私人财富规模而言，2012 年中国高净值人群共持有人民币 22 万亿元的可投资资产；人均持有可投资资产约人民币 3100 万元。2015 年，中国个人可投资资产在人民币 1000 万元以上的

---

① 中国人民大学信托与基金研究所：《中国信托业发展报告（2015）》，中国经济出版社 2015 年版，第 30~31 页。

② James S. Coleman，supranote 35，176.

③ Francis Fukuyama，*Trust*：*The Social Virtues and the Creation of Prosperity*（Free Press，1995），p.27.

高净值人群规模已超过 100 万人，全国个人总体持有的可投资资产规模达到 112 万亿元人民币。① 同时，随着第三方理财机构代销信托产品业务以及银信合作业务被叫停，② 大部分信托公司失去了原有的客户渠道，监管部门鼓励信托公司发展直销业务，也就意味着信托公司要建立自己的客户群，这将从根本上改变信托业社会网络结构。信托产品潜在客户（高净值人群）的激增，以及信托公司已有客户资源的匮乏，会使转型中的信托业社会网络转向疏散型。在疏散型社会网络中，个体不再像在密集型社会网络中一样行为，因为其在新形成的社会组织中不再拥有很强的个体关系，他们通过制度被连接在一起，根据组织所设立的规则进行活动。因此，非正式的、主观的“关系”要逐渐让位于客观的规范。③

五、对我国信托财产所有权归属立法的思考与展望

（一）我国信托财产所有权归属不确定性的立法原因思考

回望 2001 年我国信托立法过程，我们会发现立法者在信托财产所有权归属问题上竭力去寻找一条解决途径。信托法起草小组负责人江平教授介绍，我国信托法与世界各国不一样的是没有明确规定财产的所有权或者财产权属于受托人，而只规定信托财产的经营管理的权利交给了受托人，信托法的这个特征告诉我们必须同时兼顾两个方面的利益：一是受托人对财产应该享有的完全分配的权利；二是要考虑到受益人对这部分信托财产的本身所获得的利益的保障。④ 也有专家持同样的观点，认为由于在我国民法中所有权是不可分的，将信托财产所有权归属于受托人很可能对受益人的权利保护产生很大的风险。委托人将不愿意把所有权也即把对信托财产的控制权交给陌生的受托人。因此，由于我国缺少信托观念的传统，“委托给”比“转移”更适合我国固有的法律概念和表达习惯。⑤ 还有专家补充认为，信托法直接规定了信托法律关系当事人各方的具体权利义务，避免回答信托财产所有权的归属这一问题。在信托法实施过程中所产生的争议，将根据信托法

---

① 贝恩公司、招商银行：《中国私人财富报告（2013）》，http：//images.cmbchina.com/cmbcms/201305/ ddb302a7-6b57-42d9-9baa-2f9c956631b5.pdf，最后访问日期：2017 年 11 月 4 日。

② 2014 年 5 月，原银监会发布《关于 99 号文的执行细则》，明确规定：禁止信托公司委托非金融机构以提供咨询、顾问、居间等方式直接或间接推介信托计划，切断第三方风险向信托传递的渠道，避免法律风险。

③ Pitman B. Potter，“Guanxi and the PRC Legal System：From Contradiction to Complementarity，” in Thomas Gold et al.（eds.），*Social Connections in China*（Cambridge Univ. Press，2008），p.179.

④ 江平：《沉浮与枯荣：八十自述》，法律出版社 2010 年版，第 415 页。

⑤ 卞耀武：《中华人民共和国信托法释义》，法律出版社 2002 年版，第 47 页。

的具体条文来解决，而非考虑谁是信托财产的所有权人。①

虽然转移财产所有权这一要求的缺失会产生与信托制度不一致的问题，但是如果立法坚持要求委托人转移信托财产给受托人，则可能会有损于建立信托制度的目的。在信托立法时，仅很少的人知晓信托这一概念，信托公司也没有建立良好的口碑，事实上那时的信托公司很少从事真正的信托业务，而是逾越信托业务范围，利用信托牌照的优势为特定的机构融资，这导致了全国范围内的5次清理整顿。②更重要的是，配套制度的缺失也导致了委托人对信托业的不信任，登记制度和税收制度便是两个典型的例子。例如，如果信托财产是一个房屋，则转移房屋所有权必须到行政机关进行登记才会产生转移的效力。由于不动产登记制度中并没有关于信托的相关规定，这种转移登记会被认为是一种普通的交易（买卖），因此委托人则会担心失去信托财产的所有权。在信托关系结束时，一旦受托人不愿意返还信托财产，除非委托人能提供相应证据，否则将失去信托财产所有权，因为信托财产是被登记在受托人名下的。在这种情况下，如果立法者选择明确规定设立信托需要把信托财产所有权转移给受托人，那么将产生潜在的负面作用。人们在对信托公司信任低下的情况下，可能不会选择信托公司作为资产管理机构，从长远来看将制约信托业的发展。

此外，税收也是委托人的一个顾虑。例如，如果委托人想把他位于上海市杨浦区的一套房屋转移给受托人，他需要支付营业税（房屋总价的5.56%）、个人所得税（1%）以及印花税（3%）。如果委托人在几年后想收回这套房屋或者将这套房屋转移给受益人，那么他将再次支付以上税费。因此，过户费用之昂贵使人们对设立信托望而却步。③因此，税收调整对信托的发展也至关重要。

因此，立法者更倾向于回避这一问题，也即将这一问题留给市场的发展去解决。因此，我国信托法将信托财产所有权置于悬而未决的状态是可以理解的，也是明智的。随着实践的发展，信托机构会通过成功交易的不断积累而提高委托人对信托机构的信任。到那时，法律的确定性会更易于被接受。

（二）信托业的转型对信托财产所有权归属确定性的需求

如上文所述，信托业的转型使我国信托行业的社会网络结构转变为疏散型。在疏散型的社会网络中，制度信任对商业的有效运行至关重要。制度因素包括法律制

---

① 何宝玉：《信托法原理研究》，中国法制出版社2005年版，第53页；王涌：《论信托法与物权法的关系——信托法在民法法系中的问题》，载《北京大学学报》（哲学社会科学版）2008年第6期。

② 江平、周小明：《论中国的信托立法》，载《中国法学》1994年第6期。

③ Lingyun Gao, "The Development of Private Trusts in Mainland China: Legal Obstacles and Solutions," *Tursts & Trustees*（2014）: 350.

度、专业的行为规范、公司口碑、行业标准、其他正式和非正式的行为规范，[①]会使个体对制度机制建立起信心，这种信心又会使另一方诚实守信。在一个制度信任水平高的社会中，行动者能够在仅仅知道对方有限的信息及具体属性的情况下参与交易。制度信任能更好地减少现代社会中行为的不确定性，增强行动的可预测性，降低信任的风险性，从而促进普遍的社会交往，扩大信任的范围，使在任何个人、组织、国家之间建立广泛的信任成为可能。[②]随着社会变得越来越复杂，个体之间便越来越疏远，因为社会成员之间的人际信任逐渐被社会团体以及无血缘及亲缘关系的个体之间的制度信任所取代。[③]

对法律制度的信任水平低，意味着法律制度存在缺陷。例如，我国法律的模糊性（不确定性）是造成人们对法律制度的信任程度较低的原因之一。在很多案件中，法律的模糊性规定需要法官来进行解释，而法官的解释很可能受与法官有“关系”的一方当事人利益的影响。而且，法院的判决并不一定是基于案件审判员的自主判断，而可能是基于法院的领导根据政治原因所作出的判断。因此，不同法院对同一种案件的判决结果可能并不一样。这些因素增加了法律的不确定性，进而使人们对整体法律制度的信任度降低。

基于以上分析，增加制度信任的途径之一是增加法律的确定性。人们对法律的较高的信任水平，可以成为一种被行动者利用的社会资本。在我国信托业转型过程中，法律对信托财产所有权归属的确定可以降低潜在委托人的顾虑。例如，如果信托法关于信托财产所有权归属的规定是明确的，则想设立家族信托的委托人将愿意把房屋所有权转移给受托人，因为他们相信在受托人滥用房屋权利时可以得到法律的救济。在我国信托业转型发展的新背景下，我国信托法应当明确信托财产所有权的归属，以继续促进信托行业的持续发展。

---

① Ana Cristina Costa and Neil Anderson (eds.), *Trust and Social Capital in Organizations* (Sage, 2013), p.459.

② 陶芝兰、王欢:《信任模式的历史变迁——从人际信任到制度信任》，载《北京邮电大学学报》（社会科学版）2006 年第 2 期。

③ Pitman B. Potter，supranote 46，182.

金融扩大开放与金融法制

金融高水平开放的法治保障

——第三届中国金融法论坛综述

吴　弘①

由中国商法学研究会和上海市法学会主办的第三届中国金融法论坛临近2018年岁末在上海举行，华东政法大学、上海市法学会金融法研究会、汇付天下支付公司等承办协办。论坛主题为“金融扩大开放的法治保障”，来自法学界、司法界、金融界的200多位专家学者与会展开热烈探讨，提出了许多理论联系实际的新鲜观点。

一、扩大金融开放需要金融法治引领、规范和保障

金融业开放是我们对外开放格局的重要组成部分，始终伴随着改革进程不断向前推进。40年改革开放给中国经济发展带来翻天覆地的变化，也显著提升了金融机构的国际化水平和全球竞争力。开放是国家繁荣发展的必由之路，要提高国内金融市场对境外机构的开放水平，进一步扩大金融业对外开放，既是金融业自身发展的要求，也是提升金融服务实体水平的客观需要。

目前，我们正站在新的历史起点，全面开放新格局是中国深化经济改革的必然选择。近年来，我国就深化开放作出重大部署，金融业开放力度越来越大，水平也进一步提高。早在2017年的一系列重要会议上，中国就释放出了扩大金融领域对外开放的重要信号，从全国金融工作会议到党的十九大，都对扩大金融开放有清晰的部署。进入2018年，金融开放重大措施密集出台。博鳌亚洲论坛2018年年会的开幕式上，国家主席习近平发表了主旨演讲，宣布将推出金融业对外开放举措，加快金融业开放进程，放宽外资金融机构设立限制，扩大外资金融机构在华业务范

① 吴弘，华东政法大学教授。

围，拓宽中外金融市场合作领域。中国人民银行行长易纲紧接着就宣布进一步扩大金融业对外开放的具体措施和时间表，各监管机构随即推出一批新的涉及外资金融机构的规范性文件，各地积极落实国家加大金融开放战略的政策措施亦陆续出台，一系列金融扩大开放措施正在逐步落实到位。

金融业是经营风险的特殊行业，金融业的开放既可以带来效率的提升、加大资本的流动，也会增加市场的不稳定性，这就要求金融开放与金融安全稳定相辅相成，金融开放必须与完善监管能力相匹配，有效地防范并化解在金融开放过程中可能遭遇的各种风险。为金融开放保驾护航，是金融法治工作义不容辞的职责。改革开放40年以来，中国的金融法治追随金融改革开放步伐，对于服务国家战略，推进金融经济发展，保障和改善民生，提升金融国际竞争力发挥了重要的作用，为金融改革开放作出了独特贡献，功不可没，同时金融法治自身也得到创新、发展，成为中国法治建设的重要组成部分。

金融扩大开放是新的历史条件下面临的新机遇和新挑战，更需要法治的引领、规范和保障：金融法学需要更新的理念和理论，指导、协调新的金融政策、法律与市场实践同步；金融立法需要进行新的制度设计，引领改革开放有序推进；金融司法需要推出新的举措和安排，及时化解纠纷、打击犯罪；金融监管也需要采取新的思路与方法，营造公平透明的金融创新发展营商环境，防范金融风险，守住不发生系统性风险的底线。我们应当认识到，国际国内经济环境的深刻变化，国内主要矛盾的变化以及金融发展的规律，为进一步健全包括金融法律体系、金融执法体系、金融司法体系、金融守法体系、金融法律监管体系在内的金融法治体系，更好发挥法治对金融业的积极作用创造了条件。我们有理由相信，在新时代金融扩大改革开放的新征程中，金融法治依然会忠于职守、不辱使命，做出新贡献。

二、扩大开放背景下的金融法理论与实践

关于银行业开放的法治保障。金融开放有两个立足点：一是要做大做强中国金融业，二是要充分利用全球有效资源发展中国经济。从2003年外资银行开始进入中国以来，外资银行的数量在增加，规模在波动扩大，外资对中资银行的股权控制度逐渐提高，资本回报率也较高。但是，也存在一些问题，如外资银行的资本受到限制，在传统存贷款业务上缺乏优势，出现境外投资者撤资现象等。外资银行的进入在其他国家也存在利弊，既有提升所在国银行水平的范例，也有使银行体系效率下降或者风险不确定的问题，如阿根廷。2018年博鳌论坛之后，中国银行业深度开放的十一条改革措施，涉及银行业的有四个方面：一是内外资一视同仁，放开银行的外资股比限制；二是鼓励外资对非银行金融机构投资，扩大投资领域；三是商业银行新发起设立的金融资产投资公司、理财公司，对外资比例也不设上限；四是大幅度扩大外资银行业务范围。扩大开放具有全面性，金融的新兴业态都有体现，

开启了中外资银行全面竞争的新阶段。进一步开放需要关注的问题如下：一是外资银行进入中国后更愿意投资非银行领域，但外资能否进入金控公司需要研究；二是根据金融科技的发展，创新监管制度；三是完善多元化金融争议解决方式以适应深度开放的需要。扩大开放对我国金融立法提出新的要求，需超前设计。“一带一路”背景下，“亚投行”“金砖银行”等为我们参与国际银行业规则的制定提供了很好的平台。

关于自贸区的金融法制创新。实际需要处理好以下五个关系：第一，开放速度加快与法律相对稳定的关系。现有自贸区金融制度，制定时对标 TPP，涉及可自由兑换、鼓励互联网金融创新、对外直接投资实行备案制，特别是上海自贸区设立 FT 账户、资金在 FT 账户之间及其与境外账户之间自由转移。2018 年后发生了巨大的变化，美国退出了 TPP、对中国发动了贸易战，这使自贸区制度必须重点关注外汇和资本市场的稳定，相应条文就需及时修订。第二，金融开放与金融安全的关系。货币的自由兑换可能带来风险，一些新兴市场经济国家开展可自由兑换，但时常发生金融危机，委内瑞拉、土耳其货币贬值就是例证。为此必须加强跨境资金流动监测、预警，以及信息共享、协调监管。第三，金融创新与金融监管的关系。自贸区制度以往只规定政府鼓励金融创新，但创新本质上是市场的事情，金融市场主体在利益驱动下，即使政府不鼓励，自己也会突破现有制度进行创新。因此，政府的主要职能是加强金融创新的监管，所以在自贸区制度修订中要增加监管规则。第四，国家全局与自贸区的关系。考察迪拜、阿布扎比、哈萨克斯坦金融中心和金融交易所的规则，基本都引入英美法、设立法律特区，如迪拜通过联邦法律在迪拜国际金融中心创设自己的民商事法律体系。我国自贸区 2018 年清单金融开放部分，同全国的外商投资负面清单基本相同，开放度并没有扩大。第五，金融法与国际经贸规则的关系。应跟踪国际最新经贸规则如 CPTTP、USMCA 及 WTO 改革方案等，将其中监管措施的协同性规则进行相应总结，率先在自贸区进行试点。而我国基于“非歧视”“国民待遇”“透明度”等 WTO 规则引入外资金融机构的措施，乃至准入负面清单制定，也都要注意相关制度的协同并进，适应我国金融对外开放新格局。

关于金融市场国际经贸规则。金融深度开放须遵守国际规则，如 WTO 框架下金融服务协议有四个一般义务、两个特别义务，国民待遇原则是一个特别义务；IMF 有四大法律制度，国际投资、国际储备、外汇管制和汇率制度，最核心的外汇管制和汇率制度，是成员国要遵守的义务。还有一些条约虽然我国没有参加，但属于国际上先进规则，对于金融开放有直接引导作用，如 TPP 对金融业开放标准高于我国参加的国际条约，还有最低标准待遇、审慎例外、跨境电子支付卡服务新做法，以及投资争端解决、金融业审慎监管等，都提高了金融业开放的国际标准。我国新一轮金融开放的特点就是高标准，把原来没有的准入前国民待遇、负面清单和金融服务方式的限制等给突破了，对接了TPP、CPTPP以及美墨加协议，远高于我国参加的国际条约和双边条约中所承担的国际义务。

关于国际规则的软法渊源。法律渊源的发展是对经济发展的回应，国际规则也有硬法和软法之分，巴塞尔协议就是软法，虽然涉及监管制度，但只有在一国接受后才有很强的约束力。除银行法上的巴塞尔协议体系外，期货衍生品法中的ISDA协定、证券法中的IOCSO监管体系、票据法上的联合国相关公约、作用于广义金融监管的IMF相关协定、面向金融稳定的FSB文件体系等国际规则都是金融软法。国际金融市场长期发展已经形成了一定的理论、经验和相应的规则，硬法和软法都值得学习和借鉴。开放不能走回头路，因此不得不关注国际协定和软法的影响，重视其作用，将其融入制度体系中。软法是对市场规律的理性认识，可以有效降低推出新制度的交易成本。例如，对“一带一路”的贷款风险承担问题，IMF和其他国际金融机构的贷款合同文本的风控条款就可以借鉴。

关于金融法制的民商法基础。以LLSV为代表的“法律与金融”学派的研究显示，法律对于金融发展有积极的促进作用。而国际金融市场的竞争其实首先扎根于发达的民商法律基础，通过事前维护金融交易的发生—事中公权力的监管—事后司法救济这一逻辑脉络，以合同法、担保法、物权法、破产法等民商法律为基础，搭建了金融市场最扎实的平台。ISDA协议中的合约、担保制度原理，就来自英美法，来自民商法。要从民商法角度准确了解国际规则，找出差异并以司法解释快速补充，这对金融深度开放和上海国际金融中心建设有利。民商法律讲求耶林说的“权利感情”，这有助于维护金融交易、国家持续监管，以及司法救济。要让更多的民商法规则在未来的中国金融法制度构建中发挥更重要的作用。

关于扩大开放背景下的金融监管。金融开放要与金融监管能力的提升相辅相成，不可因市场危害安全，也不能因安全而废市场。西方国家虽将次贷危机归咎于影子银行和OTC的产品，但并没有对其禁止，而是加强了监管。在金融全球化过程中，东道国的监管差异，主要源于各国金融开放的时机、次序、领域和法规的不同，如渐进式或激进式开放的不同，顺应型与主动型开放的不同，还有发达国家和发展中国家的基础不同。金融市场的差异性与金融政策的复杂性，要求金融监管把握分寸感，注重主动性、实验性、预防性，注重国际性和国别性的平衡。除传统的刚性监管外，可引入更多的柔性监管。

关于扩大开放的金融立法。中国作为一个经济强国，必须成为一个金融强国。金融强国的标志，必须有自己完善的、有特色的金融法律制度体系。没有一套成熟的、可供效仿的、具有影响力的制度，就不可能成为为世界所接受的金融强国。金融强国所依托的这些制度的构建，是民商法、经济法、金融法各部门共同的任务。法律对包括金融活动在内的市场经济活动，主要的任务可能不是鼓励，而是规范、限制。市场经济活动，特别是金融活动，具有强烈的主动性，其本身就有突破规则的倾向。市场主体在市场经济活动中，出于营利目的，会创造一些前所未有的新的活动方式、内容，可以把一些不可能变成可能。如果泛泛地讲鼓励金融活动、鼓励金融创新，可能是不负责的。法律对金融活动的态度一要宽容，因为创新有一定的不确定性；二要警惕，因为创新的不确定性意味着风险，可能给社会带来危害；三要规则，因为要把创新活动纳入应有的法律轨道中。金融活动需要多部门协调配合，相关的法律需求、法律供给也需要多层次、多部门协调。

三、金融扩大开放的金融司法应对

金融市场扩大开放对金融审判的挑战，体现在以下三个方面：一是高度全球化的金融市场与我们主权国家司法体系之间的冲突。金融开放意味着全球金融市场更加一体化，但金融监管、金融法律却是一个地域性的概念，有主权的地理边界的限制。中国的法院在审理具有市场重要意义的金融案件时，往往遇到金融司法的地域性与金融纠纷涉外性的冲突。如今金融市场已经高度融合，境内境外市场双向开放，相关裁判将更具有涉外因素，而不只是辐射境内；中国国内的投资者能够通过沪港通、深港通、沪伦通等买卖境外上市股票，以及其他跨境的财富管理、投资理财等，境外投资者亦然，则一旦发生纠纷也就是涉外的。在进一步扩大开放的背景下，事实上已没有局限于地方的裁判，也很少有完全无涉外因素或涉外影响的案件。在国际金融纠纷中如何在管辖权上有更大竞争力也是一个问题。二是金融市场创新迅捷与立法相对滞后之间的冲突。例如，近年来，金融科技发展迅猛，远远走在立法之前，从而给金融司法带来许多挑战。如何在保持司法稳定的前提下，包容金融创新，要求司法发挥审判的艺术。而普通法系国家之所以能包容更多金融创新、金融市场能更充分地发展，与普通法的灵活性密切相关。三是金融纠纷的持续增长与有限的金融审判资源之间的冲突。金融法院核定的编制法官不到 40 名，面对的是一年 8000 多件案件，金融纠纷呈现持续增长的态势。法院司法资源是有限的公共资源，需要予以合理、有效使用，如何运用有限的公共资源最大限度地解决金融纠纷，是金融司法探索的课题。

金融扩大开放催生金融法院的设立。国家在上海建设国际金融中心，金融市场发展较为迅猛，金融交易总量逐年攀升，同时金融纠纷也相应增加，如 2017 年，上海金融商事案件收案数达 179613 件，要求专业化司法审理。英国建立一个金融清单，清单列举审理的案件，其中包括金融基准、外汇或者货币管制、主权债务等案件类型。迪拜建立起一系列的法律，形成类似特区的区域，并且授权该区域一定范围的立法权限，如此，法律更加灵活，同时法院管辖具有特色，即使案件与该法院无关，法院也可以审判，即使法院具备仲裁机构的特征。借鉴迪拜国际金融中心法院、开曼群岛大法院下设金融服务法庭、哈萨克斯坦的阿拉穆图的专门金融法院的经验，建立适合上海金融市场体量的金融法院成为各方的共识。设立金融法院有利于与国际金融市场接轨，有利于扩大我国金融司法的国际影响力和管辖权，也有利于增加我国的国际金融交易规则话语权。金融法院对于实施国家金融战略，在扩大开放的同时对于维护金融安全，防范金融风险也具有重大意义。

上海国际保险中心建设的法治环境

——2018年上海保险法论坛综述

陈　辉　盛郅宸①

主题为“上海国际保险中心建设的法治环境”的 2018 年上海保险法论坛于 2018 年 11 月 24 日在上海市举行。来自全国各地专家学者济济一堂，热议主题，精彩纷呈。

一、国际保险中心的法制条件

世界上传统的国际保险中心往往依托中心城市，如伦敦，但仅 6 万人口的百慕大也成为国际保险中心新秀。国际保险中心具备的条件包括大量的保险机构集聚、保险要素市场及各种交易市场发达、支付清算便捷，以及货币可兑换。

上海市于 2014 年提出建设国际保险中心。2018 年情况如下：53 家法人保险机构，其中有些外资保险公司在上海市设立分公司；成立了全国航运保险协会，11 家航运保险公司的运营中心在上海市设立，最大的海运企业中远海运成立自保公司，航运保险中心转移到了上海市；2016 年成立保险交易所，建成了保险资产管理平台、再保险平台和巨灾风险平台。在自贸区，监管上实行了分支机构备案制、产品条款协会政策制，以及培育专业人士的中介股权信息登记系统，再保险业务探索自由贸易账户等。上海国际保险中心建设举全国之力，体现了国家的金融战略。

法治环境对国际保险中心建设具有举足轻重的作用。外国保险公司、经纪公司要进入国内金融市场，首先要考察市场以及法律环境。一是保险基础法律。财产要用金钱估量，强调损失补偿，财产险可按实际损失补偿，但人寿险保生命，生命无

---

① 陈辉、盛郅宸，华东政法大学硕士研究生。

价，寿险具有很强的储蓄性，为人生带来经济支持、帮助或者抚慰，不能适用财产的规则。新的制度要跟上，如特殊目的保险公司在国内现行制度下不可能设立，则其可能转到百慕大去，而百慕大想成为世界保险中介中心正需要此类公司。二是保险监管制度。特别是金融科技条件下要及时更新监管理念与方式，放宽事前监管、强化事中事后监管。例如，个别互联网企业以民间互助组织名义经营保险业务，号称网上注册用户超过几亿人，吸引巨额风险投资，监管部门及时警示存在非法经营保险业务的风险，甚至涉嫌非法集资。要引导金融创新重心转移到出境和服务上。三是保险司法与保险法律服务。新加坡一直致力于建立亚洲海事仲裁中心，开放法律服务，允许国外的律师和仲裁员在其国内执业，这很有吸引力。另外，国际保险中心建设对保险司法、法官专业素养和审判理念也提出了挑战。

二、上海国际保险中心建设的法治举措

（一）优化保险创新产品的权利保护

要引进全世界专业领域的保险机构，就要有开放性、保护性的法治环境。在互联网时代，保险业以互联网保险产品的创新为竞争龙头，所以知识产权的保护已成为防止保险业不正当竞争的前沿阵地。保险同业经营者知识产权保险条款是耗费很大的心血设计出来的，是保险经营者根据本公司的经营需要以及针对的人群而思考出来的结果，具有独创性和专属性。我国保险法规定，保险公司新开发出来的保险条款的保护期是半年，在保护期内其他保险公司不能经营这个险种。但是在实际操作中，很多同业者因为想获得更高的利润、吸引更多的客户、获得更大的市场份额，而擅自使用竞争对手的保险条款或者只是对保险条款稍稍加以改动、调整或者更改名称使用来竞争，具有明显的同质性，违背了公平竞争的原则，侵犯了他人的合法权益。

我国现有的知识产权法律法规对保险产品的创新很难提供全面有效的法律保障。例如，长安责任保险公司对于其产品“爱情保险”，曾申请著作权，但根据我国著作权法的规定，只是保护了作品的创作形式，对条款格式、文字形式进行保护，但是对产品的核心内容、产品设计的思维方式、逻辑关系、精算数据等没有有效的保护。不正当竞争中的表现形式往往是将他人首创的保险产品在形式上进行改变而实质内容不变，从而规避侵犯著作权的法律责任。又如，美亚公司一款专为中小企业提供保险的产品“工商通保”，只得到商标标识性的保护，现行商标法无法保护其实质内容，后来其他保险公司紧随其后推出了相似产品。而要获得专利法的保护，就要符合“采用新技术手段使产品具有新的技术效果”这一专利审核基本原则，而保险产品的创新设计主要是依据风险的发生概率精算加以各项法律规范、保险原则以及经济预算综合而成的，并没有运用新技术手段，其中使用的相对有难度的技术有法律逻辑、精算技术、IT互联网技术等，但这些

技术往往是成熟的人类可以共享的技术，并不符合新技术的发明概念，因此很难申请专利。

国际上把保险创新产品归为商业方法专利进行保护，这是保险知识产权保护的一个有效途径。保险创新产品是经济学中的发明，属于一种基于现代科学的商业方法，有别于自然科学或工程技术。因此，基于自然科学及技术的专利法需要重新定义技术的内涵和外延，才能使保险产品的知识产权得到专利法的保护。根据海外资料，美、日、欧三方已就保险产品的知识产权申请专利的要素达成共识，使用软件系统或数学逻辑实现的商业方法属于技术创新，可以获得商业方法专利权。虽然我国专利法对专利保护的客体采取正面定义和反面排除的方式作了具体规定，但对于商业方法是否可授予专利没有明确规定。我国需要引进、建立保险专利权申请机制，以促进保险产业的发展，并吸引全球保险机构进入中国。

（二）有效维护保险市场竞争秩序

国际保险中心需要一个开放性、保护性的法律环境，以吸引保险机构和保险交易，激发行业创新潜力，形成充分竞争的局面。

监管部门、保险协会闭环监管以及防止垄断经营是防止保险业不正当竞争的重要举措。保险监管机构对市场上的违规和恶意不正当竞争要及时查处，还要吸取境外经验，成立单一专业的保险协会或在保险业协会下设立更多专委会进行自律，同时赋予从业人员维权和遏制不正当竞争的权利。

（三）建立开放、专业、高效的保险争议解决体系

保险市场深化改革开放、建设上海国际保险中心离不开及时有效的保险纠纷解决机制。

第一，应当提高保险仲裁的竞争力。建立专业、高效的保险仲裁机制，提高仲裁机构在保险纠纷解决中的主体地位，使其与国际接轨。在这一问题上，应当建立开放的仲裁法律体系，稳步推进仲裁市场的开放；放松仲裁法中对于“形式”的严格要求，谨慎认定仲裁条款无效的情形；建立相应的互联网仲裁中心，降低保险纠纷中各方的金钱成本和时间成本，使保险纠纷的解决更高效、更便捷。

第二，应当加强保险司法。由于保险法具有一定专业性，如果仅从相应保险合同出发则很容易陷入迷局中，这就对法官的专业素养、审判思路提出挑战，要求法官在司法中既注重促进保险业健康发展，又在尊重当事人约定的前提下注重保护保险消费者的合法权益。尊重保险司法规律，恪守保险的一般原理，鼓励保险的有效创新。在我国司法实践中，许多国际化的保险规则被引入中国后，在适用上会出现水土不服的问题。究其原因，一方面我国目前保险经营在规范性上存在一些欠缺，另一方面是投保人本身对于保险的认识和保险知识的欠缺，以致许多保险纠纷产生。一些纠纷可能是我国特有的，在国际上找不到可以参考的案例，这也是审判中碰到的一些难题。保险市场发展迅速，而保险司法实践严重滞后，法院碰到的保险

问题时时都在变化。一些保险公司持续，不断根据司法裁判的结果变化自己的保险条款，这又在某种程度上导致新的保险纠纷出现，如此循环。其实这是一种博弈，是保险公司、商人针对法院的裁判规则，不断地调整自己的合同约定，以规避法律风险。因此，法官在办案过程中，需要不断提高理论水平与积累实践经验，跟上时代发展的节奏。

三、建设上海国际再保险中心的法治促进

（一）国内外再保险市场发展现状

在上海国际保险中心建设中有三大重点支柱，即再保险、航运保险、保险资金运用。对于再保险，强调的是发展跨境人民币再保险，以及推动区域再保险中心的交易和定价。截止到2018年11月15日，境内首席再保接受人有42家，其中专业再保人有12家；境内合约接受人有56家，其中专业再保人有12家，北京有7家、上海有4家。

国际上的再保险中心有三个：伦敦、新加坡、百慕大。伦敦是自然形成的，新加坡是政府建设的，百慕大是基于避税需求而形成的。自2014年上海市第一次提出要建设国际保险中心以来，再保险作为保险中心建设中的重要组成部分，一直发挥着重要作用，主要体现在国际再保险平台在保交所的运用，特别是住宅潜在缺陷保险（IDI）在上海保交所的交易。2015年，上海市成立了第一家全国专业性再保险经纪公司；2016年，上海保交所成立，其中包含再保险交易。2018年2月26日，上海保交所受原保监会之托管理中国再保险登记系统，这对上海国际保险中心的建设是一个很大的促进因素。

但我国2014年提出的再保险业两个目标——发展跨境人民币再保险和推动区域再保险中心的交易和定价，到目前为止尚未完全实现。在"一带一路"的框架下，由于海外各国法律或者当地监管的要求，以及直保、再保等保险公司的海外架构中存在问题导致许多跨国项目保险的保费中将近90%留在了当地，而不是回到中国。另外，目前，我国保险法中关于再保险的规范太少，如对于再保险的时效起算时间，便没有明确规定。

（二）依法推进再保险中心建设的思路

第一，模式的选择。我国应当参照新加坡模式，由政府支持再险中心的建设。具体而言，建设完善的监管风险管理体系，对设立分公司的资本金等作出要求；适度降低再保险人的税收；适度放开相关人民币兑换和结算，防止由于保费兑换中的汇差损失降低相关竞争力。

第二，完善再保险交易规则。再保险业务中，大多以交易习惯、商业惯例等来约束，保险法对于很多问题如再保险的失效如何计算等缺乏规定，仅仅依靠合同法规范不能解决所有问题，而银保监会关于再保险的相应规定也不能在司法层面予以

适用。因此，在相关法治建设中，应及时借鉴相关商业习惯和惯例，吸收其中的优秀成果，并将其融合到保险法及相关司法解释中，以增强相关制度的可操作性。

四、国际保险中心涉外保险业务制度

（一）海上保险的法律规制

约80%的货物交易，是通过海上运输来完成的。从全球市场来看，海上保险最大的保费收入市场是欧洲，其次是亚太，之后依次是拉美、北美、中东，最小的是非洲市场。海上保险包括船舶保险、货物保险、保障赔偿责任保险、运费保险等。海上保险在保险市场上是一种特殊的存在形式。船舶在营运的过程当中会产生对外责任，这个责任不是通常的商业保险形式，而是通过船舶加入互保协会（P&I Clubs）来参加保险。英国占海上保险61%的市场，有8家互保协会，是最大的互保市场，其次是北欧，然后是日本、美国。中国船舶互保协会市场，大概在全球排第十位。从船舶的地区占比来看，欧洲是最大的；从国别来看市场份额，英国依然是最大的，其中劳合社的市场占17.3%，非劳合社的市场占5.4%，中国的市场份额占10.9%。上海市在建设国际金融、航运中心过程中，推出减免营运税政策，各大保险企业在上海市设立了航运保险的运营中心，航运保险的保费收入呈现上升状态。

金融中心、航运中心的建设仅一味依靠“政策洼地”等优惠政策显然是不够的，有关海上保险制度的建设应当被列入议事日程。英国1906年海上保险法历经100多年仍然在发挥作用，是各国制定海上保险立法的一个蓝本，我国海商法第十二章大量借鉴了其中内容，而英国法在最大诚信规范、保证制度等方面有一定的不足，我国依照大陆法体系进行解释又放大了这一不足。尽管保险法修改时部分解决了这一问题，但目前的很多保险条款中仍沿袭原有的英国条款，致使问题在一定程度上依然存在。我国海上保险的法律制度应当与时俱进，与时代相适应。监管方面对保赔协会及保赔险的规制上仍不清晰。在航交所注册报备的条款里经常可以看到英国的条款，而且在市场上已经使用。中国的条款主要是20世纪80年代由人保制定的条款，现在各家保险公司经过了一些修订，沿用至今。

上海海事法院于2010年发布审判白皮书，涉及海上保险、船舶融资等高端航运领域案件数量很少，所占比例还不到海事法院全部案例的2%。从这个白皮书可以得出结论，我国当时的航运业整体上还是处于世界中低端水平。到2018年，上海海事法院的审判白皮书，审判的案件在10年中有所增加，但总数量依然不是特别多，我国航运水平竞争力亟待提高。

（二）出口信用保险的风险应对

信用保险对于国家发挥在外向型经济中履行政策性职能以起到风险控制和融资促进的作用意义重大。于2001年成立的中国出口信用保险公司是由国家出资设立、支持中国对外经济贸易发展与合作、具有独立法人地位的国有政策性保险公司。作为适应经济全球化和我国对外经贸与投资合作发展需要而成立的信用保险机构，积极扩大出口信用保险覆盖面，为我国货物、技术、服务出口，以及海外工程承包、海外投资项目提供全方位风险保障，在支持“一带一路”建设、促进国际产能合作、培育国际经济合作和竞争新优势、推动经济结构优化等方面发挥了不可替代的作用。

出口信用保险风险相对较大，除传统责任保险的风险外，信用保险涉及的道德风险较大，无从得知保障的对象信用如何，甚至投保人和出口方之间会出现互相串通的情形。出口信用保险政策性比较强，与国家出口政策、产业政策、贸易战背景都密切相关的，可以在顶层设计上为国内企业寻找合适的海外市场，而不是企业自己简单从商业角度盲目地或者是靠企业自身的认知程度去选择海外市场。

针对信用保险中的风险，必须做到以下三点：一是事前风险测评非常重要，商业性的保险公司对于企业被保险企业和出口对象企业要进行测评。二是加强事中跟踪，调查清楚事中是不是真实出险。三是重视事后的风险代位求偿，强化代位求偿的保险功能。

（三）责任保险的强制规范

责任保险不仅在教育、卫生、旅游、司法、运输、生产安全等方面效果非常突出，在解决社会治理难题中也持续发挥着独特作用。注册会计师、律师、保险经纪人、药品持有人等特殊行业执业者也可以选择职业责任险机制转化风险。随着责任险产品服务日渐丰富，保障内容不断从民事侵权责任向民生风险合同责任方面扩展，服务方式由事前防范向事后服务进行延伸。在“互联网+”时代，责任保险已融入互联网平台经济，给人们的生活带来了很好的保障。2017年，责任险市场规模达到451.3亿元，较2007年增长5.8倍；2018年上半年，责任险保单已经达到32.36亿件，同比增长112.12%。在扩大开放的背景下，责任险市场发展前景光明。

但责任险行业面临概念模糊化、服务方式模糊化和风险难控的问题，责任保险规范不足。立法层面缺少强制规范，对特殊风险行业或政府公共服务缺乏应用责任险的强制规定，不利于社会风险的转移和防范；保险法司法解释四虽然对责任险作了一些规定，但仍无法满足责任险的实践需求。

（四）缔约过失责任的代位追偿权

我国保险法中的保险代位追偿权是指保险人基于保险合同承担保险责任后，向相关责任人进行追偿的权利。但是缔约过失责任又源于合同法，从法律性质上来说，两者的确是完全不同的。那么保险公司在承担缔约过失责任后该如何追偿呢？理论上可以进行法律的类推适用，台湾的著名学者王泽鉴先生也讲过，类推适用是指一个案件的某种类型所规定的法律效果可以转移到不同案件类型当中来适用。类推适用的前提，第一，是法律没有明确规定的。第二，法律规范中有一个类似或者相似的条款。第三，这个类似或相似条款的类推适用不违反合理合法基本原则。尽管理论界对于类推适用这个问题存在一些分歧和争议，但赋予保险公司代位追偿权能很好地平衡保险公司、投保人以及直接责任人之间的三方法律关系，是公平合理原则的体现。

随着与各种金融业务的混合，很多保险公司的产品与金融产品直接挂钩，已超出传统保险的范围。保险法的制度制定一定要回溯到保险的本源，尊重商事习惯，发挥法律的功能。加强对保险业的监管立法，确保专业性的监管。

对外开放中的期货衍生品市场法治

——2018年期货法论坛综述

贾诗韵[①]

上海市法学会金融法研究会期货与衍生品法专业委员会2018年期货法论坛——“期货衍生品市场开放的法律问题”，于2018年11月24日隆重召开，来自全国各地高校、期货机构及监管部门、司法机关的专家学者、实务工作者和师生50多人参会研讨，集思广益，提出了许多有价值的观点。

一、中国期货衍生品市场对外开放的机遇

期货市场遵循一价定律，所有交易的原油、铜、大宗商品等总是倾向于形成单一的价格中心，因此期货市场国际化是必然的走向。一个期货交易所要成为具有国际定价影响力的市场，那么必然要成为一个国际化的市场，也就要求交易的投资者、交易的标的、交易的品种、交割的标的，以及期货交易所本身都要国际化，只有这样才能形成一个具有国际定价力的市场。

2014年9月，上海黄金交易所对外推出黄金国际板，所有境外投资机构可以用手中持有离岸的人民币直接参与上海黄金交易所的交易，突破了原来所有的外汇限制，可看作中国期货和衍生品市场对外开放的第一步。2015年，证监会第16号公告确定，境外交易者和境外经纪机构可以依法参与我国原油期货交易。2018年以来，我国还陆续开放了铁矿石期货和PTA期货，上海期货交易所、大连商品交易所、郑州商品交易所都有特定的品种向国外投资者开放。

目前，境外投资人入场采用两种模式：一种是直接入场模式，即境外符合资质的机构投资人，经过一定的审批获得直接入场交易的资质；另一种是间接入场模

① 贾诗韵，华东政法大学经济法专业硕士研究生。

式，或者被称为交易所互联互通的模式，或者类似于买卖盘传递的模式，即投资人没有办法直接到交易所来交易，必须通过在中国境内的交易所会员，以间接形式进入中国相关交易所。不同交易所采用的模式也是不同的，大商所、黄金交易所的对外开放基本上采用后者。虽然中间有交易商会员或者经纪公司，但从整体上而言，是把境外投资者或市场参与者直接纳入交易所体系中，通过交易所的系统接纳境外投资者。

我国期货市场交易水平逐年提升，交易品种也逐渐丰富（已有57个期货期权的品种）；判断市场成熟度非常重要的指标——机构投资者比例也在逐年提升，达到42%到60%之间的持仓水准。市场的发展是国际化非常好的机遇，同时也面临三大避险需求：一是中国实体经济的发展仍然保持一个较高的增速；二是金融市场化的改革进一步深化，利率市场化必然会导致金融衍生品进一步发展；三是社会转型，中国提前进入老年化社会，养老保险基金入市要求丰富的金融衍生品用作避险。期货市场国际化已有比较好的条件：一是“一带一路”国家都是大宗商品资源比较丰富的国家，我国天然橡胶进口对泰国的依存度比为40%以上，原油进口对中东的进口依存度比为90%以上，“一带一路”带来了市场开放的机遇；二是美国、英国等大宗商品定价中心的成熟经验都可借鉴；三是期货市场多年发展积累了人才。

二、完善期货立法推进期货市场国际化

2018年，中国原油铁矿石期货对外开放，同时期货公司向外资敞开大门，境内机构要走出去，期货市场国际化步伐加快，在此背景下急需健全法律支撑和保驾护航，要及时研究解决期货市场国际化进程中如资本外汇控制、人民币国际化等法律问题，根据国际化要求完善期货法律法规。

期货市场的国际化是一项系统工程，不仅涉及外部环境，也包含内部三个层次：一是国际化的期货市场主体结构，证监会在2015年已经正式发布了境外交易者和境外经纪机构从事境内特定品种期货交易的暂行办法，扩大期货市场参与主体，允许境外交易者和境外经纪机构从事境内特定品种期货交易。二是国际化的交易规则，涵盖交易、结算、交割、风控等基本规则，其中境内外客户均需要满足适当性标准，风控上实行期货保证金制、涨跌停板制等。应当遵循期货市场运行的基本规律，从全球视野出发，借鉴国际上先进经验，设计制定国际化的制度保障。三是国际化的期货立法。现行期货交易管理条例，制定时间相对较早，虽经几次修改，但仍与国际化的要求有较大的差距。2017年，世界银行和国际货币基金组织在对中国金融体系稳定性评估中，肯定了我国期货市场的基本制度，但是同时也明确指出我国期货市场法律层级比较低的问题。期货法的缺失，使期货市场国际化缺乏法律基础支撑，尽快出台期货法是期货市场国际化的必然要求。

期货立法要坚持接轨国际，以国际视野看一国的法律制度和交易规则，在开

户制度、交易时间、保证金制度、违约处置、境内境外资金划转等各个环节，都须要尽可能多地进行调查研究，借鉴成熟市场的有益经验，提高制度的先进性、科学性、适用性、便捷性、高效性。期货市场要获得国际定价权，就要与国际规则接轨，因此立法应当尊重国际习惯。

期货立法要注意其特殊性。期货交易具有确定性，期货交易一旦达成即具有法律效力，不能以意思表示瑕疵撤销，这与合同法有差异；保证金制度与国内担保制度也不同，如果强行套用不能适应市场需求。要明确交易所的法律地位和法律责任的，国外期货市场对交割环节承担责任，我国的交易所与实物交割仓库是分开的，交易所在交割环节的责任与国外很不一致。

期货法应该定位为商法特别法，因为期货交易是一个商行为；期货立法不仅仅指期货法，还包括配套的规章制度。

三、以服务全球投资者的标准完善期货交易规则

（一）境外参与人的资质

目前，参与境内期货交易场所交易的有资质的全球主流投资机构有 74 家，都是直接参与交易或者利用上海自贸区 FT 账户参与交易，但是境内期货、现货投资机构参与境外市场还是受到管制的。境内期货交易场所对于外国投资者，也设置了一定的门槛。实践中，有一些境外参与人需要做一些场外交易，但场外交易是否需要金融牌照并无法律明确规定，而国外投资者不能接受灰色区域。另外，吸收境外机构进入市场，除要满足中国境内法律要求外，还需要满足境外机构当地的法律要求，如能源交易所申请了 ATS 香港自动交易服务商的资格，就是为了能够满足境外客户在当地的一些法律需求。

（二）保证金制度

保证金本质上是风险控制的问题。保证金权益如何界定？中介机构，甚至交易所破产以后保证金怎么办？境外中介机构采取间接进入中国市场的模式，那么在其基础客户破产的情况下，基础客户的第三方债权人可否到中国市场申请对保证金先行偿付？从保证金交纳到最后保证金冲抵是一系列问题，不是孤立的，因此要从整个交易过程看保证金制度。

涉及保证金的基础法律问题很多，如境外中介机构与其客户依据境外法律签订期货经纪合同，约定其基础客户存于境外中介机构的保证金上有其他的权利，但是这个权利在中国法律上得不到保护。根据《期货交易管理条例》第二十八条第二款、第三款的规定，“期货交易所向会员收取的保证金，属于会员所有，除用于会员的交易结算外，严禁挪作他用。期货公司向客户收取的保证金，属于客户所有，除下列可划转的情形外，严禁挪作他用……”保证金利息收入是不是归客户所有？对此，法律没有明确规定，而国内不少期货公司靠利息收入生存。对于保证金冲抵

的问题，国际期货市场当中，真正将货币资金作保证金的可能占比在10%以内，90%以上是以有价证券的方式设置保证金，即保证金等于资金+有价证券，但有价证券在国内如何折抵资金较困难。

（三）交割的问题

我国国内的商品原油交割，主要是现货交割，还有仓单的现货交割。按照我国商品期货的交易模式，由入库、仓单、标准仓单交付，以结算、标准仓单提货，与美国的纽约交易所和洲际交易所、阿联酋的迪拜商品交易所的交割方式不同。国际上主要以美元交割，但是我国国内用人民币交割。目前，根据交割制度的安排，原油期货的定位太过于考虑国内产业客户的需要，而期货最主要的价值，应该是发现价格、争夺国际市场定价权。尽管我国是最大的石油进口国、第二大石油消费国，但实际上却没有国际定价权。期货市场的交易量对全球交易量的占比这一指标，与实现期货的价格发现功能之间不一定是成正比的。国内原油期货没有境外交割方式，也没有境外交割地，这正是目前我国期货市场面临的挑战。期货市场国际化，必须解决跨境交割的问题，现有保税交割并不能满足原油作为国际化品种的需求。我国保税仓库是有限的，保税仓库原则上采用CIF的到岸价格，再加上港口的费用、仓储的费用，会受到国内原油仓储量、船的至港期以及其他一些限制，从而会影响参与交割的期货交易者，特别是境外期货交易者。

（四）强制平仓规则

强制平仓规则最重要的是强制平仓的性质，这既是期货公司的权利也是其义务。也有人认为，强制平仓第一阶段是权利，第二阶段是义务。根据我国的法律法规，强制平仓必须通知，这是法定的义务。但实践中，还存在追保通知，因此应对境外参与人说明两道通知的区别，明确是否可以通过合同约定免除通知义务。

四、加强期货市场跨境监管

（一）监管冲突问题

由于东道国和母国都享有跨境主体适用本国法进行监管的权力，一定程度上会导致监管重叠和监管的冲突，这给交易所境外展业过程中带来一些风险，如加重报告的义务。以美国为例，美国商品交易法规定，境外交易所为美国主体提供服务的，需按美国交易委员会的要求，履行报告和信息披露义务，如需要提供原始账册交易记录，接受有权机构的现场调查等。欧盟在2012年的欧洲市场基础设施监管条件中，也有类似比较宽泛的域外监管的权力，因此导致加重报告义务。另外，还存在处罚执行难的问题。根据我国《期货交易管理条例》，我国监管机构有权对境外交易者、境外经纪机构实施的欺诈、操纵交易、内幕交易行为采取一定的行政监管措施和行政处罚，但是要到境外去执行是很有难度的。

（二）信息获取

境外交易者可以委托境内期货公司或者境外经纪机构直接接入我国期货市场交易，这些终端客户的身份或者机构的信息，都须在申请开户时提供给我国期货市场的监控中心，并由其反馈给交易所。在我国期货监管机构履行监管过程中，需要解决调查境外交易者身份资质、资金来源、实际控制资金账户、现货贸易情况、交易行为合规性等问题。

（三）跨境监管的方式问题

境内的期货交易监管得益于“穿透式”监管的安排，以及公安、工商、银行等各方面信息的支持，使期货交易所能够对交易者实际控制的账户进行认定，从而对于大额资金的来源比较容易追查。相比之下，境内监管机构对境外交易者身份真实性确认比较难，这会影响期货市场国际化进程。“穿透式”监管还涉及知识产权问题，因此需要明确监管的资料范围，资料一旦提供给监督机关，能接触到这些资料的工作人员的保密责任及资料最终用途便很重要。

期货市场监管需要与国际惯例接轨。中国现行期货监管实行三级机制，行政监管和自律监管相结合，行政监管比较明显。近年来，金融监管体系改革力度大，期货市场要吸引更多境外投资者，就应完善适合国际化的监管机制，突出功能性监管和协调监管的机制。

（四）转变监管思路

具体的机构监管，强调以信用评价为基础，借鉴国际评估机构的经验，对国内商业金融机构，从金融机构的监管要素、资产流动性、不良资产负债率进行信用评级，根据信用评级，转化为交易事先额度控制或者其他规模控制。在完善监管过程中，统一期货投资者适当性制度，美国、日本在层级较高的立法中规定投资者适当性，以吸引境外投资。

期货业外资开放新规助力中国金融市场国际化

曲　峰[①]

中国商品期货市场已经过近30年的发展，目前已经进入多元开放和国际化的新时代。2018年，中国期货市场迎来了行业发展的新机遇并受到国际投资者的瞩目。伴随着中国原油期货、铁矿石期货等大宗商品期货品种的国际化、期货交易者和期货经纪商的国际化。除此以外，期货经纪商的股权投资比例也迎来了宽松投资政策。伴随着中国金融业对外开放的新格局，证监会于2018年8月24日发布《外商投资期货公司管理办法》(以下简称《管理办法》)，放开了期货业外商投资参股、控股的限制。该《管理办法》的发布，为期货经纪商国际化提供了有力的新规支撑。

一、期货业对外开放进入新阶段

期货业的对外开放起步于2005年，证监会发布《关于香港、澳门服务提供者参股期货经纪公司有关问题的通知》，首次允许香港、澳门服务提供者在拟参股的期货经纪公司中拥有不超过49%的权益。此后直至2014年，证监会发布《期货公司监督管理办法》[②]，期货业对外开放进程有了进一步推进，允许期货公司的外资持股比例（包括直接持有和间接持有）累计不超过49%。这一阶段中，除外商通过证券公司间接投资期货公司外，亦有诸如银河期货、摩根大通期货、中信新际期货（现已被吸收合并）等外商直接投资期货公司的情形。但基于法律法规的限制，上述外商仅指参股期货公司，其并未实际取得期货公司的控制权。

《管理办法》的主要内容涉及明确适用范围、细化境外股东条件和规范间接持股等多个方面。结合国家发展和改革委员会与商务部于同年6月发布的《外商投资准

① 曲峰，北京大成（上海）律师事务所高级合伙人。

② 《期货公司监督管理办法》2014年10月29日公布，根据2017年12月7日《关于修改〈证券登记结算管理办法〉等七部规章的决定》修正，被2019年6月4日公布的《期货公司监督管理办法》废止。

入特别管理措施（负面清单）（2018 年版）》，期货业首次突破了外资控股限制，允许外资持股比例不超过 51%，并明确到 2021 年外资股比限制将全面取消，这对于金融业改革开放意义重大，未来更多符合标准的外资可以进入我国期货业领域与国内期货公司进行竞争，激活期货行业良性竞争和健康发展，期货业对外开放进入了新阶段。

期货业对外开放新规的出台大幅推动了我国金融业的开放。期货业兼顾于金融衍生品市场及实体经济领域，在互联互通方面起到了极其重要的作用。通常，成熟的国际期货市场中，场外衍生品市场往往比场内交易更活跃，而我国的期货行业相对欠缺活跃度及多样性。

开放境外机构投资期货公司，一方面，允许符合标准的境外投资者可以设立外商投资期货公司，也有助于让更多国际投资者关注、参与我国期货市场；另一方面，国际上的期货公司拥有更成熟的投资、管理经验，引入这部分成熟机构可以提高我国期货投资者的服务体验，也可以使国内期货公司借鉴国外成熟的管理经验，从而不断提高自身水平，起到良性竞争的作用。此外，期货业的对外开放有助于提高外资机构及外国投资者对我国大宗商品定价权的认可度，进而有助于更高效地促进金融业改革开放，更好地服务实体经济。

二、境外股东进入期货业条件

《管理办法》明确“外商投资期货公司”是指单一或有关联关系的多个境外股东持有（包括直接持有或间接持有）公司 5% 以上股权的期货公司，并重点规范了持有期货公司 5% 以上股权的境外股东准入标准。2014 年《期货公司监督管理办法》已明确持有 5%以上股权的境外股东需要符合的条件，而《管理办法》在上述股东条件的基础上又进行了细化。以下整合了《期货公司监督管理办法》《管理办法》等法律规范，对持有期货公司 5% 以上股权的境外股东的适格条件进行梳理：

1.《期货公司监督管理办法》要求持有 5% 以上期货公司股权的境内、境外股东均需满足的适格条件：

（1）实收资本和净资产均不低于人民币 3000 万元；

（2）净资产不低于实收资本的 50%，或有负债低于净资产的 50%，不存在对财务状况产生重大不确定影响的其他风险；

（3）没有较大数额的到期未清偿债务；

（4）近 3 年未因重大违法违规行为受到行政处罚或者刑事处罚；

（5）未因涉嫌重大违法违规正在被有权机关立案调查或者采取强制措施；

（6）近 3 年作为公司（含金融机构）的股东或者实际控制人，未有滥用股东权利、逃避股东义务等不诚信行为；

（7）不存在证监会根据审慎监管原则认定的其他不适合持有期货公司股权的情形。

2.《期货公司监督管理办法》要求持有5%以上期货公司股权的境外股东额外需满足的适格条件：

（1）依其所在国家或者地区法律设立、合法存续的金融机构；

（2）近3年各项财务指标及监管指标符合所在国家或者地区法律的规定和监管机构的要求；

（3）所在国家或者地区具有完善的期货法律和监督管理制度，其期货监管机构已与证监会签订监管合作备忘录，并保持有效的监管合作关系；

（4）期货公司外资持股比例或者拥有的权益比例，累计（包括直接持有和间接持有）不得超过我国期货业对外或者对我国香港特别行政区、澳门特别行政区和台湾地区开放所作的承诺。

3.《管理办法》要求持有5%以上期货公司股权的境外股东还需满足的适格条件：

（1）持续经营5年以上，近3年未受到所在国家或者地区监管机构或者行政、司法机关的重大处罚；

（2）管理层具有良好的专业素质和管理能力；

（3）具有健全的内部控制制度和风险管理体系；

（4）具有良好的国际声誉和经营业绩，近3年业务规模、收入、利润居于国际前列，近3年长期信用均保持在高水平；

（5）证监会规定的其他审慎性条件。

需要特别注意的是，如存在关联关系的多个境外股东合计持有期货公司5%以上股权的情形，其每个境外股东均应具备上述股东条件。同时，证监会将对期货公司境外股东采取实质性审查，在外商投资期货公司进行设立申请时，需完整提交境外股东近三年经审计的财务报表、相关资质证明文件以及经中国境内律师事务所出具的法律意见书等。

三、证监会实质性审查与批准流程

（一）申请文件

境外机构设立外商投资期货公司，应当向证监会提出申请，需准备的申请文件参考如下：

（1）申请书；

（2）公司章程草案；

（3）经营计划；

（4）发起人名单及其审计报告或者个人金融资产证明；

（5）拟任用高级管理人员和从业人员名单、简历和相关资格证明；

（6）拟订的期货业务制度、内部控制制度和风险管理制度文本；

（7）场地、设备、资金证明文件；

（8）中国境内律师事务所出具的法律意见书；

（9）申请前 3 年该境外机构经审计的财务报表；

（10）该境外机构所在国家或者地区相关监管机构或者证监会认可的机构出具的关于该境外机构是否具备期货公司境外股东条件的说明函；

（11）该境外机构是否具备期货公司境外股东条件的说明材料及证明材料；

（12）证监会规定的其他申请文件。

完成设立的期货公司可以依法从事商品期货经纪业务。如期货公司拟从事金融期货经纪、境外期货经纪、期货投资咨询的，需取得相应业务资格；如拟从事资产管理业务的，需完成相应登记备案。

（二）时间规定

证监会通常在确认材料完整性后受理设立期货公司申请，并自受理申请之日起 2 个月内作出批准或者不批准的决定，其间如存在问题反馈，则受理时间会适当延长。

（三）法律意见书

境外机构设立外商投资期货公司需要向证监会提供中国境内律师事务所出具的法律意见书。法律意见书的核心内容在于律师根据尽职调查的结果，对拟设立外商投资期货公司的境内、境外股东是否符合《期货公司监督管理办法》第七条、第九条及《管理办法》第五条的要求，属于合格的外商投资期货公司股东逐条发表意见。

（四）高管要求及信息系统部署

根据《管理办法》的规定，由证监会对外商投资期货公司的董、监、高任职条件进行规范，高级管理人员必须在中国境内实地履职。同时，考虑到交易、结算及风险控制风险，相关信息系统的核心服务器以及记录、存储客户信息的数据设备应当设置在中国境内。

（五）其他

《期货公司监督管理办法》仅规范直接持股的境外股东需满足的准入要件，且原先因外商投资期货公司存在限制，不少外资采取间接持股期货公司。现《管理办法》明确要求境外投资者通过投资关系、协议或其他安排实际控制期货公司 5% 以上股权的，应转为直接持股；且间接持有 5% 以上股权的境外投资者（包括单独或与关联方、一致行动人共同持有的）需满足与直接持有期货公司 5% 以上股权的境外股东一致的“准入门槛”，以此规范间接持股行为，避免境外股东规避准入要件。但考虑到目前不少期货公司为证券公司全资持股或控股，且证券公司股东也有比较严格的准入门槛等多方面因素，通过境内证券公司间接持有期货公司股权及证监会规定的其他情形可以予以豁免。

当前中国经济已经进入转型发展的新阶段，实体经济需要期货市场作为风险管理平台，助其完成从粗放到精细的转变，强大的经济体必须要有强大的期货市场保驾护航。在期货市场朝着市场化、法治化、国际化的改革方向前行过程中，此次新规的出台，正当其时。期货业对外开放措施有助于打破我国期货业现有格局，引入国际上的金融“活水”，为未来期货投资品种的增加、金融衍生品的产品创新，乃至中国金融市场整体的国际化，打下坚实基础。

后 记

《当代金融法研究》第3卷（2019年卷）反映了2018年下半年和2019年上半年国内外金融市场最新法治理论成果与建设成就，金融业深化改革、扩大开放、全面实现小康的前进步伐，以及上海法学会金融法研究会的重大活动。

首届“中国银行法40人论坛”2019年上半年在上海市举行，国内金融法学界著名学者集聚一堂，围绕“绿色金融的法制促进与保障”主题，深入、热烈地展开探讨，取得诸多共识，一批观点被收录于本卷。

第三届中国金融法论坛于2018年年末在上海市隆重举行，本次论坛以“金融扩大开放的法治保障”为主题，数百名国内金融法学界名家和金融实务部门专家，围绕提升自贸区功能与深化国际金融中心建设，“一带一路”资金融通和人民币国际化、金融市场开放的风险防范与司法保障等议题展开了热烈研讨，积极建言献策，产生了很多思想火花，部分体现在本卷登载的会议综述及论文中。

全面建设小康社会进入了冲刺阶段，金融业积极投入防范重大风险、精准扶贫和环境治理的三大攻坚战，金融法制亦提供全面保障。本卷收录了专家学者们在防治金融风险、依法促进绿色金融和金融扶贫等方面的思考、探索，为深化实践及研究提供许多启迪。

为金融服务实体经济提供法治保障是金融法的长期任务，一些作者继续这方面的研究，其真知灼见也被本卷收入。另外，在金融庭庭长论坛、期货法论坛和保险法论坛上，与会者也贡献了许多精彩的见解和论述，本卷的会议综述中均有呈现。

研究热点、前沿的问题，回应现实、创新的需求，是本刊的宗旨。力求理论联系实际，探索应用理论，将是本刊坚持的方向。希望我们的努力有益于读者，有益于新时代的实践，并欢迎批评指正。

编 者

2019年12月31日

图书在版编目（CIP）数据

当代金融法研究. 2019 年卷 / 吴弘主编 . —北京：中国法制出版社，2020. 10
ISBN 978 – 7 – 5216 – 1300 – 1

Ⅰ. ①当…　Ⅱ. ①吴…　Ⅲ. ①金融法 – 文集
Ⅳ. ①D912. 280. 4 – 53

中国版本图书馆 CIP 数据核字（2020）第 184492 号

责任编辑　王林林　　封面设计　杨鑫宇

当代金融法研究 . 2019 年卷

DANGDAI JINRONG FA YANJIU. 2019 NIAN JUAN

主编/吴弘
经销/新华书店
印刷/北京京华虎彩印刷有限公司
开本/730 毫米 ×1030 毫米　16 开　　印张/ 16. 5　字数/ 216 千
版次/2020 年 10 月第 1 版　　2020 年 10 月第 1 次印刷

中国法制出版社出版
书号 ISBN 978 – 7 – 5216 – 1300 – 1　　定价：66. 00 元

北京西单横二条 2 号
邮政编码 100031　　传真：010 – 66031119
网址：http：//www. zgfzs. com　　**编辑部电话：010 – 66067369**
市场营销部电话：010 – 66033393　　**邮购部电话：010 – 66033288**

（如有印装质量问题，请与本社印务部联系调换。电话：010 – 66032926）